财税法治与改革研究系列

本书系国家社科基金项目"组织收入与调节分配二元目标下的《个人所得税法》修改研究"（项目号18CFX056）的最终成果

组织收入与调节分配二元目标下的《个人所得税法》修改研究

侯卓　著

WUHAN UNIVERSITY PRESS
武汉大学出版社

图书在版编目(CIP)数据

组织收入与调节分配二元目标下的《个人所得税法》修改研究/侯卓
著.—武汉:武汉大学出版社,2023.6(2023.11 重印)
财税法治与改革研究系列
ISBN 978-7-307-23555-7

Ⅰ.组…　Ⅱ.侯…　Ⅲ.个人所得税—税法—研究—中国
Ⅳ.D922.222.4

中国国家版本馆 CIP 数据核字(2023)第 020925 号

责任编辑:胡　荣　　　责任校对:鄢春梅　　　版式设计:韩闻锦

出版发行:**武汉大学出版社**　　(430072　武昌　珞珈山)
　　　　　　(电子邮箱:cbs22@ whu.edu.cn　网址:www.wdp.com.cn)
印刷:武汉邮科印务有限公司
开本:720×1000　　1/16　　印张:14.5　　字数:235 千字　　插页:1
版次:2023 年 6 月第 1 版　　2023 年 11 月第 2 次印刷
ISBN 978-7-307-23555-7　　定价:58.00 元

目　录

导论 ……………………………………………………………… 1

　　第一节　问题的缘起 …………………………………………… 1

　　第二节　文献综述 ……………………………………………… 3

　　第三节　研究内容 ……………………………………………… 16

　　第四节　研究方法 ……………………………………………… 18

　　第五节　可能存在的创新点与不足之处 ……………………… 19

第一章　二元目标下的个人所得税法制度演进 ……………… 21

　　第一节　个人所得税法的组织收入和调节分配功能 ………… 21

　　第二节　2018 年前历次个税修法的目标导向 ……………… 24

　　第三节　2018 年修法的功能意蕴及其未竟之功 …………… 29

　　第四节　可能的调谐进路：纵横统一的量能课税 …………… 35

　　第五节　反思与展望 …………………………………………… 40

第二章　21 世纪个税改革的域外经验及我国的制度回应 … 42

　　第一节　个税改革的域外实践 ………………………………… 42

　　第二节　域外实践的目标考量 ………………………………… 50

　　第三节　全球税改语境下的 2018 年个税修法 ……………… 53

第三章　新《个人所得税法》重点条文解析：规则由来与适用要点 … 59

　　第一节　居民个人和非居民个人的认定（第 1 条）………… 59

　　第二节　税目和征税模式（第 2 条）………………………… 61

　　第三节　税率（第 3 条）……………………………………… 67

　　第四节　税收优惠（第 4、5 条）…………………………… 68

第五节　费用扣除(第 6 条) ················· 71

第六节　特别纳税调整(第 8 条) ··············· 76

第七节　纳税申报(第 10、12、13 条) ··········· 80

第八节　扣缴义务人和预扣预缴(第 11、12、14 条) ····· 81

第四章　个税优惠的实施路径 ················ 85

第一节　酌定减免税的具体展开 ··············· 85

第二节　法定减征的实施进路及其障碍

　　　——基于以个税手段因应新冠肺炎疫情的思维试验 ········ 95

第五章　个税反避税的逻辑构造与规则适用 ········· 115

第一节　范畴 ····················· 116

第二节　前世 ····················· 129

第三节　今生 ····················· 135

第四节　适用 ····················· 141

第五节　反思与展望 ·················· 145

第六章　目标融通、利益均衡与个税征税模式 ······· 147

第一节　问题的提出 ·················· 147

第二节　保财政收入：从分类到混合的不变基调 ······· 148

第三节　强化分配调节：2018 年改革的进步与不足 ····· 153

第四节　混合征税的另一面：特定人群的利益贬损及其缓释 ··· 163

第五节　反思与展望 ·················· 167

第七章　个人所得税纳税单位规则的再思考 ········ 169

第一节　世界范围内个人所得税纳税单位的两种主要模式 ··· 169

第二节　我国的制度选择及其问题 ············· 174

第三节　兼顾需要与可能的制度优化进路 ·········· 180

第八章　个人所得税法的空筐结构与规范续造 ······· 187

第一节　个案解剖："单层多元"的个税规范体系 ······ 187

第二节　成因探寻：塑造空筐结构的三重动力 …………………… 194

第三节　调谐之道：循名责实但富弹性的"法定" …………………… 204

第四节　认真对待个人所得税法 …………………………………… 212

结论 …………………………………………………………………… 215

主要参考文献 ……………………………………………………… 220

导　　论

第一节　问题的缘起

2018 年 8 月 31 日，第十三届全国人民代表大会常务委员会第五次会议通过了《关于修改〈中华人民共和国个人所得税法〉的决定》，对《个人所得税法》进行了较大幅度的修改。与过往历次个税修法相同，在修法过程中，公众对其颇为关注，在全国人民代表大会常务委员会法制工作委员会就草案公开征求意见时，社会各界的反响也十分热烈，针对综合所得的一般扣除额、专项附加扣除的类别等事项提出了很多建议，有些也为最终正式出台的法律所吸纳。但是应当指出，2018 年的这次个税修法与 2005 年、2007 年、2011 年等先前历次个税修法都不同，其对《个人所得税法》进行了系统性的变革，而非仅就费用扣除标准作相应调整。意欲理解该次修法，必须将《个人所得税法》嵌入其所处的语境，惟其如此，方能形成准确、全面的见解。

一方面，个税修法是旨在提高直接税比重的税制改革之一环。自 2013 年党的十八届三中全会以来，我国税收立法和税制改革纷纷步入快车道，可谓交相辉映、精彩纷呈。就前者言之，2020 年基本完成现有税种立法、落实税收法定的顶层设计部署，促动各税种暂行条例渐次上升为法律。就后者言之，税制结构的调整优化始终为决策层萦绕于怀，十九大报告更是明确提出要提高直接税比重。在税收学理论上，直接税指税负不易转嫁从而导致纳税人和负税人高度一致的税种，间接税则是税负容易转嫁故导致纳税人和负税人常不一致的税种。流转税是典型的间接税，所得税则被认为大体属于直接税的范畴。但实际上，在企业所得税的部分，企业也常常会在定价时将税收成本包含进去，从而在经济效果上同样将税负向下游环节转嫁，并由最终消费者承担。由此说来，个人所得税方可算作至为典型的直接税，"提高直接税比重"在相当程度上即意味着要提高个人所得税的税收贡献率。我国现行税制结构初步形成于 20 世纪 80 年代，彼时为能便利、快捷地组织财政收入，虽然力图建构一种流转税和所得税并重的税制，但最终因各税种的制度设计而导向流转税为主体的税制结构。即便是直接税的部分，企业相关税收的重要性也远甚于个人相关税收，有学者便提出我国实体税制的一大特点乃是"难触个人税"，① 个税收入在整个税收收入中的占比并不突出，甚至较之域外主要国家还呈现明显偏低的状态。所以，受"提高直接税比重"的目标指引，2018 年的个税修法虽被各界寄寓"减负"预期，其却并不可能、也从未打算将大规模减少个税收入作为自己的基本立场。反之，更为高效便捷地组织个税收入，才是立法者未曾明示、却清晰可辨的思维脉络。②

　　另一方面，个税修法是优化收入分配格局，解决发展不平衡不充分的问题，从而"让改革发展成果更多更公平惠及全体人民"的关键一招。党的十八大以来，我国收入分配格局呈现持续优化的态势，低收入群体收入加快增长，中等收入群体持续扩大，居民收入基尼系数和城乡居民收入差距处在下降通道。③ 从总体上看，优化收入分配格局有三重面向：增加低收入群体的收入；扩大中等收入者比重；合理调节过高收入。④ 客观地讲，在增低、扩中、调高这三者中，税收手段基本无助于增低，其主要作用重心在于扩中和调高。在脱贫攻坚战于 2020 年取得决定性胜利的背景下，如何更有效地扩大中等收入者比重和合理调节过高收入，理当成为决策者的考量重心。当此之时，税收手段的重要性自然凸显出来。进言之，大体上可将税收划分为流转税、所得税、财产税三大税类。流转税由于其税负易转嫁的特征而通常被认为较难用于调节收入分配，甚至被视作具有累退性的税类。所得税和财产税分别对财富的增量和存量征收，共同构筑以税收手段调节分配的一体两翼，但相较之

① 高培勇：《论完善税收制度的新阶段》，载《经济研究》2015 年第 2 期，第 8 页。

② 针对十九大报告的权威解读中，肖捷同志便在阐释"着力完善直接税体系"时，将优化个人所得税制度作为第一项任务提出来。从其表述看，"规范和强化税基""加强税收征管"等都有明显的保障收入的意涵。参见肖捷：《加快建立现代财政制度》，载本书编写组：《党的十九大报告辅导读本》，人民出版社 2017 年版，第 262 页。

③ 蔡昉：《让改革发展成果更多更公平惠及全体人民》，载本书编写组：《党的十九大报告辅导读本》，人民出版社 2017 年版，第 330 页。

④ 中国共产党十六届六中全会《关于构建社会主义和谐社会若干重大问题的决定》、十八届三中全会《关于全面深化改革若干重大问题的决定》等顶层设计文件均有类似表述。

下，所得税的征税对象是已实现的收益，而财产税的征税对象是尚未实现的"应有收益"，这使其经济上和法律上的可税性颇多可议之处①，故而所得税在用于调节分配时相对更少顾虑，在作用方向和力度方面便有更大的发挥空间。因此，在收入分配改革向纵深发展、更加关心扩大中等收入者比重和合理调节过高收入的当下，修法以强化个人所得税的分配调节功能，实属理所应当，刚好而已。

将上述两方面背景因素结合起来，2018 年个税修法的两条主线便得到清晰呈现：一为更好发挥个人所得税组织财政收入的功能，逐渐提高个人所得税的税收贡献率；二为强化个人所得税调节分配的作用，助力"橄榄型"分配格局的形成。本书即以此二者作为基本的逻辑起点和认知进路展开研究。具体的研究对象是 2018 年修改后的《个人所得税法》。该法在修改后共计 22 条，较修法前的 15 个条文大幅增长近 50%，这一显著异于既往"小修小补"式修法的新特征，决定了解释论研究甚为必要。唯有对条文尤其是新修或新增条文的意涵有准确把握，对条文中表意晦暗不明之处予以廓清，适用于客观实践时才能得心应手。与此同时，《个人所得税法》的条文数量虽较之过去有大幅增长，但以之涵摄客观实践中极其复杂的各类情形仍然显得捉襟见肘；且由于该次修法幅度较大，新纳入的诸如专项附加扣除等各项规则系先前所无，在缺乏充分理论储备和实践经验的条件下，规则设计的精细度、合理性也都有检视的空间。所以，着意于进一步完善规则设计的立法论研究也必不可少。

综合上述，本书将组织收入和调节分配作为解读和检视新《个人所得税法》的两大角度，兼顾解释论和立法论研究，希望能同时促进规则的准确适用和其在可预期未来的进一步完善。

第二节　文　献　综　述

无论国内还是国外，个人所得税法在税法领域的研究热度都颇高。基于语境差异，国内研究和国外研究存在较大程度的范式差异，但细致梳理仍能发现二者的相通之处。这意味着，虽然个人所得税法研究须立足本土语境，

---

① 叶姗：《房地产税法建制中的量能课税考量》，载《法学家》2019 年第 1 期，第 57 页。

但域外理论文献和制度实践也有一定参考价值。

一、国内文献综述

在我国税收学和税法学的研究中,《个人所得税法》一直是热点议题。这既是由于其同普通公众的距离最近且引发的"税痛感"最强烈故而备受关注,也是因为相关制度的变革调整相对较为频繁。针对 2018 年的个税修法,学界的研究成果并不鲜见。笔者将相关文献区分为两个分期、三种类别,兹简要综述如下。

(一)修法前的对策建议

毋庸讳言,2018 年以前的《个人所得税法》存在较大的完善空间,学界也从不同角度提出对策建议。可既往历次修法多是小修小补,并未充分回应理论主张,故而从广义上讲,这些对策建议都可被视作支撑 2018 年个税修法的理论基础。

早在 20 世纪 90 年代,刘华、杨斌等学者便分别对《个人所得税法》中的费用扣除规则、居民身份确定规则等提出改进建议[①],但整体上研究热度并不高。后因 1999 年、2005 年、2007 年的三次个税修法都呈现视角单调的特点,主要聚焦工薪所得费用扣除标准的调整,至多也就兼顾税率结构的优化,遂逐渐引起学界的批评。自 2010 年起[②],受即将再次修改《个人所得税法》触动,学者们提出系统性修法建议的热情被激发出来。丛中笑提出扩大级距、减并级次、降低税率的工薪所得税率结构"一揽子"优化方案[③],部分建议为 2011 年修法所印证。但同期更为"激进"的建议则未获采纳,如陈业宏、曹胜亮提出将纳税单位由个人改为家庭[④],陈业宏、黄媛媛建议给予有用所得和劳

---

① 参见刘华:《大陆与澳门个人所得税法的比较研究》,载《政治与法律》1996 年第 3 期,第 61~62 页;杨斌:《个人所得税法居民身份确定规则的比较研究》,载《比较法研究》1997 年第 1 期,第 33 页。

② 这之前的研究成果可参见刘剑文主编:《财税法学研究述评》,高等教育出版社 2004 年版,第 350~353 页;刘剑文主编:《财税法学研究述评(2005—2014)》,法律出版社 2015 年版,第 211~219 页。

③ 丛中笑:《我国个人所得税法工薪累进税率的优化——扩大级距、减并级次和降低税率》,载《当代法学》2010 年第 2 期,第 123~129 页。

④ 陈业宏、曹胜亮:《个人所得税法实质正义的缺失考量——以纳税人家庭经济负担为视角》,载《法学杂志》2010 年第 5 期,第 28~34 页。

动所得更高的扣除额度，相应限制无用所得、资本所得能享受的扣除额度，[1] 石坚主张建构基本扣除、附加扣除和特殊扣除相结合的费用扣除体系，[2] 俱是如此。2011 年的个税修法显然未能达到学者们的心理预期，于是修法刚一完成，更为系统的修法建议便已提出。这方面具代表性者如施正文从征税模式、费用扣除、税率结构、征管程序等方面提出了较为全面的改进思路。[3]

伴随新一轮、系统性也更强的个税修法步伐渐行渐近，学者们所提建议愈发多元，大体上可归纳为如下方面。

第一，改革征税模式，由分类所得税制改为综合与分类相结合的所得税制。决策层其实早有这方面设想，从 1998 年财政部对九届全国人民代表大会第一次会议第 2709 号建议的答复看，我国自 1995 年起便着手研究如何将分类征收改为综合与分类相结合的征收模式。2001 年的《国民经济和社会发展第十个五年计划纲要》正式提出"建立综合与分类相结合的个人所得税制度"。在党的文件方面，2003 年党的十六届三中全会《关于完善社会主义市场经济体制若干问题的决定》中提出"实行综合和分类相结合的个人所得税制"的构想。由此观之，学界不过是在重述该主张并尝试提出具有可行性的实施方案。比如，施正文指出综合与分类相结合的个人所得税制有交叉型和并立型两种模式：前者是对各项所得先按比例税率进行分类征收，纳税年度结束时汇总全部所得后再按累进税率计征个税，已纳税款得以抵扣；后者则是区分所得类型，部分项目综合计征，另一部分项目仍然实行分类征收。在此基础上，其进一步建议我国应采用并立型的模式。[4] 应当说，该见解代表学界的主流观点，2018 年的个税修法基本也遵循了该路径。

第二，优化税率结构。诚如前述，《个人所得税法》于 2011 年修改时已缩减了适用于工薪所得的累进税率级次，但学者们对此并不满意。陈建东等认

---

① 陈业宏、黄媛媛：《我国个税项目扣除问题研究》，载《法律科学》2010 年第 6 期，第 80~87 页。

② 石坚：《关于改革个人所得税费用扣除标准的建议》，载《财政研究》2010 年第 7 期，第 68~71 页。

③ 施正文：《分配正义与个人所得税法改革》，载《中国法学》2011 年第 5 期，第 32~43 页。

④ 施正文：《分配正义与个人所得税法改革》，载《中国法学》2011 年第 5 期，第 37~38 页。

为，七级超额累进税率的级次仍然偏多，且最高档边际税率在实践中基本不起作用，其相应提出 2%、7%、15%、25% 的四级超额累进税率的思路。① 需要注意的是，该学者的立论基础是分类所得税制改为综合与分类相结合的所得税制，事实上，这也是类似研究大多共享的前提。如杨斌同样指出工薪所得超额累进税率级次过多、级距过窄、最高边际税率过高、基本税率线过短等问题，为改进该状况，其建议对周期性所得实行按年纳税，按份适用 10%~45% 的五级超额累进税率，对非周期性所得则适用 10% 的比例税率。② 需要指出，该建议立足于以家庭作为纳税单位，并将税基在成年家庭成员间均分，结合税率设计，能够达到多数纳税人适用单一比例税、高收入纳税人适用更高边际税率的目标。另外，在 2018 年修法时，应否降低最高边际税率的议题曾讨论较热，域外实践如"特朗普税改"等也确有相应举措，但学界对此并无共识，如前引两代表性文献均认为最高边际税率过高。张守文等则从个税调节分配的功能出发，主张"我国个税法的完善只能是增强累进性……维持累进性的最高边际税率"。③ 2018 年个税修法时未触及 45% 的最高边际税率，可谓其来有自。

第三，改革纳税单位。我国个人所得税法一直将个人作为纳税单位，但从域外实践看，许多国家在不同程度上有确立家庭纳税申报制度，而且家庭课税制较之个人课税制，在公平性等方面确实有其优势。因此，建议改革纳税单位的呼声一直不绝于耳。前引施正文和杨斌的研究成果中，均有提及允许以家庭为申报单位。由学者的研究可知，家庭课税制无法与分类所得税制相兼容，只有在综合征收的条件下才有推行可能。④ 其一旦在制度层面获得确立，诸如税率、费用扣除等技术性问题就不难得到解决。⑤

---

① 陈建东等：《个人所得税税率及级次设定探究——基于收入分布函数的视角》，载《税务研究》2014 年第 3 期，第 34 页。

② 杨斌：《综合分类个人所得税税率制度设计》，载《税务研究》2016 年第 2 期，第 30 页。

③ 张守文等：《公平分配的财税法促进与保障》，北京大学出版社 2017 年版，第 238 页。

④ 汤洁茵：《个人所得税课税单位的选择：个人还是家庭——以婚姻家庭的保障为核心》，载《当代法学》2012 年第 2 期，第 112 页。

⑤ 参见陈茂国、袁希：《我国个人所得税课税单位改革探究》，载《法学评论》2013 年第 1 期，第 132~138 页。

第四，完善费用扣除规则。2018 年以前的历次个税修法多置重心于工薪所得费用扣除标准的调整，在几乎每次调整都获得公众赞赏的同时，学界也注意到其间存在的问题。宏观地看，单兵突进式的个税改革愈益显露其弊端。微观地看，仅就费用扣除规则而言，简单地调高一般性扣除额也不敷需要。张守文等便指出，费用扣除规则应当考虑特殊纳税人群体的必要需求满足，其建议设置特别扣除项目，包含医疗支出、抚养和赡养支出、教育支出等。① 2018 年个税修法时增设的专项附加扣除，便可视为对相关理论诉求的制度回应。除此之外，王德祥等还指出个税费用扣除规则在其他方面的体系性缺失，即未纳入因应通货膨胀因素自动调整扣除额的机制，也忽略纳税人所处环境的异质性，其认为费用扣除标准的年度自动调整机制和区域差异化机制亟待建立。② 虽然该学者认为此二项改革颇具可行性，但从事后来看，2018 年修法未作回应，这究竟是无心之失、抑或有意为之，耐人寻味。另外，贺蕊莉则在家庭课税制的前提下，建构了一种综合扣除和单项扣除相结合的扣除模式。③ 鉴于家庭课税制都尚未获立法者青睐，该建议在实践中得以践行自是暂无可能。

第五，规范税收优惠。在一国的法体系中，税收优惠常常是既存在于狭义法律的层面，亦可见于法规、规章乃至大量的规范性文件之中，故而对其加以规范便涉及法律和政策两个层面。就前者言之，王霞提炼出"促进经济增长"和"实现社会公平"这税收优惠的二元目标，并具体分析指出《个人所得税法》上的税收优惠应旨在实现社会公平。其进而运用该标准检视《个人所得税法》上的各项减免税安排，认为国债和国家发行的金融债券利息、保险赔款、驻华使领馆人员所得等项不符合该立法目的，后两者能够享受免税待遇分别是基于国际税收协定、避免重复征税，国债和国家发行的金融债券利息免税则存在不合理情形。④ 就后者言之，熊伟主张以量能课税、合比例性、税收法

① 张守文等：《公平分配的财税法促进与保障》，北京大学出版社 2017 年版，第 236~237 页。
② 王德祥、薛桂芝：《基于双向公平的工资薪金个人所得税费用扣除标准改革》，载《湖北社会科学》2015 年第 11 期，第 77 页。
③ 贺蕊莉：《工薪所得个人所得税费用扣除标准的确定》，载《税务研究》2013 年第 9 期，第 51 页。
④ 王霞：《税收优惠法律制度研究：以法律的规范性及正当性为视角》，法律出版社 2012 年版，第 98 页。

定为标尺，检视进而清理实践中呈泛滥态势的税收优惠政策，在论证过程中，其较多运用个税优惠以作为论据。①

（二）修法后的规则阐释

《个人所得税法》在 2018 年的修改幅度相对较大，不仅引入新的规则（如个税反避税规则、专项附加扣除规则），还涉及体系性变革（如改分类所得税制为综合与分类相结合的所得税制）。由此出发，如何正确适用新规则，如何准确理解个人所得税法体系性变革给理论和实践带来的各项变化，应当成为理论研究新的生长点。

在前一层次，欧阳天健指出由《企业所得税法》平移而来的一般反避税规则不完全契合个人所得税，又因正式出台的《个人所得税法实施条例》未纳入细化一般反避税规则的条文，使该规则的适用有一定难度，实践中尤其应细化合理商业目的标准，并推动经济实质规则成为一般反避税认定的客观标准。②

在后一层次，叶姗揭示了综合与分类相结合的征税模式下，通过引入"综合所得"这一范畴，使核心课税要素由客体意义上的所得转为主体意义上的纳税人，由此出发，纳税义务呈现横向的并行结构和纵向的递进结构。③

客观地讲，学界对新个人所得税法的阐释性研究还十分有限，较之无论是修法前抑或修法后的对策性研究，都显得更加薄弱。这同财税法学研究重立法论、轻解释论的总体状况相适应。实际上，通过向实务部门了解可知，新《个人所得税法》在执行过程中存在不少模糊的地方，亟待运用法解释学方法明确相关规则的内涵与外延。考虑到该点，本书将专门讨论重点条文、重要制度的规则适用问题。

（三）修法后进一步完善规则的建议

凡是过往，皆为序曲。历史地看，法律制度总是处在不断完善的过程之中，很难指望某次立法或者修法能够"终结时间"。《个人所得税法》也不例外，从 2018 年修法完成时起，臧否其制度设计之得失并进而提出完善建议的

---

① 参见熊伟：《法治视野下清理规范税收优惠政策研究》，载《中国法学》2014 年第 6 期，第 154～168 页。
② 欧阳天健：《个人所得税一般反避税规则研究》，载《法律科学》2020 年第 5 期，第 150 页。
③ 叶姗：《个人所得税纳税义务的法律建构》，载《中国法学》2020 年第 1 期，第 221 页。

立法论研究便已纷纷问世。基于形式标准，可将相关研究划分为两类：一是系统检视新《个人所得税法》并提出完善建议；二是单就其核心规则加以反思并提供优化方案。

　　几乎是在修法刚一完成的同期，系统检视的研究成果便已出炉。张守文认为《个人所得税法》要解决纵向税负适度和横向税收公平的问题，历史地看，《个人所得税法》的制度演进便立基于此，用发展的眼光看，未来须进一步完善的仍然是这两方面问题。为使税负适度，要持续调整扣除额、税率并完善客体结构；为使税收公平，则要系统调整纳税主体制度、系统安排扣除制度、系统联动客体与税率。① 刘剑文在肯定新《个人所得税法》进步的同时，认为其仍待完善之处包括但不限于综合所得和其他税目间的税负差异可能诱发税收不公平、费用扣除规则尚未完全贯彻净额所得课税的原则、税率级距和最高边际税率仍有优化空间等。② 何锦前从调节分配的角度出发，将个人所得税法的分配功能提炼为强制性分配功能和诱致性分配功能，其认为新《个人所得税法》在强制性分配方面进步明显但还不够，在诱致性分配方面则改进较少，这主要表现在公益捐赠扣除标准未获提高、享受优惠的捐赠范围仍然狭窄。该学者所提对策建议涵盖一般性扣除标准、专项附加扣除、税率结构等诸多方面。③ 由上述可知，学者们对新《个人所得税法》的整体检视多受特定理论范式和价值目标的指引，这使学理和制度得到了较好的结合。

　　在系统检视的同时，学界也重点考察新《个人所得税法》增补或修改的相关规则，指出其不尽如人意之处并提供优化方案。

　　针对征税模式规则，邢会强承认分类所得税制改为综合与分类相结合的所得税制诚为必要，但强调综合的同时也还要继续完善所得的分类。在考量成本费用扣除方法的差异、投资期的不同及社会经济政策导向的基础上，其建议恢复其他所得，从"财产转让所得"税目中析出股权转让所得，从"偶然所得"税目中析出贡献、成果类获奖所得，并且根据金额大小对稿酬所得等实行

---

　　① 参见张守文：《改革开放、收入分配与个税立法的完善》，载《华东政法大学学报》2019 年第 1 期，第 12~16 页。

　　② 参见刘剑文：《个税改革的法治成果与优化路径》，载《现代法学》2019 年第 2 期，第 27~30 页。

　　③ 参见何锦前：《个人所得税法分配功能的二元结构》，载《华东政法大学学报》2019 年第 1 期，第 39~52 页。

差异化税制安排。① 应当说，这种逆向思维的进路及其结论均颇为宝贵。将工薪所得等四项税目综合起来计征，是为了实现税收公平，可只注意"综合"而轻忽"分类"，未必真能达致税收公平的目标。在综合与分类相结合的征税模式下，精细化的制度安排应当成为下阶段的努力方向。

针对费用扣除规则，蒋遐雒指出现行标准扣除和专项附加扣除在内容上有所重复，性质差异也未充分彰显，故应调整税前扣除的内部项目。同时，仅对综合所得适用税前扣除不符合公平原则，也有干扰纳税人就业选择的风险，故应对全部所得均综合适用税前扣除。另外，家庭因素也应在进行费用扣除时有所考量。② 该学者的研究建基于对标准扣除、专项附加扣除等的定性。事实上，定性有一定主观性，若从不同角度作不同定性，关于各类扣除间有无重复的结论便不一致。此外，还有若干学者针对专项附加扣除展开研究。徐妍聚焦赡养老人专项附加扣除，认为相关规则在扣除单位、扣除项目、扣除标准、分摊方式等方面存在缺陷，应予改进。③ 赵艾凤等指出子女教育支出专项附加扣除仅仅考虑子女数量因素过于单一、住房贷款利息支出专项附加扣除与各地首套住房认定政策衔接不一致、赡养老人专项附加扣除的标准设定也太过简单。有鉴于此，其提出要根据教育阶段和地区的不同差异化设定子女教育支出专项附加扣除的标准，完善住房贷款利息专项附加扣除中的首套房认定标准，将被赡养人人数作为测算赡养老人专项附加扣除数额的标准。④ 专项附加扣除之于我国而言是新生事物，规则方面不尽合理也可以理解。在新法推行一段时间后，结合实践发掘规则的不完善之处并向立法部门提出改进建议，正是财税法学界的一项重要使命。

针对纳税单位规则，鉴于征税模式已由分类所得税制改为综合与分类相结合的所得税制，这便为纳税单位由个人向家庭的转轨创造了条件。如果说

---

① 参见邢会强：《个人所得的分类规制与综合规制》，载《华东政法大学学报》2019年第1期，第24~26页。

② 蒋遐雒：《个人所得税税前扣除的概念厘清与制度完善——以混合所得税制改革为背景》，载《法商研究》2020年第2期，第52~56页。

③ 参见徐妍：《个人所得税赡养老人专项附加扣除制度法律问题研究》，载《学习与探索》2020年第1期，第67~73页。

④ 赵艾凤、姚震：《进一步完善我国个人所得税扣除制度的构想》，载《税务研究》2020年第9期，第41~45页。

在此之前，谈论纳税单位改革还显得有些遥远，那么在修法后的当下，研究该问题的必要性和可行性都愈发凸显。李春根等即明确提出我国《个人所得税法》应当确立家庭课税制，以家庭所得为税基，在做基本扣除之后还须考量家庭人口、受教育情况、赡养抚养状况等因素作差异化制度设计。①

针对反避税规则，朱大旗等揭示了个税反避税规则的不完备之处，并从细化规则判断和执行标准、约束税务机关反避税执法、强化部门间信息互通、响应国际反避税实践等方面提出完善建议。② 在《个人所得税法》中纳入反避税规则自然有其必要，但简单移植《企业所得税法》类似规定的做法是否合意却不无疑问。前引欧阳天健文对此已有所揭示，此处朱大旗等的研究成果更多侧重于在既有条件下如何进一步完善规则。

针对合伙企业课征个税的问题，叶姗指出自然人合伙人比照征收个人所得税是一种类推适用的法律漏洞补充，而且有限合伙人适用该规则的正当性也存在疑问。故再修改《个人所得税法》时，应专门创制合伙企业课征所得税的特殊规则。③ 该研究在视角上注重法际融通，体察《个人所得税法》和《合伙企业法》《企业所得税法》等相关法律的衔接和协调。在研究进路方面，其虽着眼于提供修法建议，但论证过程立足于对现有规则的解释。前述两点在方法论的意义上十分值得借鉴。

二、国外文献综述

由于国外文献一般未直接关注我国 2018 年的个税修法，故而此处所梳理的文献主要是个人所得税法的相关研究。从本书研究的问题意识出发，基于"有助于课题研究"的原则，这里侧重于展示国外文献关于个人所得税法组织收入和调节分配功能的探讨，以及针对若干核心规则的见解。

(一)宏观层面：功能导向的研究

本书聚焦于个人所得税法在组织收入和调节分配这两方面的功能，事实

---

① 李春根、赵望皓：《探索以家庭为课税单位的个人所得税制度》，载《中国税务》2020 年第 6 期，第 55 页。

② 参见朱大旗、范瑶：《新〈个人所得税法〉反避税条款研究》，载《学习与实践》2020 年第 1 期，第 58~66 页。

③ 叶姗：《合伙企业课征所得税规则之创制》，载《华东政法大学学报》2019 年第 1 期，第 38 页。

上，国外文献在讨论个人所得税法时也常会由此二角度切入分析。

就组织财政收入言之，个人所得税具备筹集财政资金的功效自是毋庸置疑，但部分国外学者认为个人所得税的此项功效有限，因而主张用其他税种取代个人所得税或采取两税并行的税制。如 Reuven S. Avi-Yonah 指出，从OECD 国家、北美地区及发展中国家的实践来看，个人所得税汲取财政收入的能力有限，相较之下，消费税(在我国语境中主要指增值税)筹集财政收入的数额不亚于甚至要更强于个人所得税，但单一的消费税也不足以提供充裕的财政收入，故其建议各国同时将个人所得税和消费税确立为主体税种。①

就调节收入分配言之，颇多研究肯定个人所得税调节分配的功能，② 但也揭示了实践中部分国家未能充分发挥该项功效。③ 对此，有学者利用平均税率、K 指数等指标进行测算，发现个人所得税的累进性和全面性不足是造成其调节分配效能不彰的主要缘由。④ 另也有学者发现个人所得税法上扣除额、

---

① Reuven S. Avi-Yonah et al, *Global Perspectives on Income Taxation Law*, Oxford University Press, 2011, pp. 4-8.

② Reuven S. Avi-Yonah et al, *Global Perspectives on Income Taxation Law*, Oxford University Press, 2011, p. 12.

③ Richard M. Bird 和 Eric M. Zolt 认为，个人所得税在发展中国家的调节分配功效甚微。Richard M. Bird & Eric M. Zolt, "The Limited Role of the Personal Income Tax in Developing Countries", *Journal of Asian Economics*, Vol. 1692：8, pp. 930-933 (2005). Milanovic 测算 79 个国家个人所得税对基尼系数的影响程度，发现发达国家个人所得税调节收入分配的效用强于发展中国家。Branko Milanovic, "Do More Unequal Countries Redistribute More? Does the Median Voter Hypothesis Hold?", December 1999, pp. 1-50, https：//agris. fao. org/agris-search/search. do? recordID = US2012400429, 最后访问时间：2020 年 9 月 10 日。

④ Govind S. Iyer, AndrewSchmidt & AnanthSeetharamanc, "The Effects of Standardized Tax Rates, Average Tax Rates, and the Distribution of PIncome on Tax Pogressivity", *Journal of Accounting and Public Policy*, Vol. 27：88, pp. 88-96(2008)；Richard M. Bird & Eric M.Zolt, "The Limited Role of the Personal Income Tax in Developing Countries", Journal of Asian Economics, Vol. 16：928, pp. 930-933(2005). 与此不同，Wagstaff、Adam 等学者以 OECD 国家的数据为样本，通过平均税率、累进性、横向公平效应、扭曲效应(reranking effect)四个指标测算各国个人所得税的再分配效应，发现各国为达致相似再分配效应的制度手段并不一致，甚至时常呈现"殊途同归"的态势。如丹麦与美国的个人所得税制有相似的纵向再分配效应，但丹麦采行高平均税率及低累进性的税制，美国与之相反。Wagstaff, Adam, and 25 other authors, "Redistributive Effect, Progressivity and Differential Tax Treatment：Personal Income Taxes in Twelve OECD Countries", *Journal of Public Economics*, Vol. 72：73, pp. 73-98(1999).

专项附加扣除等规则设计也会影响再分配效应。如 Stanleys 认为专项附加扣除更有利于高收入者，加剧分配失衡①，Lim 等认为扣除额的设置对韩国个人所得税再分配效应的影响最为显著。② 此外，不少学者诉诸调节功效的最终目标——达致税收公平，以此来系统检视各国个人所得税法及其变革。③ 但是，对于"如何才符合税收公平的要求"这一问题本身，似乎都并未形成高度共识。Kakwani 等认为个人所得税法制度的不公平主要体现在横向维度，即收入相同的纳税人所缴税款不同。④ David Elkinst 则认为横向公平可能并非个人所得税法的合理目标⑤，Xavier Ramos 和 Peter J. Lambert 提出与传统含义不同的横向公平，即考量在社会应享待遇类别中与税收相关的因素，使相同收入水平的人承受差别税收待遇合法化。⑥

（二）微观层面：聚焦核心规则的研究

在宏观层面研究的基础上，国外学者也对个人所得税法中若干核心制度展开探究。这对于理解我国个人所得税法的相关规则设计以及思索进一步的优化方案，有一定借鉴意义。

就征税模式言之，大部分国家在不同程度上有采取综合征收的模式，所以国外文献倾向于在此前提下对综合征收的性质和特点加以反思。比如，有研究指出分类征收与综合征收之间并非泾渭分明，日本学者森下幹夫即认为，

---

① Stanleys Surrey, *Pathways to Tax Reform：The Concept of Tax Expanditures*, Harvard University Press, 1973, pp. 56-58.

② Byung-In Lim & Jin Kwon Hyun, "What Makes the Income Tax System so Progressive? — the Case of Korea", *Applied Economics Letters*, Vol. 16：683, pp. 683-687(2009).

③ 比如 Alice G. Abreu 即认为"特朗普税改"在个人所得税的部分违反了税收公平中量能课税的要求。其具体从三个维度阐述该点：其一，取消个人宽免规则及赡养费扣除项目违背了横向公平；其二，取消零税率危及纳税人的生存权；其三，拒绝资本中立导致收入来源不同的纳税人存在不合理的税负差异。Alice G. Abreu, "Tax 2018：Requiem for Ability to Pay", *Loyola Law Review*, Vol. 51：61, pp. 61-62(2018).

④ Nanak Kakwani & Peter J. Lambert, "On Measuring Inequity in Taxation：A New Approach", *European Journal of Political Economy*, Vol. 14：369, pp. 369-380(1998).

⑤ David Elkinst, "Horizontal Equity as a Principle of Tax Theory", *Yale Law & Policy Review*, Vol. 24：42, pp. 87-90(2006).

⑥ Xavier Ramos & Peter J. Lambert, "Horizontal Equity and Differences in Income tax Treatment：A Reconciliation", *Fiscal Policy, Inequality and Welfare Research on Economic Inequality*, Vol. 10：45, pp. 45-63(2003).

虽然日本所得税法实行综合所得税制，但由于合计前各所得金额的计算方法根据所得性质的不同而有所差异，故而实际上也带有某些分类征收的色彩。①

就税率结构言之，累进税率—比例税率何者更优，最高边际税率如何确定，是国外学者普遍关注的两个议题。在前者，许多国家都在不同程度上有采用累进税率。个别研究批判这种做法，认为累进税率无益于经济发展，主张全面适用比例税率。② 在后者，降低最高边际税率的声音渐成主流，其论据有三：一是过高的边际税率易诱发逃避税行为；③ 二是过高的边际税率不仅无助于、反倒会抑制个人所得税调节分配的作用；④三是在将家庭作为纳税单位的模式下，过高的边际税率可能抑制家庭中第二收入者的劳动供给。⑤ 除前述两方面研究外，另有学者在将家庭作为纳税单位的前提下，主张针对特定人士适用单独的税率表。⑥ 这方面研究对于我国日后的制度设计不无教益。

就纳税单位言之，已有较多域外研究成果揭示个人课税制有悖于税收公平之处，⑦ 在此基础上，不少学者建议将家庭课税制的因素适当纳入个人所得

---

① 森下幹夫「所得税法における所得分類の現代的意義——20 世紀型所得分類課税方式の課題」岡山大学経済学会雑誌 48 巻 3 号（2017）19~34ページ。

② 杉田芳雄「累進課税制度に関する一考察」経済研究所所報第 22 号（2019）；John K. McNulty, "Flat Tax, Consumption Tax, Consumption-Type Income Tax Proposals in the United States: A Tax Policy Discussion of Fundamental Tax Reform", *California Law Review*, Vol. 88: 2095, pp. 2103-2107(2000).

③ Sven Steinmo, *Taxation and Democracy: Swedish, British, and American Approaches to Financing the Modern State*, Yale University Press, 1993; Michael J. Graetz, "To Praise the Estate Tax, Not to Bury It", *Yale Law Journal*, Vol. 93: 259, p. 273(1983); Reuven S. Avi-Yonah et al, *Global Perspectives on Income Taxation Law*, Oxford University Press, 2011, pp. 7-8; John K. McNulty, "Flat Tax, Consumption Tax, Consumption-Type Income Tax Proposals in the United States: A Tax Policy Discussion of Fundamental Tax Reform", *California Law Review*, Vol. 88: 2095, p. 2106(2000).

④ Richard M. Bird & Eric M. Zolt, "The Limited Role of the Personal Income Tax in Developing Countries", *Journal of Asian Economics*, Vol. 16: 928, p. 930(2005).

⑤ John H. Beck, "The Treatment of Marital Status under State Income Taxes", *State & Local Government Review*, Vol. 21: 66, pp. 66-73(1989).

⑥ The Yale Law Journal Company, Inc., "Proposals for Preventing Family Tax Avoidance", *The Yale Law Journal*, Vol. 57: 788, pp. 788-805(1948).

⑦ ［美］休·奥尔特、［加］布赖恩·阿诺德等：《比较所得税法——结构性分析》（第三版），丁一、崔威译，北京大学出版社 2013 年版，第 319 页。

税法的制度设计。① 值得注意的是，有学者从更高标准检视，认为家庭课税制虽较之纯粹的个人课税制在公平性上更胜一筹，但仍有改进空间，具体的完善建议包含三个方面：一是要矫正低收入家庭和高收入家庭之间的税收逆调节现象，主要思路是减少附加税级次的扣除额度以削弱对高收入群体的减税力度；② 二是缓释针对单身人士的歧视待遇，主张对其适用单一税率表或增加扣除力度；③ 三是消除同性伴侣和异性配偶在税法上的差异地位，允准同性伴侣适用已婚联合申报状态的税法条款。④ 此外，部分研究从经济后果的角度切入反思家庭课税制下的税款计算方法，并提供制度完善的对策建议，如 Jane H. Leuthold 认为取消夫妻分割收入法有利于促进妇女劳动的提供。⑤

就费用扣除规则言之，国外学者较多论述费用扣除本身的正当性和其中较为特别之专项附加扣除的正当性。除人们通常较为熟悉的净额所得课税等理由外，如下见解较富创新价值：针对费用扣除的正当性，山下笃史对比了费用扣除和提供津贴这两种方式，指出费用扣除规则在功能的意义上更优。⑥ 针对专项附加扣除的正当性，学者们的认识未尽一致。有观点认为专项附加扣除更有利于高收入者，加剧再分配的不公平，故而不宜广泛推行；⑦ 持相反见解的学者则认为，即便税务机关难以全盘掌握纳税人的信息，采行专项附

---

① Carl Sgoup, "Married Couples Compared with Single Persons Under the Income Tax", *The Bulletin of the National Tax Association*, Vol. 25：130, pp. 134-135(1940).

② The Yale Law Journal Company, Inc., "Proposals for Preventing Family Tax Avoidance", *The Yale Law Journal*, Vol. 57：788, pp. 802-803(1948). 为了避免夫妻间通过分割收入避税，作者建议采行分割计划(Splitting Plan)，但相较于低收入群体，高收入群体从该计划中获得的税收利益更大。美国所得税法对超过一定数额的收入征收附加税，换言之，适用附加税级次的纳税人为高收入群体。故作者进一步建议削弱附加税级次的扣除力度，以促进高收入群体与低收入群体之间税负的公平。

③ The Yale Law Journal Company, Inc., "Proposals for Preventing Family Tax Avoidance", *The Yale Law Journal*, Vol. 57：788, pp. 802-803(1948).

④ Haniya H. Mir, "'Windsor' and Its Discontents：State Income Tax Implications for Same-sex Couples, *Duke Law Journal*, Vol. 64：53, pp. 53-98(2014).

⑤ Jane H. Leuthold, Income Splitting and Women's Labor-force Participation, *Industrial and Labor Relations Review*, Vol. 38：98, p. 99(1984).

⑥ 山下笃史「所得税による子育て支援–児童税額控除の課題」内閣府経済社会総合研究所 190 卷(2007)。

⑦ Stanleys Surrey, *Pathways to Tax Reform：The Concept of Tax Expanditures*, Harvard University Press, 1973, pp. 56-58.

加扣除也仍然有助于改善分配状况。① 此外，费用扣除规则在各国个税立法上
都较为复杂，这意味着法解释学研究必不可少。比如，今村修关于日本税法
上杂项扣除中"不动产"概念的阐释，便运用了法解释学方法，最终认为其应
当同税收优惠事项中"居住用财产"的概念保持一致。②

就税收优惠言之，国外学者首先关注的是其分类问题，如 Xavier Ramos
和 Peter J. Lambert 便将税收优惠划分为基于长期社会目标的税收优惠和服务
于税务管理者及特殊利益群体的税务优惠。③ 在此基础上，学者们常对各类优
惠手段的经济、社会、行政效果等展开研究。比如，许多学者颇为青睐个税
抵免这类优惠手段，原因即在于其具有较强的分配调节功能。这方面有代表
性的观点如：Delarue Véronique 认为工薪家庭税收抵免政策（WFTC）的再分配
效应强于家庭信贷（Family Credit）；④ Gian Paolo Barbetta 等学者也认为就业税
收抵免政策及退休收入税收抵免政策是影响意大利个人所得税再分配效应的
主要制度。⑤ 此外，也有观点建议采行退还式个税减免政策，但同时强调此项
政策可能导致税务局额外的执行成本增加⑥，很显然，此处同时考量了个税优
惠对经济、社会和行政效能的影响。

第三节 研究内容

从前文述及的问题意识出发，结合既有研究基础，本书确定了自己的研

---

① Pio Baake, Rainald Borck & Andreas Loffler, "Complexity and Progressivity in Income Tax Design: Deductions for Work-related Expenses", *International Tax and Public Finance*, Vol. 11: 299, pp. 299-312(2004).

② 今村修「所得税法と資産分類」千葉商大紀要 51 巻 2 号（2014）251~260ページ。

③ Xavier Ramos & Peter J. Lambert, Horizontal Equity and Differences in Income Tax Treatment: A Reconciliation, *Fiscal Policy, Inequality and Welfare Research on Economic Inequality*, Vol. 10: 45, pp. 1-2(2003).

④ Véronique Delarue, *Le Working Families Tax Credit*, un nouveau crédit d'impôt pour les *familles de travailleurs à bas revenus au Royaume-Uni*, Economie et statistique, n° 335, 2000. pp. 47-61.

⑤ Gian Paolo Barbetta, Simone Pellegrino & Gilberto Turati, "What Explains the Redistribution Achieved by the Italian Personal Income Tax? Evidence from Administrative Data", *Public Finance Review*, Vol. 46: 1, p. 1(2016).

⑥ 山下篤史「所得税による子育て支援−児童税額控除の課題」内閣府経済社会総合研究所 190 巻(2007)。

究内容。总体上，本书区分为四个模块，分别基于整体观、解释论、立法论和发展观展开探究。"整体观"一编包含第一、二章，从纵横两个向度对新个人所得税法作整体考察，纵向维度着意梳理个人所得税法的制度演进及贯穿其中的逻辑主线，横向维度则对域外个税制度实践作快速扫描，在对比中揭示新个人所得税法在若干核心制度上为何要如此设计。"解释论"一编含第三、四、五章，对新个人所得税法的重点条文和重要制度作阐释性研究，注重对其中意涵不甚明晰之处加以廓清，以指引制度实践。"立法论"一编含第六、七章，检视本次个税修法调整较大的征税模式规则，发掘其不尽完善之处从而提出进一步优化的建议，同时对本次修法未作调整的纳税单位规则也加以考察，思索有无相应调整的必要。"发展观"一编含第八章，考量个人所得税制度如何在上位法确定的框架内发展、完善自身，有序开展规范续造的工作。

各章的主要内容兹简述如下：

第一章从历史的角度梳理我国《个人所得税法》的制度演进，揭示蕴含于其中的两大逻辑主线，即组织财政收入和调节收入分配。

第二章从比较的角度观察 21 世纪以来世界各主要国家的个税改革和修法实践，阐明我国个税修法有哪些合于"国际潮流"，又有哪些本土特色，并着意从更好组织收入和更好调节分配的角度揭示我国制度取舍的缘由。

第三章遵循法律解释的一般路径和基本方法，对新《个人所得税法》各重点条文意涵不明之处加以厘清，特别注重依托法条回应新《个人所得税法》推行一年多以来实践中存在的困惑。

第四章结合《个人所得税法》和下位规范，对种类繁多的个税优惠进行梳理，注重揭示个人所得税法关于优惠事项的授权规定在实践中如何得到践行。此外，考虑到新冠肺炎疫情是整个 2020 年我国乃至全世界遇到的重大考验，本书正好由此切入，作为个案样本来揭示《个人所得税法》上的酌定减征优惠应当如何落地，此间又会遇到怎样的难题。

第五章在揭示《个人所得税法》照搬企业所得税反避税规则存在的问题之后，强调个税反避税规则的适用要处理好《个人所得税法》与下位规范、《企业所得税法》、《税收征管法》的关系，并对特别反避税规则与一般反避税规则的关系、避税行为的认定标准、认定程序、举证责任与证明标准等问题须有准确认知。本章强调，不能仅因组织收入的需要便扩张反避税规则的适用，如此既有损纳税人权利，也会使分配调节的目标落空甚至引发南辕北辙的困窘。

第六章聚焦本次修法有重大改变的征税模式规则，在肯定其进步价值的基础上，既从宏观层面思索综合征收的范围有无增减优化之空间，也从微观层面探究细化所得类别从而施以差异化规制的进路。

第七章关注学界讨论热烈但本次修法未作回应的纳税单位规则，在揭示个人课税制和家庭课税制各自的利弊双面之后，着意勾勒一条调谐组织收入和调节分配二元目标、兼顾需要与可能的制度完善进路。

第八章在个人所得税法的制度规范总体上较为原则的背景下，思考实践中应如何细化、发展相关规则，从而既无违于税收法定原则，又能更好达致个人所得税法组织收入和调节分配的目标。该章既非纯粹的解释论研究，也不能完全纳入立法论的范畴，而在某种意义上具有回顾、总结的属性，故置于本书的最后一部分，也同第一章遥相呼应。

各章内容均将组织收入和调节分配这二元目标融入其中，从而使整个课题的不同部分共享相同的研究语境、遵循相同的研究进路。

第四节　研究方法

笔者在研究过程中，综合运用了如下方法。

一是辩证分析法。紧扣组织收入和调节分配这二元目标的联系与张力，揭示个税修法何以要在若干核心规则上如此设计，以及在此基础上还能如何进一步优化制度安排。

二是规范分析法。基于实践中征纳双方反映的疑难困惑，紧扣《新个人所得税法》的文本，明晰规则适用。

三是价值分析法。组织收入和调节分配作为个人所得税法的两大制度目标，内含一系列价值要求，如量能课税、税收法定等。本书在揭示相关价值要求和二元目标的内在一致性后，着力运用各价值工具，臧否2018年修法之得失，进而勾勒制度进一步完善的思路。

四是比较分析法。将我国的个税修法嵌入全球税改的语境中加以审视，一方面，摈弃简单移植域外经验的做法，揭示我国修法实践异于他国的正当性；另一方面，也不故步自封，在设计某些具体规则的优化方案时仍然参酌考量域外实践的有益经验。

五是历史分析法。通过梳理自1980年以来我国《个人所得税法》的制度演进，揭示其背后的"变"与"不变"，从而既提炼出历久弥新故应一以贯之的价值目标，也本着"世异则事异，事异则备变"的精神，针对各项具体制度均注意嵌入特定时空条件加以审视。

六是实证分析法。针对不同层级、不同区域的税务机关进行调研，获取较多一手资料。诸如专项附加扣除规则在实施中有哪些困惑、税务机关执行一般反避税规则时遵循怎样的标准等事项，都是通过调研方才凝练出具有研究价值的问题，从而才得以有针对性地开展研究。

第五节　可能存在的创新点与不足之处

一、可能存在的创新点

本书可能存在的创新点可从如下三个层面加以释明。

(一) 学术思想创新

本书坚持解构—融合立场，拓掘核心范畴的内涵、重视范畴间联系与张力。

其一，分别由"形式—实质""垂直—水平"维度把握税收法定与量能课税，以法理重述制度目标。

其二，厘清二元目标的关系，强调个人所得税法必须统筹二者，从单一角度出发设计制度易产生体系内的抵牾。

(二) 学术观点创新

由前述基本立场出发，本书在各章节分别提出若干可能较为新颖的观点。

一是廓清二元目标指引个税修法的方向异同，宽税基、重累进、增益资本税负、严征管是重叠共识，在纳税单位、税收优惠等具体制度层面则存在异质要求。

二是强调应正视我国个税占比偏低的现实，强化调节的同时仍须兼顾收入。

三是揭示我国个税累进性较高、平均税率偏低的现状，主张优化累进结构(削弱避税动机)，适当提高平均税率。

四是指出个人所得税法直接照搬企业所得税反避税规则存在诸多弊端，但在规则适用层面仍然不得不借鉴企业所得税领域已较为成熟的经验。

五是建议征税模式、税率等规则设计要关注现实约束，必要时择取次优却可行的方案。

六是倡言要正视个人所得税法呈现一定空筐外观的合理性，在此前提下以循名责实但富弹性的税收法定来指引规范续造的工作。

（三）研究方法创新

本书在方法、进路方面或许有如下特色：

首先，法学范式主导、兼顾科际交叉，立足于规范分析、价值分析方法，汲取经济学、政治学智识成果。

其次，重视但超越单纯的对策研究，融通理论与实践，理论探讨接地气、对策建议求深度，运用税收法定、量能课税、比例原则等理论工具作立法论研究。

再次，开放性审视国内税制、批判性考察域外实践，全球化语境下预判修法效果，并立足国情慎思域外经验的借鉴可能。

复次，兼顾全景扫描和微观视角，既总体把握二元目标分别就修法所提要求，又尝试设计核心规则的改进方案。

最后，重实证研究，关注新《个人所得税法》的实践情况，从实践中提炼理论问题，运用理论话语回应实践困惑。

二、不足之处

囿于研力所限，本书至少在如下两方面仍存不足，尚待今后的研究工作进一步补足。

其一，对部分具体问题的研究还可加以拓掘。比如，报告第四章论及"负所得税"，但因其目前更多停留在理论设想的层面，故而本书也只是简略提及而未作过多铺陈。事实上，从调节分配的角度出发，"负所得税"制度有其很难被替代的作用，即便在当下无甚可能被引入我国的《个人所得税法》，但对其利弊因素及配套制度的考察，仍可在下阶段适时展开。

其二，对域外制度演进及其动力机制的梳理还可更加充分。本书虽然也有意识地观照域外个税制度实践，并且着重揭示中外语境差异对制度设计的影响，但受限于一手文献获取的难度，这方面的工作确实还有继续提高的空间。

第一章 二元目标下的个人所得税法制度演进①

第一节 个人所得税法的组织收入和调节分配功能

从整体上讲，税法的制度规范异质多元，至少可作财政目的规范和管制诱导性规范的二元界分，亦有财政目的规范、社会目的规范和简化的规范之三元界分，但对于主干规则的收入——调节之二分法，不同主张间基本可达致共识。② 由此出发，税法的制度功能便有组织收入和实施调节这两大面向，后者又包含经济性调节和社会性调节两个维度，经济性调节通常被称为宏观调控，社会性调节的内容要更丰富一些，但总体上可概括为追求社会公正的实现。

具体到个人所得税法，其组织收入的功用自是无可讳言。学理上常将税收理解为财产权附有社会义务的表征，诚如导论中曾言及，所得税和财产税分别对财富的增量和存量征收，流转税则是对运用财富进行消费的行为征收。个人所得税系对单位时间内自然人纳税人（及个体工商户、个人独资企业主）的财富增量征收。其正当性基础在于：个人并非仅靠自身的努力便能够实现财富增长，在此进程中，国家通过制定法律、执行法律、依据法律进行纠纷裁处等方式，创造良好的市场氛围、营造有序的交易环境，并使之得以维系。易言之，国家或曰共同体对财富增量亦有贡献，但其贡献在初次分配中未能得到回应，故而借以个税手段进行的再分配进行补偿。理论上讲，只要经济

---

① 本章部分内容曾发表于《华中科技大学学报（社会科学版）》2020 年第 3 期，收录本书时做了相应修改。

② 参见侯卓：《论税法分配功能的二元结构》，载《法学》2018 年第 1 期，第 20～21 页。

在发展，国家便可获得较为稳定的个税收入；退言之，在没有"负税收"①制度的背景下，只要部分市场主体能享受到财富增加，即便经济在整体上未有增长，国家的个税收入也有保障。

事实上，所得税制度在世界范围内得以普遍确立，同其能够更便捷、充分地组织财政收入须臾不可分。人类历史上，英国最早开征个税，系因满足英法战争军费的需求。其后，该税种在英国迭经废立，在较长一段时间内的一般规律是将其作为应付紧急财政的手段，仍然无法脱离"战时税收"的烙印，如1798年为因应拿破仑战争造成的财政亏空而开征，1803年因战争又起而确立源泉扣缴的方法，在战争结束之后的1815年，其即一度被取消。② 美国在1862年开征所得税，亦是基于南北战争引致的军费短缺，几经波折后③，目前，个人所得已成为美国在联邦层面的第一大税种。比如在1965年，其个税收入占全部联邦层级税收收入的比重为31.7%，该比重在2000年一度达到历史最高点41.9%，2006年也仍然有36.5%的占比。在欧洲大陆，法国称得上是对个人所得税乃至整个直接税最不友好的国家之一，基于众所周知的文化根源，自法国大革命以降，法国民众总体上倾向于不认可政府或者其他社会机构对个人和家庭财富的征用权，这导致间接税在法国的税制结构中占据主导地位。④ 职是之故，在各主要国家中，法国开征个人所得税相对较晚，迟至1914年方才为筹集参加第一次世界大战的军费而开征。作为"一战"的战败国，德国则是在1920年为偿付战争赔款而以法律形式，于联邦层面统一开征该税种。从整体上看，流转税在德国的税制结构中地位显赫，但即便如此，

---

① 所谓"负税收"，也即根据公式测算后，纳税人的应纳税额既可能为正，也可能为负，若应纳税额为负，则国家相应要向纳税人支付一笔金额。

② 参见朱偰：《所得税发达史》，商务印书馆2020年版，第33~37页。

③ 美国历史上曾一度认为征收所得税是违反宪法的，故在1862年开征后经历了多次存废之波折。联邦国会曾经在1894年通过所得税法，翌年，最高法院便在波洛克诉农民贷款和信托公司案中宣布所得税违背宪法。这使得修改宪法成为开征所得税的必备前提要件。于是自1909年起，允许开征所得税的宪法第十六修正案便被下发到各州申请批准。至1913年，各州批准该修正案，其明确了国会有权对任何来源的收入规定并征收所得税，无须在各州按比例进行分配，也无须考虑任何人口普查或人口统计数据。同年，国会正式通过《所得税法》。[美]劳伦斯·弗里德曼：《二十世纪美国法律史》，周大伟等译，北京大学出版社2016年版，第84~85页。

④ [美]B. 盖伊·彼得斯：《税收政治学：一种比较的视角》，凤凰出版传媒集团、江苏人民出版社2008年版，第64页。

其个税收入的占比仍然不可小觑。以 2006 年为例，其个税收入占联邦层级全部税收收入的比重达到 24.5%，在各税种中居于第三位。[1] 概言之，有税收政治学研究基于税制结构的不同，将经合组织国家划分为四种类型：英美国家及其盟友、斯堪的纳维亚国家、宽税基国家、拉丁语系国家。除拉丁语系国家外，其中三类国家的税制结构都颇为依赖个人所得税。[2]

在调节功能的部分，个人所得税法主要发挥着调节分配的作用。从经济性调节—社会性调节的二分法看，调节分配兼具这两方面因素。分配正义是社会公平正义的基本要求，同时，分配结构又是一国经济结构的重要组成部分。可资佐证的是，我国相关顶层设计文件即同时从经济和社会两方面来把握收入分配体制改革的意义。譬如，国务院于 2013 年批转的《关于深化收入分配制度改革的若干意见》，便是由发展改革委、财政部、人力资源社会保障部三部委联合制定，通常认为，前二者承担的主要职责是经济发展方面的，后者则更多承载社会公平正义方面的职责。该意见中还明确指出，深化收入分配制度改革，"是加快转变经济发展方式的迫切需要"，也"是维护社会公平正义与和谐稳定的根本举措"。不难发现，我国在分配制度改革的进程中，个税手段的地位颇为突出，前述意见便在"加快健全再分配调节机制"中专设"加强个人所得税调节"一项，从征税模式等角度勾勒出改革路径。鉴于今世诸国多已建成比较完备的税制体系，足可提供较为稳定、充分的财政收入，故而个人所得税在组织收入方面的不可替代性不再那么突出。[3] 相较之下，因其系直接对财富增量征收且税负不易转嫁，故调节分配的功用不断显现，在此基础上，也越来越多被用于实施宏观调控。[4] 从下文梳理即可知晓，我国历次个

---

① 贾康、梁季、程瑜：《大国减负：中国税制改革的攻坚克难》，浙江大学出版社 2019 年版，第 143 页。

② 参见［美］B. 盖伊·彼得斯：《税收政治学：一种比较的视角》，凤凰出版传媒集团、江苏人民出版社 2008 年版，第 61~64 页。

③ 事实上，增值税等间接税因其征税的隐蔽性，以及税基和税源、纳税人和负税人的相互分离从而"税痛感"较不强烈的特征，在组织财政收入过程中的地位正不断凸显。譬如从收入占比看，增值税便是我国现阶段当之无愧的主体税种。

④ 以美国为例，为促进经济增长，肯尼迪、里根、特朗普政府都实施了个税减税改革。参见贾康、梁季、刘薇、孙维：《大国税改：中国如何应对美国减税》，中信出版集团 2018 年版，第 26~27、34~35、72~74 页。

税修法，纵是兼具组织收入和调节分配这二维目标导向，但后者的成分要更加浓厚。

第二节　2018 年前历次个税修法的目标导向

中华人民共和国成立之初，我国便考虑开征个人所得税，相关构想最早可见于 1950 年 1 月颁布的《全国税政实施要则》。[①] 该要则提出开征 14 个税种，用今天的眼光看，其中的个人所得税和资本利得税都属于个税相关税种。[②] 但该要则的设想迟迟未付诸实践，其缘由不难分析：彼时，国家有多种渠道可以筹集财政收入，来自国有资产的收入在其中占据大头，相较之下，从组织收入的角度出发，并不需要税收作出多大贡献，其发挥调节国民经济或社会生活的作用即可；进言之，个税所调节的对象主要是收入分配，而当时不同纳税人之间的收入差距并不大，故而对个税调节的呼求也并不强烈。因此，直到 1980 年，个人所得税方才正式登上新中国的历史舞台。而其之所以于彼时登场，也有着客观情势方面的动因。

我国于 1980 年颁行《个人所得税法》，迄今已逾四十余载，在这期间，经历了多次修法，个税制度也已同最初的样貌呈现较大差异。但万变不离其宗的是，历次修法都有组织收入和调节分配这两方面的目标导向。从客观效果看，个税组织收入的能力在很长一段时间内持续强化，尤其是在 1994—2008 年，个税收入的年均增幅高达 34%，绝对数额则是由 1994 年的 73 亿元跃升至 2008 年的 3722 亿元，后者是前者的 50 多倍，在税收收入乃至整个财政收入中的比重也不断提高。在收入快速增长的同时，个税调节分配的能力和绩效也显著改善。个税修法如何有助于组织财政收入和调节收入分配这两项目标的达致，不妨简要梳理如下。

全国人民代表大会于 1980 年制定的《个人所得税法》，虽在形式上一体适用于我国公民和外籍个人，但因设定了 800 元/月的一般性扣除额，而我国公

---

① 中华人民共和国成立以前的个人所得税制度演进，参见朱偰：《所得税发达史》，商务印书馆 2020 年版，第 98～107 页。

② 目前的个税制度框架中，也包含对资本利得征税。

民彼时的收入水平很难达到该标准①，故该法事实上仅适用于外籍个人。进言之，如此安排系为调节外籍个人收入过高的状况，因此，《个人所得税法》的建制本身，即有浓厚的调节分配因素。

伴随改革开放之后经济的快速增长，人民群众的生活水平也有长足提高。与此同时，收入差距逐渐拉大的现象也凸显出来，为在一定程度上弥合此种落差、进而缓释因之诱发的若干社会问题，对高收入实施调节颇为必要。有鉴于此，国务院在1986年制定了《个人收入调节税暂行条例》，将一般性扣除额设定为400元/月，该部行政法规直接被冠以"调节"之名，足见制度设计者的价值取向。而在1986年的早些时候，国务院还出台了《城乡个体工商户所得税暂行条例》，其同样是基于调节分配的考量——改革开放伊始，私人经济中最先勃发的是个体经济，故而在当时的历史背景下，最早富裕起来的人群多为个体工商户，直接对此类人群征收个人所得税，调节分配的意味不言而喻。

就调节分配而言，差别对待是其重要手段，但这建基于差异本身的合理性，否则，"调节"可能误入歧途。税法学理认为：合理的差异主要指税负能力而非主体身份不同，即便实践中仍有以主体为标准实施差异化税负配置的情形，"但此时实际上是因为蕴藏在'主体'背后的能力因素而导致税负差异配置"②。在个税领域，20世纪80年代形成的内外有别、内内也有别的税制格局，将纳税人身份作为差别待遇的基础，这种偏离税负能力的"主体导向"难言合理。③ 而且，单纯因主体身份的不同而适用各异之税法规则，常会因显著的税制漏洞而造成财政收入流失，企业所得税、车船税等税种在内外两套税制并存的时代都因纳税人避税难度降低而诱致此类情形，个人所得税也不例外。综合这两方面因素，无论从组织收入还是调节分配的角度出发，统合个

---

① 改革开放之初，我国民间有所谓"万元户"的说法，用以指称富人。以此衡量，若普通公民的月收入能达到800元，则不考虑消费因素的话，一年便可基本迈过"万元户"的门槛。

② 侯卓：《税法的分配功能研究》，法律出版社2018年版，第167页。

③ 诚如正文前述，如果是建立在税负能力基础上的"主体导向"，则合理且十分必要的。比如2018年的《个人所得税法》修改，有一重要转变即核心要素由客体转向主体，"分类综合税制改革将所得税收负担能力的衡量标准从传统上关注所得的客观给付能力调整到兼顾纳税人的主观给付能力"。叶姗：《个人所得税纳税义务的法律建构》，载《中国法学》2020年第1期，第237页。

税制度都十分必要。全国人大常委会于 1993 年修改《个人所得税法》，使之一体适用于我国公民和外籍个人，同时废止《城乡个体工商户所得税暂行条例》和《个人收入调节税暂行条例》，必循上述进路始能理解其精髓要义。

1994 年以后到 2018 年以前，我国对《个人所得税法》进行过多次修正，但所涉条文有限、范围较为集中，主要是因应物价水平的上升而相应提高工资薪金所得的一般性扣除额。具体来说，2005 年将之由 800 元提高到 1600 元，2007 年进一步提高到 2000 元，2011 年则确定为 3500 元。逐步提高一般性扣除额的举措，核心考虑是为纳税人减负，物价水平伴随经济增长而持续走高，若仍固守数年前确定的一般性扣除额不变，那么从购买力平价的角度考虑，国家从纳税人处"取"走的收入较过去便要为高，假使税前收入不变，则纳税人在完纳税款后的生活水平便会实质性下降。故此，每隔一段时间调整一次一般性扣除额诚为必要。除此之外，也可从组织收入和调节分配的角度来观察一般性扣除额的提高。其一，从直接效果看，相关调整会在一定时间内减少个税收入，但若观察长期趋势，则供给学派早已揭示，减税得当实可刺激经济增长，进而扩张税源，最终带来更高额的财政收入。也即，提高税率会使财政收入先增后减，收入总额增加与减少的临界点即为最优税率；[1] 一旦逾越该最优税率，就经济效果而言，降低税率更加可取，其会引致增收后果，是所谓"一勺蜜要比一桶醋能抓住更多苍蝇"。从实际情况看，每次减税导向的个税修法后，多于当期立即出现收入减少的状况，但不多时便会被个税收入更强劲的增势所替代。如 2011 年的减税改革后，我国个税收入由 2011 年的 6054.11 亿元降至 2012 年的 5820.28 亿元，但随即从 2013 年起开启反弹走势，2013—2016 年的个税收入分别为 6531.53 亿元、7376.61 亿元、8617.27 亿元、10088.98 亿元。[2] 考虑到同期我国经济由高速增长向中高速增长转轨的背景，前述减税引致增收的脉络尤显难能可贵。其二，提高一般性扣除额的举措在调节分配方面的作用内含一定张力。通常易为人理解、从而常常成为宣传口径的说法是，提高一般性扣除额使相当一部分中低收入群体被从个

---

[1] Peter A. Diamond and Emmanuel Saez, "The Case for a Progressive Tax: From Basic Research to Policy Recommendations", *CESifo Working Paper Series*, No. 3548, 2011.

[2] 数据来源于国家统计局官网 www.stats.gov.cn，最后访问时间：2020 年 3 月 14 日。

税纳税人的行列中移除，这显然有助于改善这部分群体的收入状况和分配能力。但提高一般性扣除额对分配格局的影响还有另一个方向，因我国《个人所得税法》针对工资薪金所得这一税目实行累进税率，高收入群体较之中低收入群体要适用更高的最高边际税率，这也就意味着，如无其他改革举措，则提高一般性扣除额带给高收入群体的减税效应将比中低收入群体更高。比如在2018年修法以前，就有学者指出，假设其他制度保持不变，单单将一般性扣除额提高至1万元，如不考虑"五险一金"等因素，则月收入1万元以下的纳税人至多可减税45元，月收入在10万元以上的纳税人则将减负2925元，这显然有违调节分配的初衷。① 这种状况其实也促使人们反思既往多次近乎单兵突进式提高一般性扣除额做法的合理性，并最终引发2018年体系性更强、更为接近整章建制的个税修法。

当然，即便是2018年以前的数次个人所得税法修改，也非完全局限在提高一般性扣除额。而这些修法举措，在组织收入和调节分配方面的目标导向更为明显。首先，1999年以立法授权的方式，原则上确定对储蓄存款利息所得征税，在操作层面将征收时间和征收方法委由国务院规定。② 对储蓄存款利息征个税，既扩大了税基从而具有增收效应，也能起到调节过高收入的作用。③ 其次，2005年的修法扩大了自行申报的适用范围，并将全员全额扣缴申报的做法在制度层面加以确立，这些程序方面的举措无疑是为强化个税的"应征尽征"，保障收入的色彩十分浓郁。此外，在有助于堵塞税收漏洞的意义上，其对优化分配格局自是有其积极作用，毕竟，通常来讲，高收入群体的收入来源更加多元，也更易获取隐性收入，故此，使隐性收入公开化便成为调节分配格局的重要手段之一，前文述及的《关于深化收入分配制度改革的

---

① 贾康、梁季、程瑜：《大国减负：中国税制改革的攻坚克难》，浙江大学出版社2019年版，第166页。

② 后国务院决定自1999年11月1日起，对储蓄存款利息按20%的税率计征个税。后来，因宏观调控的需要，从2007年8月15日起减按5%征收，又于2008年10月9日起暂停征收，迄今未恢复征收。

③ 严格来讲，对储蓄存款利息征收个税存在重复征税的问题，这是因为用以存款的收入在为纳税人所取得时，便已经征过一道税。基于税法原理，此处系经济性重复征税，其之所以"可接受"是因为"必要"，调节分配便是一个常见的正当化理由。

若干意见》中便有"有效规范隐性收入"的要求。① 再次，2011 年修改《个人所得税法》时，扩大中低档税率对应的收入范围，将最低档税率由 5% 降至 3%，皆具有显著的调节分配，尤其是扶持中低收入群体的作用，但已如前述，同提高一般性扣除额客观上的经济效果相似，仅就单一举措减税效果的绝对值而言，其给高收入群体带来的减税力度要更大。最后，2011 年的修改还将工资薪金所得对应的税率表，由原先的九级超额累进调整为七级超额累进。其实，不能完全从调节分配的角度去把握该举措，因为其取消的两档税率（15%、40%）既会对中等收入群体、也会对高收入群体产生影响，很难讲其究竟是为"限高"还是"扩中"。从扩大 3% 和 10% 两个低档税率及 45% 这一最高档税率的适用范围看，立法者是有调节分配预期的，但取消 15% 税率档次的做法也饱受诟病，普遍认为这使得中等收入群体的税负水平上升过快。有实证研究表明，2011 年修法时，一般性扣除额的提高配合超额累进税率的调整，若不考虑"五险一金"的问题，则其对社会成员个税负担的影响是：月收入 2000 元以下的群体未受益，月收入 2000～19000 元的群体应纳税额下降，其中月收入在 7500～12000 元的群体最大减税额度为 350 元/月，月收入 19000 元以上的群体，税负有所上升。② 由此便能看出，该项改革举措即便有调节分配的考量，但效果并不足够好——最需要扶持的也即收入最低的群体未得到扶持，与此同时，月入 19000 元以上的群体中有相当一部分其实属于"中等收入者"的范畴，却因为该次税改而有负担增加的情事。较之调节分配，该项举措似乎更多是出于保障财政收入的目的，概言之，税率档次越多，则结构越显得细密，纳税人稍加采取分散或转移收入的手段便能规避更高档次税率的适用，简化税率档次则可相应削弱纳税人的避税能力③，汲取财政收入的难度便能够有所下降。

---

① 意欲高效发挥个人所得税法的调节分配功能，对各类"法外分配"的规制不可或缺。参见侯卓：《"法外分配"的税法规制：思路与局限——以个人所得税为中心的审视》，载《江汉论坛》2018 年第 2 期，第 136 页。

② 贾康、梁季、程瑜：《大国减负：中国税制改革的攻坚克难》，浙江大学出版社 2019 年版，第 166～167 页。

③ 侯卓：《行为的异质性对税法规制的影响及其缓释思路》，载《法学杂志》2018 年第 3 期，第 98 页。

第三节　2018 年修法的功能意蕴及其未竟之功

与既往修法相比，2018 年《个人所得税法》修改的力度最大，部分呈现"整章建制"的特征，寄寓着主其事者更高的功能期许。

一、修法前存在的突出问题

前已述及，2018 年以前的历次修法多着墨于工薪所得的费用扣除标准，渐趋呈现明显的边际效益递减。在 2018 年相对系统性的修法前，个人所得税法制度存在的问题已然清晰可辨。

从组织收入的角度言之，个人所得税的税基看似宽泛，但因管控乏力致使大量的财产转让所得、财产租赁所得等"非勤劳所得"，乃至"勤劳所得"中非常态发生的劳务报酬所得等相关收入，相当程度上未能做到应征尽征，公众甚至质疑个税已沦为"工薪税"。这既使得个税筹集收入的效率低下，也诱发分配失衡——高收入群体的所得来源渠道更加多元，在主要对工资薪金所得征税的条件下，易宽纵其部分收入处在"税外空间"。此外，也有观点认为，横向比对中国与其他主要国家如美国等，中国税制结构中个税占比过低，因之主张要更多关切个税的组织收入功能，审慎对待减税动议。此类论者并非反对减税，而是强调遵从结构性减税"有增有减"的意旨，将减税重心置于流转税，对于个税等直接税税种，则相应保持收入规模的稳定甚至还可适当上升。党的十九大报告中关于"逐步提高直接税比重"的论断，与之若合符节。

从调节分配的角度言之，调节力度不足和逆调节现象的存在，是两大"病灶"。力度不足的可能成因有二：一是收入规模小，如此一来空谈"调节"便是无的放矢；二是累进程度不够，其同样由两方面因素引致，对工资薪金所得适用的税率表累进性偏弱，以及，累进征收在个税各税目中的适用范围有限。[①] 逆调节则更多是因制度设计不善所致，大略来讲，分类所得税制的公平性先天不足、费用扣除未考虑纳税人的个性化需求、税率结构不合理都直接

---

① 2018 年修改《个人所得税法》前，其有 11 个税目，仅工资薪金所得、个体工商户的生产经营所得、对企事业单位的承包承租经营所得适用累进税率。另在劳务报酬所得的部分，因对过高收入加成征税规则的存在，事实上也有微弱的累进性。对其他各税目俱采用比例征收方式。

导致个税逆调节的后果①，比如分类所得税制下工资薪金所得、劳务报酬所得、个体工商户的生产经营所得等对应的课税规则均不一致，便可能引致经济性质相近、金额相同的收入在税负方面差异较大。征管能力的欠缺则进一步放大前述缺陷，其为博弈能力较强的纳税人规避更高档次税率的适用，提供了便利。

二、核心举措及其目标指向

客观地讲，2018 年修法的问题定位比较明确，若干项举措皆有其组织收入或调节分配的针对性，但以后者为重。

首先，改分类征收为综合与分类相结合的征收模式，也即将原分类计征的工资薪金所得、劳务报酬所得、稿酬所得、特许权使用费所得 4 项通常所谓"勤劳所得"综合计征，适用统一的超额累进税率，同时保留资本利得、财产转让所得等税目的分类征收方式。这一修改具有鲜明的调节分配导向，积极作用至少有二。其一，部分补足公平性缺失。在原先纯粹的分类征收模式下，纳税人如果都获得勤劳所得且总额相等，但在收入形式上存在差异，税收负担便很可能不同。这违反了"相同情况相同对待"的横向公平原则，也为高收入纳税人分散收入实施避税创造了便利条件。改将此类性质相近的所得形式归并为"综合所得"后，便能部分缓释前述不公平现象。其二，强化整体累进力度。诚如前述，旧法的累进税率仅适用于有限的几个税目，其他税目则采行比例税率，造成个税整体上的累进程度偏弱，而累进程度同税制的再分配调节力度直接相关。新《个人所得税法》将劳务报酬等纳入综合所得后，即对这些收入也要累进课税，提高了个税整体上的累进性，调节分配的效用相应提高。

其次，部分调整纳税周期，原先工资薪金所得以月为纳税周期，劳务报酬、稿酬、特许权使用费所得以次为纳税周期，现统一调整为以年度为纳税周期。这与整合四类收入形成"综合所得"的改革相适应、相配套，如未有前项举措，则按年征收甚难实施。按年征收较之按月或按次征收的优势在于，弥平了纳税年度内不同时段间的收入波动，使个税计征更加公平，缓释逆调节现象。某些纳税人在一年内取得的收入集中在某几个月，甚至有些自由职

---

① 施正文：《分配正义与个人所得税法改革》，载《中国法学》2011 年第 5 期，第 33 页。

业者(包括作家等)一年就取得一次或少数几次收入,更有相当一部分人群,在一年中会有几个月的收入显著高于其他月份,在前述情形下,若按月或按次征税,其税负水平将不合理地上升。但是改按年征税后,这种不合理、不公平的状况有所缓解。

再次,提高原工资薪金所得、现综合所得的费用扣除标准,从过去的3500元/月提高到60000元/年(折算下来即5000元/月)。这可以说是历次个税修法的"常规动作",前文已分析过,此类措施直接立足于为中低收入纳税人减负、改善其分配能力,但从客观经济效果衡量,给高收入纳税人的减负效果或要更加明显。客观来讲,本次修法调增费用扣除标准的幅度并不大,在修法过程中也因此存在不同的声音,主张将扣除标准提高到7000元/月乃至10000元/月的观点均存在,也引发热议。不过考虑到本次修法是"系统工程",为纳税人减负也是一套"组合拳",譬如接下来即将述及的专项附加扣除规则的引入,便是针对性更强从而效果更佳的减负举措。联系起来看,或许可以说,相对较小幅度的费用扣除标准提升,恰恰蕴含了更为明确的调节分配的考量。至于该举措对财政收入的影响,短期减收已为数据所证明,刺激经济→扩大税基→增加收入的中长期效果,为主事者所期许,其能否成真,尚待实践检验。

复次,增设六类专项附加扣除,体现对个性化生活成本的合理扣除。所得税法理论强调只有净额所得始能征税,否则课税权力即可能侵入财富本体而不仅是财富的增量。学理上从客观、主观两个层次把握净额所得,客观的净额所得指收入扣除成本、费用、损失后的余额,为追求主观的净额所得,则在前者基础上还要扣除个人及家庭的生活费用。[1] 主观的净额所得更能表彰纳税人真实的税负能力,对其征税也更可达致调节分配的目标。2018年前,《个人所得税法》工资薪金所得税目3500元/月的一般性扣除额,其法理意涵是在难以精确衡量纳税人为取得工薪收入所支出成本[2]的条件下,以概算费用的方式进行扣除,用工薪所得减除一般性扣除额的实质是以推定方式探求纳税人客观的净额所得。2018年修法补入子女教育、继续教育、大病医疗、住

---

[1] 参见陈清秀:《税法各论·上》,台湾元照出版公司2014年版,第104~116、177~188页。

[2] 包括但不限于纳税人为工作需要而支出的交通、餐饮等支出。

房贷款利息、住房租金、赡养老人这六项与自然人密切相关的专项附加扣除，是向主观的净额所得征税迈出了坚实一步。

又次，拓宽适用于综合所得的中低档也即 3%、10%、20% 这三档税率的级距，缩小 25% 一档税率的级距，保持 30%、35%、45% 三档较高税率的级距不变。考虑到各档税率所对应的收入范围，便可知晓此举具有强烈的优化分配格局的考量。全年应纳税所得额不超过 36000 元的部分适用 3% 的税率，平均到每个月份，若只考虑一般性扣除额而不考虑"五险一金"及专项附加扣除，则大体上其对应的是月收入 8000 元，加上前述其他扣除额后，一般来讲，月收入 9000~10000 元的群体，所适用的最高边际税率不过是 3%。这就比修法前仅 1500 元/月的幅度适用 3% 这一税率档次的情形有了较大改观。同时，原适用 10% 税率的仅有 3000 元/月的空间，即全月应纳税所得额超过 1500 元至 4500 元的部分，这是实践中中低收入纳税人税负急剧上升的重要原因。修法后，适用该档税率的是全年应纳税所得额超过 36000 元至 144000 元的部分，平均到每个月即超过 3000 元至 12000 元的部分，易发现其适用范围的扩张十分明显，中低收入群体从中受益良多。此外，适用 20% 税率档次的收入范围也有扩张。由于适用 25% 档次税率的收入范围较先前大幅压缩，故而较高的三档税率所对应的应纳税所得额范围同修法前别无二致。总体上讲，拓宽低税率级距能显著减轻中低收入纳税人的负担，而且同简单增加一般性扣除额的做法相比，高收入群体虽也可从该举措中获益，但从减负比例看，其获益并未高于中低收入群体。当然也要注意到，鉴于修法后将工资薪金所得连同其他三种所得类别合并组成了综合所得，所以直接以目前综合所得适用的税率表对照原先工资薪金所得适用的税率表并不准确，故而上述分析只是大略而言的，用其分析收入来源比较稳定、单调之纳税人的税负变化比较准确，但如果纳税人的收入来源比较多元，则前述分析即未必准确。

最后，增设反避税条款。2018 年个税修法借鉴《企业所得税法》，植入一般反避税规则和两项特别反避税规则。此举有助于打击个税领域的避税行为，既减少国家财政收入的流失，也强化个税的再分配力度，缓释因征管乏力造成的分配逆调节现象。① 当然，近乎直接照搬企业所得税法上反避税规则的做

① 当然，个税领域的避税现象较为细碎多元，同企业所得税领域的避税行为存在差异。本次修法近乎直接照搬企业所得税法上的反避税规则，其适配性和实效性有待商榷。

法也存在弊端，本书后续还将专门对此展开讨论。

三、目标张力下的遗留难题

由上述可知，2018 年个税修法基本回应了修法前存在的诸多弊端，以调节分配为核心诉求实施了一系列制度变革。必须指出，调节分配是修法最主要的目标，但其并非唯一目标。准确地讲，其应当是该次修法在"明面"意义上的目标。

与之相应，组织收入是财税法最原初、最基本的功能。[1] 宏观上，没有财政收入支持，政府的存续、维持和运转都无所依托；微观上，离开了一定数额的财政收入，任何税种的调节功能均是无本之末，且在收入占比偏低的条件下，个别税种的强累进性不足以带来整个税制的强再分配性。[2] 所以，组织收入的目标在此番个税修法中的真实影响要远大过其明面上所呈现出的状况。

进一步分析，组织收入和调节分配两项目标在作用于修法实践时，存在内生张力。调节分配固然有合理控制高收入、扩大中等收入群体、扶持低收入群体等三维面向，但在"我国税负水平总体偏高"的判断下，相应举措往往更多聚焦于对中低收入纳税人的减税，而从政府的角度看"减税"，最直观的理解便是"减收"。再者，对高收入课以重税固然能起到"控高"的作用，但易扼杀经济活力，"绞杀性税收"终将导致财政收入的下降。可诚如前述，个税收入低下亦非合意，于是，无论哪次个税修法，往往存在一明一暗两条主线的拉扯，易言之，改善中低收入纳税人分配状况、压制高收入纳税人分配能力的目标须受到保障财政收入这一目标的制约。反过来，调节分配的目标制约增收导向制度举措的情形亦不鲜见。

受此影响，本次修法遗留了不少难题尚费思量。其一，税率的高低如何妥定为宜。该处"税率"有绝对和相对两个层次的含义：前者，主要指对中低

---

[1] 陈少英：《财税法的法律属性——以财税法调控功能的演进为视角》，载《法学》2016 年第 7 期，第 71 页。

[2] 就个税而言，有学者测算后发现，虽然我国个税的累进性高于大部分发达国家和发展中国家，但平均有效税率和收入占比难以同发达国家甚至大多发展中国家相比，进而得出结论："过低的个人所得税收入占比是限制我国税制收入分配效应的重要因素。"参见岳希明、张玄：《强化我国税制的收入分配功能：途径、效果与对策》，载《税务研究》2020年第 3 期，第 20 页。

档税率能否适当降低，譬如将 20%一档税率降为 15%，如此能使占纳税人比重颇高的中等收入群体获益颇丰，但财政减收也会较为明显；后者，具体指勤劳所得和非勤劳所得的相对税率，勤劳所得如收入额较大，会累进到最高45%的边际税率，非勤劳所得尤其是其中的资本利得，却仅适用20%的比例税率，横向比较显失公平，也难以发挥调节过高收入的作用，① 本次修法考虑到如对这部分收入课以重税恐将扼杀市场交易、伤及税本，故暂且搁置。

其二，综合所得的累进程度究应更高抑或更低。与前同理，累进程度更高，则调节分配的作用更明显，但可能造成税基萎缩，反之亦然。修法过程中有观点主张将最高45%的边际税率降为35%，便是出于在经济下行、财政收入增速放缓的背景下"稳财政"的目的，但终因调节分配的考量而未被采行。从世界范围看，类似情况下调低最高边际税率、削弱个税的累进程度，并非鲜见，如2017年12月的美国税改方案中，便将其从39.6%调低为37%。可以预期的是，我国今后一个时期的每次个税修法，恐怕都要面临该问题。由之衍生的更难解决的问题是，即便定下提高或是降低累进程度的思路，又应如何使之得以兑现？这是实操层面无法回避、在技术上又颇有难度的问题。大体上讲，累进级次的宽度和高度是十分值得关切的，前者即每一税率档次对应的收入范围，后者即税率档次每升高一级对应的税负增加幅度，二者的妥善确定殊为不易。学理上有提炼累进级次的宽度应依几何级数而增加②、累进级次的高度则应依数学级数而增加的观点③，但从中不难发现，纵然该思路在数理的层面最为合理④，其也不意味着累进税率的确定就是一个纯粹的数理问题，诸如第一级税率设定为多少、其对应的收入范围为何之类的问题，仍然不可避免地掺杂许多价值判断，关涉却又不止关涉技术理性。当价值多元遇到技术难题，无论在理论还是实践的层面都是最难解决的。

其三，综合所得是否、以及该如何进一步扩大范围。现行做法是将所谓

---

① 实践中，大量高收入者主要的收入形式便是资本所得。

② 所谓依几何级数而增加，通俗理解即"翻番"，比如第一级税率对应的收入范围是1000~5000单位，第二级税率对应的是5000~25000单位的收入，第三级税率对应的便应是25000~125000单位的收入。

③ 所谓依数学级数而增加，也即每升高一级所对应的税率增加幅度是固定不变的。比如第一级税率为X%，第二级税率为2X%，第三级税率为3X%，以此类推。

④ 更为详细的论证，参见朱儁：《所得税发达史》，商务印书馆2020年版，第192~195页。

勤劳所得和非勤劳所得作二分处理，在此条件下，对综合所得实行累进征收，同时保留资本利得、财产转让所得、财产租赁所得等税目所实行的比例税制。之所以如此安排，很重要的一个考量是，对工资薪金等所组成的综合所得实行累进征税能够调节分配，而对资本利得等仍然实行比例征税，而且税率设定相对较低，则可发挥促进金融发展的作用，间接却很可能带来的影响是，因税源扩充而增加了个税收入。尤其是考虑到"资本无国界"，故而较轻的个税负担更易吸引资本进入本国①，这蕴藏着更大的税源——税收增加的机遇。明晰该点后便知，综合所得的范围界定，某种意义上关涉立法者对组织收入和调节分配这两大目标权重的设定，若更为青睐前者，则保持现行做法是明智的选择，若更为青睐后者，则可考虑将综合所得的范围适当扩张。在该问题上的决策影响深远，从根本上看，决定了个税征税模式，不可不慎。

其四，专项附加扣除的种类能否扩增，将更多的影响纳税人经济状况但又具有明显主体间差异的项目纳入专项附加扣除的范围，以及，部分项目的扣除方式可否由定额扣除改为据实扣除。概言之，种类增加和据实扣除方法的推广，有利于调节分配，但会带来更大的财政压力。

其五，鼓励、扶助导向的税收优惠应否增加。本次修法基本上未就此多所着墨，仅调整了原有条文的相关表述。该问题同样牵涉两大目标间的权衡取舍，在共享发展的理念指引下，一味回避并非上策，在新冠肺炎疫情的背景下，解决该问题的现实意义更加凸显。

第四节　可能的调谐进路：纵横统一的量能课税

组织收入和调节分配的目标张力确实存在，某种意义上讲也无法完全克服，只能在检视特定时空环境中个人所得税法承载之功能使命的条件下，立足于基本法理，将其控制在一定范围之内。

---

① 反过来讲，如果一国金融交易的税负过重，则会迫使本国资金流向他国。尤应注意的是，由于金融市场之间的相互替代性，从本国金融市场流出的资本并不会如愿进入本国的实体经济中。从税法的视角看，这意味着税源的萎缩。汤洁茵：《金融交易课税的理论探索与制度建构：以金融市场的稳健发展为核心》，法律出版社2014年版，第14页。

一、功能面向的目标排序

德国税法学者 Flume 和 Kruse 认为税法异于其他部门法之处在于，其仅具有实证法的性质，所根据者系政策目标，而非事理或原则①，更无自然法意义上的税法可言。后文还将述及，此论虽然有失偏颇，但客观言之，财税法、经济法等现代性法规范的政策性特质确实较传统部门法规范更为浓郁，② 这使相关制度规则有时并无绝对正解，而须因时因地加以调整，甚至呈现周期变易的外观。③ 有鉴于此，在斟酌个人所得税法建制和运行应当如何妥善处置二元目标时，便必须嵌入特定"语境"，奉行一种实践面向和功能面向的思维进路。

具体来讲，应当注意到几方面事实。第一，在我国的税制结构中，个人所得税并非主体税种，就收入数额而言，其长期位列增值税、企业所得税之后，"营改增"以前，营业税收入也较之更高，受 2019 年新《个人所得税法》实施的影响，当年个税收入同比下降 25.1%，被消费税收入超过，退居第四，④ 较之通常被认为收入较少从而在税制结构中较不引人关注的税种，其收入规模并未凸显出来。若说个税收入低于增值税、企业所得税的收入尚在意料之中，其也落后于选择性征收、税基较为狭窄的消费税收入，则显见该税种在"组织收入"的层面，事实上并未被制度设计者投注太高的期待。其实，这种状况的产生有其深刻的原因，此即居民收入乃是个人所得税的税基，而我国在较长一段时期，居民收入占国民收入的比重不高且还呈现下降态势，⑤ 制约

---

① 陈敏：《税法总论》，台湾新学林出版有限公司 2019 年版，第 58 页。

② 史际春、邓峰：《经济法总论》(第二版)，法律出版社 2008 年版，第 62~63 页。

③ 张守文：《财税法疏议》，北京大学出版社 2005 年版，第 85 页。

④ 根据财政部于 2020 年 2 月 10 日发布的数据，2019 年全国税收收入 157992 亿元，其中个人所得税 10388 亿元，占比 6.58%。同期，增值税、企业所得税、消费税的收入分别为 62346 亿元、37300 亿元、12562 亿元。

⑤ 20 世纪末、21 世纪初，我国曾长期关注"两个比重"不足和持续下降的问题，当时语境下的"两个比重"指财政收入占国民收入的比重和中央财政收入占财政收入的比重。在 1994 年"分税制"财政体制改革以后，这"两个比重"有了很大程度的改观。但在新的历史时期，新的"两个比重"不足和持续下降的问题又凸显出来，这便是居民收入占国民收入的比重和劳动报酬在初次分配中的比重。

了个人所得税筹集财政收入的能力。根据学者的测算，在现阶段居民收入水平的基础上，如果要让个人所得税收入和流转税收入相当，个人所得税的平均税负需要被调高至 16% 左右，这将远远超出目前 2% 的平均水平。[①] 很显然，在社会层面较难接受如此大幅度的调整，而纳税人的接受度又与其纳税遵从度息息相关，过低的纳税遵从度很难导向丰沛而稳定的财政收入。

第二，强调税收"组织收入"的功能在当下中国还有另一层含义，也即充实地方财源，在这层意义上，个税的角色也不突出。以武汉市为例，其 2019 年本级财政收入中，个税仅贡献约 3.8%，[②] 该状况具有一定的代表性。更重要的是，实践中，自"分税制"财政体制改革以来，在充实中央政府财力的同时，部分地方政府财力相对紧张的状况也逐渐表现出来，地方税种类虽多，但能提供足够收入的税种较少。营业税长期作为地方主体税种而存在，2016 年"营改增"全部完成后，虽然藉调整增值税收入央地分享比例的方式在过渡期稳定地方财力，但此终非长久之策。故而十九大报告明确提出要"深化税收制度改革，健全地方税体系"，根据权威解读，要"根据税基弱流动性、收入成长性、征管便利性等原则，合理确定地方税税种"，在现有地方税的基础上，继续拓展地方税的范围。[③] 个人所得税系央地共享税，地方仅分享四成，且其税基流动性强，不可能改造为地方税。[④] 也即，个人所得税事实上对于满足充实地方财力的客观需求，无论在实然还是应然的层面上，作用都很有限。

第三，收入分配失衡是我国当前迫切要解决的经济、社会问题，以衡量收入分配差距的全国居民人均可支配收入基尼系数为例，近年来一直在"警戒线"0.4 以上，官方层面测算 2016 年为 0.465。[⑤] 为缓释此种状况，税收的再

---

① 贾康、梁季、程瑜：《大国减负：中国税制改革的攻坚克难》，浙江大学出版社 2019 年版，第 156 页。

② 武汉市 2019 年的本级财政收入约为 476 亿元，个人所得税收入约为 18 亿元，数据来源于武汉市财政局官网 www.czj.wuhan.gov.cn，最后访问时间：2020 年 3 月 17 日。

③ 肖捷：《加快建立现代财政制度》，载本书编写组：《党的十九大报告辅导读本》，人民出版社 2017 年版，第 263 页。

④ 目前建议较多的，一是在房屋保有环节开征房地产税，二是将消费税的征税环节后置进而改造为地方税。

⑤ 数据来源于国家统计局官网，www.stats.gov.cn，最后访问时间：2020 年 3 月 14 日。

分配功能被寄予厚望。然而流转税常被认为具有累退效应,① 在调节分配方面的作用不甚明显。财产税虽具有调节分配的功能,但现下体系不甚健全,诸如对个人自住房征收的房地产税等尚付阙如,且因财产税系对财富存量征收,有时会引发税负不公,如特定纳税人若仅拥有祖传房产一套,位于热点城市的核心地段从而评估价值甚高,纵使其并无稳定收入,一旦房屋保有环节的房地产税开征,则其仍然要承担一定数额的税收负担,甚至不得不东挪西凑以履行纳税义务。至于所得税的部分,企业所得税的负担事实上可以转嫁下游企业乃至消费者,调节分配的效用并不明显。检视一番后不难发现,个人所得税在调节分配的层面的作用无论在当前还是可预期的未来均不可替代。再结合前段论述,笔者大致可以认为,从客观需求出发,个人所得税法的制度设计,至少在当下中国,调节分配的目标要更重于组织收入。

二、作为基本遵循的量能课税

承上,调节分配的目标在当前应被置于组织收入之前,这不是要牺牲后者,而是指当二者存在抵牾时须相对倾向于前者。进言之,个人所得税法在组织收入时要有基本遵循,而检视后不难发现,组织收入的基本遵循同调节分配的主要手段,均指向量能课税。若能完整理解并在制度设计时贯彻量能课税,个人所得税法内部的体系性冲突,很多时候是可以避免的。事实上,从《个人所得税法》的发达史看,其有两个源头,一为征收经济收益,二为征收个人能力。② 二者分别蕴含组织收入和调节分配的功能,而归根结底,"收益"也是一种"能力",这意味着二者的内在融通确实有着坚实的逻辑基础。

前文曾述及 Flume 和 Kruse 关于"税法无自然法"的见解,对此,Tipke 持相反主张,其认为税法建制同样将特定事理或原则作为基础。③ 确实如此,以组织收入论,国家征税权即非不受限制而可恣意为之,量能课税作为通常认知中的税负分配法则,同样约束国家的征税权力。传统观点将量能课税理解

---

① 也有观点认为,将流转税界定为累退性税类是不公平的,因为判断是累进还是累退的标准是"平均税率"而非通常所认为的边际税率,以此观之,流转税属于比例性税收。如[日]中里实等:《日本税法概论》,郑林根等译,法律出版社 2014 年版,第 260~261 页。

② 参见朱儁:《所得税发达史》,商务印书馆 2020 年版,第 10~17 页。

③ 参见陈敏:《税法总论》,台湾新学林出版有限公司 2019 年版,第 59 页。

为税收公平原则下的一项要求，在此意义上，其和量益课税相对应，分别适用于不同的税种法建制，比如所得税最契合量能课税的原理，环境税则因其不以收入为目标而使量能课税在该场域全面失灵，整个环境税遵循"归责—应益"的制度逻辑，故而量益课税方为其结构性原则。① 进言之，还有经典财政学文献指出，量能课税的一大局限在于仅观照财政收入，而无法提供关于预算决策的全部答案，也即量能课税原则的正当性基础是财政支出维持在合理水平，一旦该前提不具备，那么量益课税原则的合理性将更加突出。② 前述见解实际上将量能课税的作用局限在纳税人之间税负分配的层次，有偏颇之嫌。从认识论规律讲，税负分配后形成的格局是第二位的，针对各纳税人设定税负方才居于第一位，这里解决的是在国家公共财政和纳税人私人财产之间划定界限的问题。而在此间，量能课税的作用是基础性的，因为现代国家治理均将财政收入（尤以税收为甚）和财政支出相对区隔，很难衡量纳税人从国家所获益处并将之量化，所以归根到底，税收不过是财产权附有社会义务的表现，是纳税人的"牺牲"，如何让该"牺牲"位于合理区间，便要基于税负能力进行判断。

大略来讲，消费、所得、财产均可从各自角度衡量税负能力，但具体到微观层面，都要从定性和定量两个层面对前述范畴进行细化。以个人所得税法而言，强调净额所得征税是因为惟净额所得始具有税负能力，法律上罗列原为 11 项、现为 9 项的税目，是在定性层面阐明哪些收入具有税负能力，诸如费用扣除之类的制度设计，则是为了在定量层面确定一项收入中真正具有税负能力的部分。当前述工作开展完毕，每一纳税人的税负皆可循法律加以确定，相互间的税负分配格局以及税收调整后的收入分配格局，便也清晰呈现。

与此同时，《个人所得税法》调节分配的目标一般通过三种方式来达致：遵循量能课税原则分配税负，实现税收公平；实施累进税率，③ 使高收入纳税

① 叶金育：《环境税量益课税原则的诠释、证立与运行》，载《法学》2019 年第 3 期，第 74 页。

② ［美］理查德·A. 马斯格雷夫、艾伦·T. 皮考克主编：《财政理论史上的经典文献》，上海财经大学出版社 2015 年版，第 5 页。

③ 量能课税原则上仅导向比例税率，累进税率是在其基础上进一步加强调节力度，属于重分配规范。侯卓：《论税法分配功能的二元结构》，载《法学》2018 年第 1 期，第 28 页。

人较之低收入纳税人超比例多纳税；直接针对中低收入纳税人的扶助性税收优惠。可见，量能课税在其中亦有一席之地。事实上，伴随人们对累进税率实效性的质疑，以及对过多的税收优惠可能使税法遍布"漏洞"的担忧，越来越多的人认为，依托量能课税原则整章建制，或许便是高效调节分配的最优手段，只不过此时是从纳税人之间税收公平的角度来把握该原则。

于是，在量能课税的意义上，个人所得税法的组织收入和调节分配目标存在有机统一的可能。当从组织收入的角度观察时，是在纵向维度理解量能课税，关切的是国家公共财政和纳税人私人财产之间界限的妥适划定；当从调节分配的角度观察时，则是在横向维度把握量能课税，强调纳税人之间的税负分配应当公平。此时，组织财政收入的过程受到规训而不可恣意，与此同时，调节分配目标的实现也有所依托。进言之，前文揭示的若干待解难题，以及今后进一步完善各项个人所得税法制度，便有了相对稳定的思路。比如，在处理勤劳所得和非勤劳所得的相对税率议题时，核心是考量两种情形下的税负能力有何差异，由于资本利得等通常可认为并非维持生活所必需，一般皆系财富增量，故在税负能力上应该相对工资薪金所得等更强，且伴随收入增加，表征的税负能力应该也有超水平增进，[①] 故适当的累进是合意的。由此出发，将综合所得的范围适当扩张，至少也是符合量能课税原则的做法。又如，考虑到必要的生活成本支出所对应的那部分收入不具有税负能力，因而在今后确有必要适时扩充专项附加扣除的范围，并在征管力量等各方面的条件具备时，将部分项目的扣除方式由定额扣除改为据实扣除。其他问题亦可循此进路探求相对可行的方案，兹不赘述，后续章节在讨论具体议题时还将有所阐发。

第五节　反思与展望

因为组织收入和调节分配这二元目标的存在，历次个税修法俱有其基本遵循，可也正因此二者内含张力，若干核心规则的革新实际上常会陷入进退两难的窘况。提炼纵横统一的量能课税原则，意在调谐二元目标，一定程度

---

①　简单理解，甲手头有 1 万元，乙手头有 100 万元，但乙的生活水平要好过甲不止 100 倍。这是因为，乙有更高几率在后续投资中获得更大收益。

上弥合其内生张力，从而为臧否历次个税修法举措之得失、指引今后进一步制度改进之方向，提供具有明确性、可操作性的方案。该原则及其内涵若能得到确认，则对《个人所得税法》诸多核心制度的设计，或许可以在一定程度上转化为如何探寻、怎样把握税负能力的技术问题。在凝聚共识的前提下，譬如勤劳所得—非勤劳所得的相对税率、综合所得的累进程度、综合所得的范围是否应进一步扩张等难题的破解，便也可提上日程。当然，在本章的最后还是要指出，纵是方向明确，也不意味着所有问题都能无争议地得以解决，诸如累进税制的具体设计之类的议题，在技术维度十分复杂，单纯作出价值判断还不足够。严格讲来，其既非纯粹的法律问题，也非简单的经济问题，这提醒我们，税法作为多元知识谱系会聚的场域，在知识供给的层面任何"包打天下"的观念都是不足取的。

第二章　21世纪个税改革的域外
经验及我国的制度回应

"世界是平的"，当今世界各国之间的经贸和人员往来日益频繁，这也意味着，各国特别是各重要国家法律制度的外部性越来越强。没有国家是一座孤岛，其制度设计和政策选择不可避免地要受到其他国家的影响，未必一定是对他国"示范"的"跟进"，但不跟进本身也表现了一种立场。在个人所得税法的层面，不难发现自21世纪以来，域外实践呈现某种趋同性，我国个税改革深深嵌入这一"语境"，无论作出怎样的制度选择，都在不同程度上遵循了"批判吸收域外经验"的进路。因此，在本书第一章着重从国内的视角梳理个人所得税法演进历程的基础上，本章则改由域外视角切入加以审思，以对我国的个税修法形成更全面的认识。

第一节　个税改革的域外实践

20世纪80—90年代，为优化税制和提升本国竞争力，英美等发达国家普遍推行税制改革，发展中国家也被卷入这一浪潮。[①] 进入21世纪后，飞速发展的经济全球化使得世界各国的经济紧密联系，2008年的美国次贷危机正是因此才迅速演变为全球性的金融危机，导致世界经济陷入衰退。为刺激经济增长、缓和社会矛盾，各国政府采取了一系列措施，包括再次开展税制改革。作为许多国家的主体税种之一，个人所得税在调控宏观经济、促进公平分配方面发挥着重要作用，因此成为改革的重点场域。虽然各国个税改革的具体内容存在差异，但优化税率结构、调整费用扣除制度、加强个税涉税信息管理这几项举措仍普遍见诸各国实践。

---

① OECD, *Fundamental Reform of Personal Income Tax*, OECD Publishing, 2006, p. 13.

一、优化税率结构

(一)英国

自 2000 年以来,英国经济发展失衡、财政赤字严重、国际竞争力下降,2008 年全球金融危机进一步加剧了这一情况,造成英国国内失业率攀升、生活水平倒退、贫富差距扩大,内忧外困之下的布朗政府和卡梅伦政府都致力于应对危机并促进经济增长,其所采取的重要措施之一即为改革税制,以期简化税制、优化收入分配格局,进而增强本国税收的国际竞争力。[1]

具体到个人所得税方面,2000—2008 年,英国个税税率分为起征税率10%、基本税率22%、高税率40%三个档次。2008—2010 年,英国取消了起征税率,所有非储蓄收入适用 20%和 40%两档税率。2011 年,非储蓄收入恢复适用三档税率,税率分别为基本税率 20%、高税率 40%和附加税率 50%。2013 年,非储蓄收入的附加税率由 50%降低到 45%,20%、40%和 45%三档税率一直沿用至今;同时,自 2015 年起,储蓄收入的起征税率由 10%降到0%,对储蓄收入超过 5000 英镑的个人也开始按照三档税率征税。[2]

(二)美国

近几十年来,美国的产业空心化导致实体经济和虚拟经济发展失衡、社会结构两极分化、贫富差距不断扩大,通过税制改革促进经济增长和就业、促进分配公平已经成为美国社会的共识。[3] 在 2016 年的总统大选中,两党的候选人都不约而同地将税改作为各自最重要的财政政策之一,但客观来讲,共和党较之民主党确实更富有推行减税政策的"传统"。所以并不令人意外的是,特朗普在当选后积极推进其税改方案,并于 2017 年年底成功通过了有"30 年来美国规模最大的减税法案"之称的《减税与就业法案》(以下简称《法案》)。此次税改旨在以减税促进资本特别是制造业资本回流,以增进国内就

---

① *The Plan for Growth*,https://assets. publishing. service. gov. uk/government/uploads/system/uploads/attachment_data/file/221514/2011budget_growth. pdf,最后访问时间:2020 年6 月 20 日。

② *Rates of Income Tax*:1990-91 to 2020-21,https://assets. publishing. service. gov. uk/government/uploads/system/uploads/attachment _ data/file/882269/Table-a2. pdf,最后访问时间:2020 年 5 月 28 日。

③ 参见马珺:《美国特朗普政府税制改革:背景、焦点与进程》,载《地方财政研究》2017 年第 10 期,第 98~104 页。

业、提振美国经济，并且减轻中低收入者税收负担。应当说，该项举措的政治意味较为浓厚，因为特朗普得以于2016年爆冷胜出成为美国总统，关键因素在于其翻转了长期被归入民主党阵营的"铁锈州"①，其减税举措对于这几个州，尤其是其中关键的白人蓝领选民的吸引力相当之大。

在个人所得税方面，税改未减少税率级次，但下调了每一级次的税率，原本的10%、15%、25%、28%、33%、35%、39.6%七级税率被调整为10%、12%、22%、24%、32%、35%、37%，最高边际税率降低了2.6%。②《法案》同时调整了每级税率的适用区间，致使部分中高收入群体的税负提高，如纳税人在200000~424950美元区间内的应税所得所对应的税率从33%上升到35%，但作为整体的纳税人的税收负担是下降的。2018年，大约65%的家庭平均少缴了约2200美元的个税，6%的家庭平均多缴了2800美元，剩下的29%与之前大致相同。③

二、调整费用扣除标准

(一)英国

在英国，为确定个人所得税的应纳税所得额，须先根据所得税分类表，就各类源泉所得在扣除成本费用后进行汇总，然后统一扣除各项免税额，其余额即为应税所得。其中涉及成本费用和允许扣除的免税额这两大核心概念。

成本费用指纳税人在取得所得时所支付的一切因经营目的而产生的必要费用。成本费用扣除皆为据实扣除，采取列举法，与所得来源一一对应。例如当所得项目为土地、建筑物收入时，可以扣除服务费、维修费、租金、保险费等费用，当所得项目为工资薪金收入时，可以扣除差旅费、交通费、修理或更换工作服或工具的费用等。

允许扣除的免税额分为基本免税额和附加免税额。基本免税额又称个人免税额，是为补偿纳税人基本生活支出，不论其收入高低而一律适用的固定

---

① 在2016年，最关键的三个"铁锈州"是威斯康星州、密歇根州和宾夕法尼亚州。在选前，特朗普于此三州的民调均较大幅度落后于竞争对手，但在正式投票中意外胜出。在美国的"选举人团"制度下，这使其在普选票落后对手的情况下赢得大选。

② TCJA. 2017. Sec. 11001(2017).

③ 参见美国税收政策中心网站，https://www.taxpolicycenter.org/taxvox/three-numbers-know-about-tcja-2018，最后访问时间：2020年6月14日。

扣除额，通常适用于所有纳税人。针对高收入人群，英国设有个人免税额限制，当收入超过 100000 英镑时，每超过 2 英镑，免税额相应减少 1 英镑，直至为 0 英镑。① 附加免税额，是从纳税人的实际税收负担能力出发，综合考虑其劳动能力、家庭负担、婚姻状况等因素，针对不同情况的纳税人采取的特殊扣除额，包括盲人免税额、婚姻免税额和已婚夫妇免税额。② 2000—2021年，英国的个人免税额、盲人免税额、婚姻免税额和已婚夫妇免税额均逐年增加③，使得许多低收入者无须缴纳个税，税负主要由中高收入者承担，有助于落实量能课税、促进税负公平。以英国 2016—2017 财年为例，59.7% 的个税税款由收入最高的 10% 的纳税人缴纳，相比之下，收入最低的 10% 的纳税人仅缴纳了全部税款的 0.4%。④

(二) 美国

在美国，为计算应纳税所得额，首先由总所得扣除一部分与所得直接相关的成本费用("线上扣除")，经该步骤得出调整所得，复以调整所得减去个人扣除("线下扣除")从而得到应纳税所得额。⑤

线上扣除(Tax deductions above the line)主要是与取得收入直接相关的支出扣除，主要包括学生贷款利息扣除、教育费用扣除、健康储蓄账户扣除、自我雇佣者缴纳的社会安全税和联邦医疗保险税扣除、军人搬家费用扣除、自雇者健康保险费扣除、储蓄账户提前取款的罚款扣除以及支付给离异配偶的赡养费扣除等。⑥

---

① 参见英国政府网站，https：//www. gov. uk/income-tax-rates/income-over-100000，最后访问时间：2020 年 6 月 4 日。

② *Income Tax Act.* 2007. Sec. 38-40、42-55E(2019).

③ *Income Tax Personal Allowances and Reliefs*，1990-91 to 2020-21，https：//assets. publishing. service. gov. uk/government/uploads/system/uploads/attachment _ data/file/882 237/Table-a1. pdf，最后访问时间：2020 年 6 月 4 日。

④ *UK Income Tax Liabilities Statistics*，https：// assets. publishing. service. gov. uk/government/uploads/system/uploads/attachment_ data/file/812844/Income _ Tax _ Liabilities _ Statistics _ June _ 2019. pdf，最后访问时间：2020 年 6 月 14 日。

⑤ 参见梁季：《美国联邦个人所得税：分析、借鉴与思考》，载《河北大学学报(哲学社会科学版)》2019 年第 1 期，第 40~49 页。

⑥ *Internal Revenue Service*，*Tax Guide* 2019 *for Individuals*，Washington D. C.：Internal Revenue Service. 2019, pp. 117-137.

线下扣除（Tax deductions below the line）分为个人宽免扣除和标准/分项扣除，每个纳税人除享有 4050 美元/每年的个人宽免外，还可在标准扣除和分项扣除之中选择其一进行扣除。标准扣除是定额扣除，分项扣除则为据实扣除，纳税人可依实际情况自由选择更为有利的扣除方式。中低收入者一般会选择适用标准扣除，而为享受更大额度的扣除，高收入者一般会选择适用分项扣除，此时其必须提供每一项扣除的证据清单并填写单独的扣除表格，报税的手续复杂很多，报税成本也相应更高。为简化税制，解决扣除规则过于复杂、程序过于繁琐的问题，《法案》取消了个人宽免并对标准扣除和分项扣除做了较大调整。在标准扣除方面，《法案》将个人单独申报的年度标准扣除额由 6500 美元提高到 12000 美元，将夫妻双方联合申报的年度标准扣除额由 13000 美元提高到 24000 美元，将户主的标准扣除额从 9550 美元提高到 18000 美元。① 在分项扣除方面，《法案》取消了杂项扣除，将州和地方税扣除从原先的允许全额扣除改为限额扣除 1 万美元，将房屋贷款利息扣除由之前的 100 万美元贷款限额下降至 75 万美元，将慈善捐赠扣除的限额由调整后总收入的 50% 增加到 60%，医疗和牙科费用扣除以及意外和盗窃损失扣除也进行了一定调整。② 这项改革使选择标准扣除的纳税人增加，因此美国税收政策中心便预估 2018 年选择分项扣除的人数将减少一半以上，由先前的 26.4% 降至 11%，③ 这便在整体上达到了简化报税手续的目标。

（三）日本

在日本，先由各分类所得扣除必要费用后汇总得出所得额，再以所得额减去所得扣除，其余额即为应税所得。④

允许扣除的必要费用依所得来源而确定，例如当所得项目为利息收入时，收入金额即为所得金额，无成本费用扣除，当所得项目为转让收入时，

---

① 参见《税制改革：个人和家庭的基础知识》，载美国国内收入署网站，https：//www.irs.gov/pub/irs-pdf/p5307cns.pdf，最后访问时间：2020 年 6 月 2 日。

② 参见美国国内收入署网站，https：//www.irs.gov/newsroom/tax-reform-brought-significant-changes-to-itemized-deductions，最后访问时间：2020 年 6 月 2 日。

③ *Effects of the Tax Cuts and Jobs Act*：*A Preliminary Analysis*，https：//www.taxpolicycenter.org/sites/default/files/publication/155349/2018.06.08_tcja_summary_paper_final.pdf，最后访问时间：2020 年 6 月 15 日。

④ 参见日本财务省网站，https：//www.mof.go.jp/tax_policy/summary/income/b01.htm，最后访问时间：2020 年 6 月 5 日。

成本费用为取得该资产所需金额以及设备费和改良费的合计总额，当所得项目为工资收入时，为计算简便，可以直接根据收入额按照不同的比例减去工资所得扣除额。同理，若为公共年金收入则减去公共年金所得扣除额。①

所得扣除项目可分为两大类，即对人的扣除和对事的扣除。对人的扣除可以进一步细分为普通人的扣除和特别人的扣除：前者包括基础扣除、配偶者扣除、配偶者特别扣除和抚养扣除；后者包括残疾人扣除、寡妇（寡夫）扣除和勤劳学生扣除。对事的扣除包括杂损扣除、医疗费扣除、保险费扣除和捐赠扣除等。② 在日本，个人所得税的费用扣除中，人的扣除均为定额扣除，而除工薪所得扣除以外的成本费用扣除和其他扣除（如医疗费、社会保险费和捐赠金等扣除项目）皆是据实扣除。

日本在 2018 年改革税制时调整了个税的费用扣除制度，涉及工资所得扣除、公共年金所得扣除和基础扣除。调整的具体内容如下：工资所得扣除额下调 10 万日元，改革前，年收入超过 1000 万日元的纳税人最多可享受 220 万日元的扣除额，这一最高限制如今被修改为年收入超过 850 万日元的纳税人最多可享受 195 万日元的扣除额；公共年金扣除额下调 10 万日元，并由此前的不设置扣除上限调整为年收入超过 1000 万日元的纳税人最多可享受 195.5 万日元的扣除额，同时，对于公共年金以外的所得合计金额超过 1000 万日元低于 2000 万日元的，扣除额下调 10 万日元，超过 2000 万日元的，扣除限额下调 20 万日元；基础扣除额增加 10 万日元，合计所得金额超过 2400 万日元的纳税人，其相应扣除额递减，合计所得金额超过 2500 万日元的个人，不适用基础扣除。③ 此次税制改革通过调整扣除项目，一方面增加了高收入人群的应纳税所得额，从而提高其纳税额，另一方面降低了灵活就业人员的税收负担。将这两方面因素结合起来，显而易见决策者增加财政收入、缩小贫富差距和促进就业的考量。

---

① 参见［日］中里实等：《日本税法概论》，郑林根等译，法律出版社 2014 年版，第 98~99 页。

② 所得税法（昭和二十二年法律第二十七号）第 72 条从第 86 条。

③ 参见「平成 30 年度税制改正の大綱」，https：//www.mof.go.jp/tax_policy/tax_reform/outline/fy2018/20171222taikou.pdf，最后访问时间：2020 年 6 月 7 日。

三、加强个税涉税信息管理

(一) 丹麦

丹麦是典型的高福利、高税收国家，虽然因为能够享受到较高水平的福利，提高了该国纳税人的纳税遵从度，但高额税收本身还是隐然有诱发纳税人逃避税行为的风险。所以，成熟高效的个税征管体系对该国来讲仍至关重要。为提高征管效率，丹麦税务局从1995年开始建设电子税务系统，并为每个纳税人建立了专属的数字税务账户，通过电子税务系统和数字税务账户，纳税人可以轻松进行纳税申报、信息查询、税款缴纳等操作。为加强个税涉税信息的收集，丹麦建立了第三方信息报告制度，要求第三方定期向税务局报告其所掌握的涉税信息，例如工资薪金、股息、利息、不动产交易、专利费等。此外，丹麦政府还实行公共部门数字化战略计划，推动税务局与其他部门的数据交换以提升政府公共部门之间的信息共享水平，税务局可以通过电子税务系统获取雇主、银行、医疗机构、社会保障机构等提供的纳税人信息。[①] 这些举措使得税务部门能够精准掌握个税纳税人的全部经济动态，大大减少了因信息不对称所引致的税收流失。

(二) 美国

作为第一大税种，个人所得税在美国的征收范围极为广泛，全美三分之二的人群均为个人所得税的纳税人，完善的个税信息管理制度是美国个人所得税征收的重要基础。在美国，公民的社会保障号码(Social Security Number, SSN)同时也是个人身份证号码和纳税人识别号码，三者统一，没有SSN的自然人无法在银行开立账户，也不能享受社会保险待遇。美国公民的银行账户、出入境信息以及医疗服务等信息系统，都建立在公民的SSN之上，税务部门通过SSN可以快速对自然人的收入、支出情况进行汇总和查询。

在个税征管中，美国建立并完善了自然人纳税人与扣缴义务人的双向申报制度，通过对双向申报信息进行比对来验证信息的真实性。此外，税务局还通过计算机系统将第三方提供的纳税人涉税信息全部归集于该纳税人的SSN下，然后使用计算机软件将纳税人申报信息、雇主申报信息与第三方信

---

① 参见王婷、伍岳：《丹麦个人所得税概述及征管经验借鉴》，载《国际税收》2019年第7期，第69~73页。

息进行交叉比对，自动筛选有问题的申报信息，从而进行重点稽查。[1] 美国的税务局除了利用双向申报制度、第三方信息报告制度获取涉税信息外，还与工商、财政、金融、安全等部门实行信息共享，全面获取纳税人的个税涉税信息。[2]

(三)澳大利亚

澳大利亚实行综合与分类相结合的个人所得税制，为统一规范费用扣除标准和减免税优惠政策，堵塞税收漏洞，其建立了科学高效的税收征管体系。概言之，澳大利亚建立了纳税人识别号制度、个人信息档案管理制度、纳税人和扣缴义务人双向申报制度以及各部门、机构协作的信息共享制度。[3] 所有澳大利亚公民以及在澳工作的自然人都应当通过申请获得纳税人识别号，自然人在就业、买车、存款或者享受教育、医疗等政府福利时均应当提供纳税人识别号，无法提供纳税人识别号的纳税人需要缴纳更多税款，且无法享受政府的优惠政策。税务局从各部门、各机构获取的涉税信息都会自动归集到以纳税人识别号为基础而生成的个人信息档案之中，从而实现对纳税人财产收入的动态监控。

澳大利亚还建立了税务局与财政部门、金融机构、社会保障机构、海关、企业等部门和机构之间的信息共享制度，可随时调取相关信息，强大的信息共享网络极大地提高了税务局纳税评估和税务稽查的准确性、及时性。澳大利亚税收管理法对第三方的信息报送义务作了明确规定：雇主必须在规定时间内向税务局提供其支付雇员工资的明细和预扣税款的情况；房产、车辆管理等政府部门必须及时向税务局报送房屋、车辆的登记和交易信息；银行、证券公司等金融机构必须及时向税务局报送个人账户的收支情况；若相关主体未按照规定及时报送涉税信息，税务局将采取警告、罚款等多种处罚方式，

---

[1]　Bryan T. Camp, "Theory and Practice in Tax Administration", *Virginia Tax Review*, Vol. 29：227, pp. 227-276(2009).

[2]　参见孙开、沈昱池：《大数据——构建现代税收征管体系的推进器》，载《税务研究》2015 年第 1 期，第 98 页。

[3]　I. G. Wallschutzky, "Reforming the Australian Income Tax System to Prevent Avoidance and Evasion", *Economic Analysis and Policy*, Vol. 15：164, pp. 164-180(1985).

督促其履行法定义务。①

<h1 style="text-align:center">第二节 域外实践的目标考量</h1>

个人所得税法在组织收入与调节分配两方面都具有重要作用，是体现量能课税原则和税负公平理念的代表性税种。② 前述域外税改实践其实均可从这两方面入手加以检视，以明晰其背后所蕴含的制度目标。

一、合理确定累进程度以强化分配调节的力度

传统税法理论认为，个人所得税法调节收入分配的重要途径就是对个人所得实行多档次超额累进课征。所谓累进课征，也即在比例课征的基础上，针对高额收入进行加成。进言之，税率结构的累进性分为名义累进性与实际累进性。名义累进性取决于税率级次数量、级距宽窄和每级次的边际税率，是税率结构在制度层面是否具有累进性的衡量标准。税率级次越多、级距越窄，名义累进性越高，反之则越低。进言之，边际税率是名义累进性最直观的反映，边际税率增长越快，最高边际税率越高，税制的名义累进性就越强。相较之下，实际累进性则受平均税率、实际适用各级次的人数多少等诸多因素的影响。如果累进税率结构级次多，但只有中、低阶级次得到适用，高收入群体则有便捷的方式逃避高阶级次税率的适用，税率结构在实质意义上的累进性便会大打折扣，这就要将纳税人的遵从度和税法制度对纳税人遵从度的影响纳入考量范围。这决定了任何国家在考量个税累进程度议题时，必须同时兼顾应然与实然、理论与现实的二元维度。

由此出发，从理论上讲，个税的级距设计要与居民收入分布相结合：对收入较低但纳税人数集中分布的收入区间，放宽累进级距将有利于减轻中低收入群体的负担；对高收入区间，级距设计相对更窄，可以强化对高收入群体的分配调节，更有利于增强税率结构的累进性。但实践中，激进的累进税制并不能如理论预想那般发挥高效的调节作用，且其易诱发税制复杂化、逃

---

① 参见崔志坤、丁文、李菁菁：《澳大利亚自然人税收征管制度借鉴与启示》，载《国际税收》2017年第2期，第17~20页。

② 参见刘剑文：《个税改革的法治成果与优化路径》，载《现代法学》2019年第2期，第22~34页。

避税严重、经济效率降低等负面效果。比如，基于前述理论构想，在高收入区间，"级距设计相对更窄"有助于调节分配，但这很容易使高收入纳税人以较小的成本轻易规避更高档边际税率的适用，导致调节分配的目标在实践中落空。有鉴于此，高税率、多级次的超额累进税率逐渐没落，少级次、宽级距、低税率成为域外个税改革的方向。[1] 譬如英美等发达国家经过多轮税改后，现行的个人所得税税率级次便多设定为 3~5 级，最高边际税率则处于35%~40%。累进程度的设定是一项艺术，应秉持科学谨慎的态度不断调整优化，力求在保障财政收入[2]的同时强化分配调节[3]的力度。

二、妥善设计费用扣除规则以贯彻量能课税

根据生存权保障的要求，生活必需品不得课税，且课税不得伤及"税本"，而根据量能课税理论，纳税人取得的收入只有在扣除成本和费用后才能真实反映税收负担能力并成为征税的对象。个人所得税费用扣除的实质即在于从个人所得中剔除不能反映纳税人真实税负能力的那部分，以此为基础确定纳税人纳税义务的有无及其数额。发达国家普遍推行综合性、多层次的费用扣除制度，并适时调整费用扣除标准，促进扣除项目的全面与规范、提升扣除的差异化程度和负担的合理化水平。

受上述理论框架的指引，域外税改实践的目标指向十分清晰。英国个人所得税费用扣除制度比较全面地考虑到纳税人的年龄、特殊家庭环境、自身伤残情况等环境因素，基于纳税人各方面因素的不同而有针对性地进行扣除，并且为降低经济波动对纳税人税负的影响，每年还要根据物价指数调整费用扣除额。美国的个税制度也充分考虑了家庭人口数量、未成年子女的教育费用、赡养老人的费用、医疗费用、缴纳的保险和住房贷款利息费用、意外和盗窃损失等因素对纳税人税负能力的影响，力求做到根据每一位纳税人实际可支配收入的多少计算个人所得税的应纳税额，同时还赋予纳税人在不同扣除方式之间的选择权。在日本，为充分彰显量能课税，其设计了体系化和精细化的扣除项目，对人的扣除和对事的扣除分别考虑纳税人维持个人及家庭

---

① OECD, *Fundamental Reform of Personal Income Tax*, OECD Publishing, 2006, p. 13.

② 这里的"保障财政收入"主要指避免高收入纳税人本应缴纳的个税款项流失。

③ 这里的"强化分配调节"主要指调节过高收入。

最低限度的生活开支、意外支出、保险费的支出、捐赠支出，不仅着眼于纳税人的收入，而且还考虑了纳税人的资产损失。由此可以看到，前述制度实践都遵循了量能课税的价值导向。

本书在第一章已经指出，量能课税原则兼具纵横两个向度，其既能指引国家和纳税人之间分配关系的妥善设定，也可在全体纳税人之间公平配置税收负担。在此意义上，个税组织收入和调节分配的目标于纵横统一的量能课税原则之上得到兼容。① 公平合理的费用扣除规则是彰显纵横统一之量能课税原则的关键和要害。应扣尽扣体现纵向量能课税，差异化的扣除规则设计则充分观照特定纳税人的特殊需求，有助于横向量能课税的实现。故此，今世诸国莫不在费用扣除规则上做文章，诚有其深意存焉。

三、强化个税信息获取能力以保障财政收入并有效调节过高收入

早在20世纪上半叶，已有学者指出域外多国所得税制的发展趋势之一是从源泉扣缴转为申报法，② 后者在公平性等方面优势突出，但对税务机关的征管能力也提出更高要求。个人所得税法高效发挥组织财政收入和调节收入分配功用的前提是税务机关拥有与之相匹配的税收征管能力。在现代信息技术飞速发展的背景下，发达国家普遍注重强化个税信息获取能力、深入挖掘和释放涉税信息的潜在价值，从而推动税收征管能力和效率的提高，保障个人所得税法功能的充分发挥。

总体上看，各国的个税制度在实体规则的部分呈现精细化、复杂化的趋势，这就给征管能力提出更高要求，因为越是复杂的制度越可能给部分不诚信的纳税人提供可钻之罅隙，由此引发财政收入的流失便在所难免。比如，个税的三种征税模式中，综合征收、综合与分类相结合的征收模式在公平性方面较之分类征收的模式显然更优，但无论是将全部收入汇总的"大综合"还是如我国现行法这般将勤劳所得汇总的"小综合"，都要求税务机关有足够能力全面且充分地掌握纳税人的收入情况，若非如此，个税的应征尽征率可能

---

① 参见侯卓：《二元目标下的个人所得税法制度演进》，载《华中科技大学学报(社会科学版)》2020年第3期，第97~104页。

② 朱偰：《所得税发达史》，商务印书馆2020年版，第131页。

还要比分类征收模式下更低。与此同时,伴随经济社会的不断发展,个人收入的形式和来源渐趋多样化,涉税信息获取的难度也日益加大。在信息获取能力不足的情况下,大量隐性收入可能游离于监管之外,造成严重的税款流失。以上这两方面因素都决定了,良好的税制需要强大的征管能力相支撑方能实现应征尽征,从而防止税收流失、保障财政收入。

进言之,个税制度的复杂化常常寄寓着决策者调节分配的意图,各国的个税费用扣除项目越来越全面,差异化程度也不断提升,便是基于这方面考量。前文刚刚述及,复杂的制度也为规避税负创造了更为便利的条件。然而,不同纳税人在利用税法漏洞进而规避税负的能力上并非一致,甚至可以说差异颇大。现实中,纳税能力强者因为经济实力雄厚,有更好的机会和条件享受更高水平的纳税筹划服务,有更多元的收入渠道为不同收入形式之间的“切换”提供便利,其税负规避能力往往也更强。根据量能课税原则,纳税能力强者本应承担更重的税负,故其逃、避税“收益”可观,反而诱发较强的逃、避税动机,一旦监管缺位,便极有可能将潜在的税负规避能力兑现为实际的逃、避税行为,致使个税分配调节的目标落空。[1]

由前述两方面便可知晓,域外各国何以会在推进个人所得税法制度革新的同时,致力于强化个税信息获取能力。概言之,这是为了全面、充分地掌握纳税人涉税信息,从而将税网织密筑牢、将监管落实到位,提高纳税人规避税负的成本并降低其“收益”,从而避免日趋复杂的个税制度在运行中背离其初衷,诱致财政收入流失和分配调节弱化。

第三节　全球税改语境下的 2018 年个税修法

以 2018 年修改《个人所得税法》为标志,我国近年来也推行了一系列个税改革。置于全球语境下,不难发现其同前述域外实践有相合之处,但也有自身的特色存在。无论制度设计与域外实践是相同还是不同,究其实质都是为了立足本土语境,更好地发挥个人所得税法组织收入和调节分配的功能。

---

① 　参见侯卓:《行为的异质性对税法规制的影响及其缓释思路——一种“能力—行为”的分析范式》,载《法学杂志》2018 年第 3 期,第 88~100 页。

一、扩大中低档税率的级距，但未降低最高边际税率、也未减少税率档次

2018年修法后，以原工资薪金所得的七级超额累进税率为基础，调整后形成综合所得所适用的税率表。本书在前文已提及，较之过去，现行税率表扩大了3%、10%、20%三档低税率级距，25%税率级距相应缩小，30%、35%、45%三档高税率级距保持不变。如此调整的客观效果是，中等收入以下纳税人的减负效应至为明显，高收入纳税人负担减轻的绝对数额可观，但减负比例低于中低收入纳税人，对于其中收入形式多元的一部分高收入纳税人来讲，其各项所得的税负可能由于综合各项收入后统一适用累进税率而提高。

与同时期的域外实践比较起来，我国对税率结构的调整有两大特点。其一，未降低最高档的边际税率。在修法过程中，多有声音主张降低最高档的边际税率，将其从45%调整为40%甚至35%。其论据颇多，如认为最高档边际税率设定过高，不见得在实践中就真能得到践行，这是因为需要适用最高档边际税率的纳税人常有足够能力规避其适用。但前述主张未获得立法者的采纳，这主要还是考虑到若能强化征管能力，则保留相对较高的最高档边际税率在组织收入和调节分配方面的功用仍不可小觑。同时，在域外相关国家，最高边际税率适用较为频繁，因而将之降低所能发挥的激励效用是很明显的；而在我国，其适用本就常被规避，再将之降低所能收到的积极效果便也要打折扣。其二，未进一步减少税率档次。同国际上日渐流行的精简税率级次的做法比较起来，我国目前对综合所得所适用的七级超额累进税率在档次数量上偏多。税率档次多，自然会压缩各档税率对应的级距空间，使税率结构更为细密。这有助于调节分配，但也让纳税人更易采取手段使自己适用的税率"降格"[1]，进而使调节分配的目标落空，同时也使得财政收入有更高的流失风险。从立法者保持七档税率的做法看，显然是更为青睐其调节分配的优势，这就更需要征管力量及时强化，以收趋利避害之效。

进言之，我国2018年个税修法在税率议题上未对国际通行做法亦步亦趋，更为根本的原因还在于中外各国在税制结构方面存在重大差异，从而对个税改革的定位和期许便也不同。从理论上来讲，个税等各税种的征取外在

---

[1] 因为纳税人可以付出相对较小的努力使自己适用的最高边际税率降格。

于经济活动，征税本身便是对经济活动的一种干预，因此，尽量趋于中性化的税制能最大限度地减少对经济活动的不当扰动，而边际税率过高、税率档次过多，都有悖于税收中性的要求。所以，在经济形势不景气的条件下，尽量避免税收制度扼杀纳税人的创富动力和全社会的经济活力，是必然的政策选择。在美国等国家，个人所得税在整个税制结构中的地位甚为突出，其筹得的资金占财政收入的比重也颇高，在此背景下，无论是降低最高边际税率还是减少税率档次，就刺激经济而言都能起到"牵一发而动全身"的效果。但我国的情况不同，本书已在第一章指出，个税收入占整个财政收入的比重很有限，这意味着很难通过与其他国家相似的操作达到相似的刺激经济之目标，反倒会削弱个人所得税法在组织收入和调节分配方面的功能。但是事实上，我国近年来多次降低增值税的税率并简并其档次，大体上便同域外针对个税的实践有异曲同工之妙。毕竟，增值税才是我国的第一大税种，而且其税率过高、档次过多的状况明显背离其中性化税种的定位，而降低税率和简并档次一般也不会削弱该税种其他方面的功能。

二、完善费用扣除的类型，但基于征管便利考量而较多运用定额扣除方式

2018 年的个税修法将综合所得的一般性扣除标准确定为每年 60000 元，另外增设子女教育、继续教育、大病医疗、住房贷款利息、住房租金和赡养老人支出六项专项附加扣除。该举措同今世诸国重视以费用扣除规则的优化来彰显量能课税原则的实践若合符节，其充分观照个人负担的结构化特征，使税负分配更加均衡、合理和公平。[1]

有观点认为，同时适用一般费用扣除和专项附加扣除存在对生计费用重复扣除的问题。考察其论证思路，主要是基于对域外实践的比较审视。概言之，美国税法有标准扣除和列举扣除的规则，均着意体现生计费用支出不可税，纳税人在二者间只能择一适用，从而避免重复扣除的问题。[2] 据此，鉴于我国个人所得税法未规定一般性扣除和专项附加扣除须择一适用，故被认为

---

① 参见刘剑文、胡翔：《〈个人所得税法〉修改的变迁评介与当代进路》，载《法学》2018 年第 9 期，第 135～148 页。

② 蒋退雏：《个人所得税税前扣除的概念厘清与制度完善——以混合所得税制改革为背景》，载《法商研究》2020 年第 2 期，第 53 页。

有重复扣除之嫌疑。但实际上，本书认为，不宜直接照搬域外经验，而应体察中外制度实践的体系性差异。我国个人所得税法上的一般性扣除，其性质比较复杂，将之理解为成本费用扣除或生计费用扣除都有一定合理性成分。若采取前一种见解，则其是对取得收入之成本的扣除，也即纳税人所获收入非凭空得来，而须有相应的成本投入，为体现净额所得课税的原理，确定个人所得税的税基时应当将该部分成本扣除。然而，因为个税课征具有"大量行政"的特征，就任何一笔收入皆要求精确测算成本投入显然不可能，故此，方才设定一概算费用加以扣除，即综合所得适用之 60000 元/年的扣除定额，其性质实属"概算费用"。若采取后一种见解，则可认为一般性扣除额是对纳税人维持生计所必须支出的反映，在此种情况下，才在一定程度上与专项附加扣除发生重合的问题。在《个人所得税法》对费用扣除规则进行体系化处理之前，谈论重复扣除并不必要，甚至会使规则设计趋于片面化。

同域外实践比较起来，我国费用扣除规则真正较为特殊之处在于，针对专项附加扣除大量运用定额扣除的方法，纳税人据实扣除的适用情形极其有限。据实扣除更能反映纳税人真实的税负能力，契合税收正义的要求，更有助于个人所得税法调节分配目标的高效达致；定额扣除的优势则在于能够节省举证及查证的负担、提高征纳效率，同时也避免因纳税人采取虚报等手段挣取税收利益、税务机关相应的监管能力又较为不足而造成财政收入流失，但定额扣除缺乏对纳税人个性化因素的考虑，是其无可回避的缺陷。不难想见，2018 年个税修法引入专项附加扣除规则时之所以更为青睐定额扣除方法，应当是出于避免财政收入减少过多的考量，但这一理由是否足够强大以致可以牺牲量能课税这一重要的税法价值，仍不无疑问。本书认为，专项附加扣除不同于一般性扣除，其对于得为扣除的事项有明确指向，采用概算费用后定额扣除方法的正当性并不充分。

当然，专项附加扣除对我国来讲是一项新制度，相关稽征经验诚为不足，在制度确立初期采用便于征管的定额扣除方式，有利于制度的推行和征纳成本的节省，也能为以后采用据实扣除积累经验。待条件成熟时，不妨允许纳税人就其中某些项目据实申报费用，并允许其自行选择适用定额扣除或据实扣除的方法。

三、优化个税信息管理规则，但税收征管法的制度供给仍待优化

2018 年的个税修法在很多方面深刻改变了个人所得税法的制度结构，改分类征收为综合与分类相结合的征收模式，引入专项附加扣除规则，皆是如此。在此背景下，税务机关在个税征管中的任务陡然加重，其不仅需要对纳税人工资薪金、劳务报酬、稿酬、特许权使用费所得四项收入的信息进行汇总或是核验，而且还需要多个单位和部门协助核验专项附加扣除信息。故此，《个人所得税法》专设第 15 条以明确规定个税信息管理制度，不仅是为了顺应域外实践中强化"信息管个税"的趋势，更有着深刻的国情背景。

《个人所得税法》第 15 条规定相关部门应当向税务机关提供或核实个税纳税人的身份、收入信息以及专项附加扣除信息，为个税涉税信息交换与共享提供了法律依据。将掌握纳税人涉税信息的其他政府部门纳入税收征管合作的主体范围，有利于实现涉税信息的及时传递和共享、增强信息的覆盖面和完整性，为税务机关提供充分、实时的涉税信息以作为征管依据，缓解征纳双方信息不对称的困境。通过对个税信息资源的汇总、分析和利用，一方面可以推动税收征管的提质增效，以配合个税的综合计征改革；另一方面可以加强税源监控、堵塞税收漏洞，从而保障财政收入的稳定。

但必须认识到，仅靠个人所得税法的相关规则是不够的，《税收征收管理法》也有其不可替代的使命。总体上，现行《税收征收管理法》存在重视对企业征税、相应忽视对自然人征税的立场偏颇。客观地讲，获取企业的涉税信息要比获取自然人的涉税信息容易许多，而且获取信息的方式更为直接，需要第三方协助的情形较少。但对自然人征税则完全不一样，由于自然人纳税人的数量远较企业纳税人更多，而且其获取收入的方式和来源可能也比较丰富，这都增加了税务机关准确、全面获取涉税信息的难度。正因如此，在 2018 年个税修法之前很长一段时间，我国个税征管高度依赖扣缴义务人所为之代扣代缴，这毋宁说是面对信息困境所不得不为的选择。然而，对代扣代缴的高度依赖在相当程度上是和分类征收的所得税制相匹配的，一旦分类征收改易为综合与分类相结合的征税模式，代扣代缴在很多情况下便只不过是"预扣预缴"。在汇算清缴等许多场合，税务机关最终还是要同数量繁多的自然人纳税人打交道。当此之时，税务机关获取个税涉税信息能力的局限，无疑会大为

制约个税征管的效率，甚至使个税修法所寄寓的组织收入、调节分配等制度目标实质性落空。

由此观之，目前正在推进的《税收征收管理法》的修改工作，可以说有一个重大任务即是为强化对自然人纳税人的税收征管提供制度供给。事实上，修改进程确有观照该点。2015年《税收征收管理法修订草案（征求意见稿）》（以下简称《征求意见稿》）首次明确了纳税人识别号的法律地位，为归集和整合纳税人涉税信息、建立自然人涉税信息档案奠定了技术前提。《征求意见稿》还专辟"信息披露"一章，其中规定了纳税人的信息提供义务、其他主体的信息报送义务等，彰显本次修法强化自然人征管力度的宗旨，有利于强化税务机关对个税信息的获取能力，并以信息能力为核心，全面提升征管能力。[1]

当然，若以更高标准衡量，则《征求意见稿》虽较之现行征管法有较大提升，但关于涉税信息共享的规定仍然略显粗疏，过于笼统的原则性规定在执行时缺乏可操作性和约束力。就完善思路而言，一是要明确税务机关获取涉税信息的权限和程序，二是要明确涉税信息提供的具体主体、内容和方式，三是要规定拒不提供涉税信息的单位或个人应当承担的法律责任，四是要明确税务机关滥用涉税信息的法律责任和纳税人的救济途径。由于这部分讨论更多关涉税收征管法，囿于本书的主旨，此处不再展开，仅于该部分的最后再次强调：税务机关全面、充分地掌握涉税信息是个税综合征收的基础，也是高效发挥个人所得税法组织收入和调节分配功能的关键，完善的涉税信息共享制度将为我国个税综合化改革进程助力加速，也将推动个税领域良法善治这一理想蓝图的实现。

---

[1] 参见侯卓：《公权与私权的平衡：论税收征管法的"通三统"》，载《湖北大学学报（哲学社会科学版）》2020年第4期，第127~136页。

第三章　新《个人所得税法》重点条文解析：规则由来与适用要点

在基于组织收入和调节分配这二元目标对个人所得税法的制度演进作了整体梳理之后，甚有必要对 2018 年修改后的新《个人所得税法》之重点条文作全景扫描式的剖析。本章立足于规范分析，侧重解释论研究，主要关注相关规则为何要在修法时作相关改动，以及在法律适用中需要廓清的关键问题。易言之，本章尝试回答重点条文"何以至此"和"如何适用"两个问题。当然，这一回答仅仅是初步的，深入检视乃至提出规则进一步完善的构想，则是本书后续章节的任务。

第一节　居民个人和非居民个人的认定（第 1 条）

在全球化时代，生产要素乃至纳税人在世界各国间的流动都十分频繁，这容易诱发各国税收管辖权的冲突。税收管辖权的冲突固然存在于不同税种法的层面，但在所得税法的场域，冲突更容易发生。为免税基侵蚀和收入流失，许多国家的所得税法都同时确立了属人管辖和属地管辖两项原则，也即对本国居民纳税人的环球所得均可征税，对非本国居民纳税人则仅就其来源于本国境内的所得征税。为避免双重甚至多重征税，属地管辖优于属人管辖则成为处理税收管辖权冲突的一般法则。因此，在所得税法上明确居民纳税人的标准便很有必要，具体到《个人所得税法》，也即要清晰界定居民个人的范围，以作为后续税务处理的基础和前提。究其本质，该制度存在的价值是为保证财政收入。

2018 年修法以前，《个人所得税法》并未正式提出"居民个人"和"非居民个人"的概念，而只是在其第 1 条泛泛规定，在中国境内有住所或无住所但居住满一年者，须就境内外全部所得缴纳个税，在中国境内无住所又不居住或居住不满一年者，仅就境内所得缴纳个税。从该条的表述看，这两种情形的适用对象其实就分别指向居民个人和非居民个人。

但前述规定存在一个漏洞，严格要求无住所者居住满一年方才成为居民个人，实际上设定了比较高的标准，使某些纳税人很容易就能觅得不使自己成为居民个人的方法，进而使其来源于境外的所得不在中国缴税。通常情形下，该纳税人会是另一国的居民个人，其境外所得也将受该国税法辐射，但此时我国财政收入流失也是不难想见的。而且，特定纳税人愿意如此精心算计，多是由于有利可图，如其居民国的税负较轻，如此一来，若放任其如此行事，显然将造成纳税人之间的税负不公，因而非但不能发挥税收调节分配的作用，反倒有可能放大收入分配的差距。有鉴于此，旧法所配套的《个人所得税法实施条例》在第 3 条创设了"临时离境"规则，即在一个纳税年度内一次不超过 30 日或多次累计不超过 90 日的离境，不影响对该特定纳税人"在境内居住满一年"的认定。

然而，若是承认纳税人和税务机关（及其所代表的国家）之间存在某种意义上的博弈关系，那么便可将税法规则视为博弈的"游戏规则"。生活经验一再告诉我们，有规则，便有运用甚至利用规则的行为，哪怕该处的规则是由对方当事人制定，哪怕其在制定规则时穷尽智力以使之尽量完备。针对临时离境不扣减天数，足够狡猾的纳税人完全有可能"合理"设计行程，使自己"安全"地落在"非居民个人"的范围内。所以，临时离境的规则虽然给制度打了一个补丁，充其量也只是稍稍将制度漏洞填充了一些而已。

由此观之，新《个人所得税法》的制度设计则在很大程度上杜绝了狡猾纳税人通过设计行程以使自己不成为居民个人的情形发生。其确立了 183 天的标准，也即在中国境内无住所但一个纳税年度内累计居住满 183 天者仍为居民个人。相应地，非居民个人则是指在中国境内无住所且一个纳税年度内累计居住未满 183 天者。如此设计居民个人、非居民个人的判定标准，进步意义至少有三个方面：其一，认定标准较先前更为合理，相当一部分在中国境内居住时间颇长的个人，在旧《个人所得税法》语境下不会被认定为居民个人，在新《个人所得税法》语境下则会被认定为居民个人，事实上，一年内有半数以上时间居住在中国，将其认定为居民个人显然要更加合理；其二，能更充分地组织财政收入，居民个人的扩围意味着可对环球所得征税的对象更多，这将相应带来更高数额的财政收入；其三，有助于收入分配状况的改善，有办法在旧《个人所得税法》框架下通过使自己成为非居民个人而谋取税收利益的多为高收入者——这类人群需要经常往来中外各国而且从他国获取收入，修法堵住制度漏洞，使其税收负担要想不当减轻会更难，自是能更好发挥税收、税法调节分配的功用。

另外，该条文在适用时有一问题必须明确，即如何理解"住所"。就此而言，需要注意税法和民法对同一语词的界定未尽一致。《民法通则》第15条规定，公民以其户籍所在地的居住地为住所，经常居住地与之不一致的则将经常居住地视为住所。从中不难发现，该界定的范围是比较狭窄的。《民法总则》则在第25条明确，自然人的户籍登记或者其他有效身份登记记载的居所为住所，经常居所与之不相一致的也是以经常居所为准。2020年出台的《民法典》延续了《民法总则》的规定。通过比较可知，《民法总则》和后来的《民法典》对住所的认定较《民法通则》更为宽泛。但是，《个人所得税法》上对住所的界定还要更宽泛一些，根据修改后的《个人所得税法实施条例》第2条，在中国境内有住所是指因户籍、家庭、经济利益关系而在中国境内习惯性居住。该处"习惯性居住"未必要达到"经常居住"的程度，"经济利益关系"所指向的范围也是十分宽泛的。实践中，认定是否"在中国境内有住所"时不妨适当从宽把握，这从后果的角度看是合意的：一方面，如此处置能更好地保证本国财政收入；另一方面，其也不会给该特定纳税人造成损害，这是因为国际税收实践中已形成较为完备的避免双重乃至多重征税的制度体系，特定纳税人的税负一般不会因其被认定为我国的居民个人而有较大幅度的、不合理的提升。

第二节　税目和征税模式(第2条)

无论修法前还是修法后，税目都规定在《个人所得税法》第2条。在形式上，该条罗列了个人所得税的税目。透过形式，该条还反映出个人所得税法在征税模式这一重大问题上的立场。2018年的个税修法，一来精简了税目，二来改变了征税模式。这部分以税目为线索，探讨法律适用时存在的疑难问题，在论述过程中，注意揭示税目精简和征税模式改革之于规则适用的影响。

一、精简税目背景下避免"偶然所得"税目的泛化适用

精简税目表现为修法前的 11 项税目被整合为 9 项，主要是将原先的个体工商户生产经营所得和对企事业单位承包承租经营所得归并为"经营所得"一项，同时删去"经国务院财政部门确定征税的其他所得"一项。就前者而言，个体工商户生产经营所得和承包承租经营所得在性质上并无根本差异，合二为一从而统一适用规则，更契合税收公平的要求，能使分配调节更为合意。就后者而言，修法前的"其他所得"这一税目，本质上讲是给财税主管部门出台相关规范性文件以明确法律适用或是扩张税基预留的口子，财税主管部门在实践中也确实借此出台了大量规范性文件。① 2018 年在修改《个人所得税法》的过程中，该税目一度得以保留，甚至在是年 6 月面向社会公开征集意见的草案中仍然有"其他所得"这一税目，但鉴于社会各界对其违反税收法定原则的批评较为强烈，于是在正式出台的新《个人所得税法》中被剔除。必须承认的是，修法之前，财税主管部门虽然出台大量文件，将多类收入纳入"其他所得"项下加以征税，但这并非全是财税主管部门在扩张税基，包括前文注释所引文件在内的大部分情形中，财税主管部门即便不以"其他所得"的名目、也应该甚至必须以另一名目对相关收入征税，否则就会造成税负不公并引致部分财政收入流失。所以，从法定税目中剔除"其他所得"，就落实税收法定原则来讲，毋宁说宣示意义要比实际价值更为突出；而在拿掉该税目后，再遇到一项收入理应课税却不知该如何定性时，就要更加考验财税主管部门兼顾税收法定和税收公平的能力了。

进言之，修改前的《个人所得税法》被认为同时包含两个兜底性的税目，除"其他所得"外还有"偶然所得"一项。2018 年修法虽剔除了"其他所得"，但"偶然所得"仍得以保留。于是，实践中当面对不易定性、修法前很容易将之

① 如《国家税务总局关于个人所得税有关问题的批复》(国税函〔2000〕57 号)明确规定，部分单位和部门在年终总结、庆典、业务往来及其他活动中为其他单位和部门的人员发放现金、实物或有价证券的，对个人取得的该项所得，按"其他所得"项目缴纳个人所得税。该文件已失效。此类情形并不鲜见，另见《国家税务总局关于股民从证券公司取得的回扣收入征收个人所得税问题的批复》(国税函〔1999〕627 号)、《财政部、国家税务总局关于银行部门以超过国家利率支付给储户的揽储奖金征收个人所得税问题的批复》(财税字〔1995〕64 号)等文件。

归为"其他所得"的收入时，很自然就会首先想到能否将之作为"偶然所得"来征税。本书认为，应当警惕这种倾向，避免动辄将一项收入归为"偶然所得"，其原因有三。从事务属性看，"偶然所得"重在获取收入的偶然性，属于机遇性所得，即其是不可期待、不可复制的，易言之，由"偶然所得"税目加以涵摄之收入的主要特征是偶然获取而非性质特殊，严格讲来，其不宜作为兜底性税目。从法理基础看，今世诸国只要不采用完全的综合所得税制，多会以不同方式设定兜底性税目，但其辐射范围并不能任意伸缩，而由该国所得税法对"所得"的界定所框限。① 概括来讲，对"所得"的界定有泉源说、市场交易所得说、纯资产增加说三种理论见解，② 三者所涵盖的范围由小变大：根据泉源说，仅在可由某处稳定、持续获取收入时，才将相关收入作为所得征税；根据市场交易所得说，只要收入是利用市场条件、通过市场交易获取，便可作为所得而被征税，这就排除了基于血缘或情谊而为馈赠的可税性；根据纯资产增加说，只要在 N+1 时点的财富总量大于在 N 时点的财富总量，便可对其财富增量课征个税。我国《个人所得税法》上缺乏对"所得"的总括式界定，使其究竟依循前述何种见解晦暗不明，是为憾事。但"偶然所得"作为一项税目而存在的事实，表明我国个人所得税法未采纳泉源说；除"偶然所得"外其余八项税目又都在不同程度上依托市场基础方可获取相应收入，大约可见立法者有意无意地将市场交易所得说作为个人所得税法建章立制的基点。由此出发，非经市场所获取的收入，不宜经由"偶然所得"的媒介成为个税征取的对象。从经济后果看，由该部法律的后续规则可知，在对偶然所得计征个税时并无任何扣除项目，这同除资本利得外各税目的计税规则差异明显，在两可的情况下，若某项收入被认定为"偶然所得"征税，对纳税人是较为不利的，在纳税人之间也会引发"相同情况不同对待"的税收不公。综合上述三方面因素，当前在实践中应当正确认识"偶然所得"的性质，避免将其作为兜底性税目来看待，也不宜过于宽泛、随意地将不易定性的收入作为"偶然所得"征税。

　　实践中，为了缓解"其他所得"被从《个人所得税法》剔除后既有被作为"其他所得"征税的事项的身份困境，财政部、国家税务总局联合发布《关于继

---

① 侯卓：《"法外分配"的税法规制：思路与局限》，载《江汉论坛》2018 年第 2 期，第 139 页。

② 参见陈清秀：《税法各论·上》，台湾元照出版公司 2014 年版，第 51~57 页。

续有效的个人所得税优惠政策目录的公告》(财政部、国家税务总局公告 2018 年第 177 号)，其直接指向的虽是税收优惠，但其清晰可辨的意涵是，原先许多在"其他所得"项下征收个税的事项仍然应被课税。其后，财政部、国家税务总局又发布《关于个人取得有关收入适用个人所得税应税所得项目的公告》(财政部、国家税务总局公告 2019 年第 74 号)，将"个人为单位或他人提供担保获得收入"等原被作为"其他所得"征税的项目改为按照偶然所得税目计税。从保持政策一致性的角度出发，如此处理无可厚非，但相关收入是否真的属于"偶然所得"，则尚待商榷。如果说 2019 年第 74 号公告的处置属于实践倒逼，诚为不得不如此，那么至少能做到的是，亡羊补牢，避免继续扩张"偶然所得"的范围。

二、征税模式修改和"综合所得"内部区分的要点

征税模式的修改是本次修法的重头戏之一，概言之即改分类征收为综合与分类相结合的征税模式。总体上讲，个人所得税有分类征收、综合征收和综合与分类相结合三种征收模式，有些国家所推行的单一税制、二元税制等也可归入这三种类型之中。[①] 我国曾长期推行分类征收的模式，但自 21 世纪初起便提出要向综合与分类相结合的征税模式迈进，至 2018 年个税修法时终于踏出第一步，将工资薪金所得、劳务报酬所得、稿酬所得、特许权使用费所得这四类性质相近故常被认为均属于"勤劳所得"的项目归并为综合所得，同时保留对资本利得、财产租赁所得、财产转让所得和偶然所得分类征收的做法。征税模式改革主要着眼于优化《个人所得税法》在调节分配方面的作用，本书的第一章已有所阐发，此处不再赘述。这里要说明的是，在旧法框架下，某项"勤劳所得"被认定为哪一税目、特别是其属于工资薪金抑或劳务报酬，对于税收负担的影响颇大，在新法的语境下，综合所得有统一适用的税率表，某项收入被具体归入哪一税目对最终税负的影响虽有所下降，但仍不应被完全忽视。之所以如此，是因为劳务报酬所得、稿酬所得、特许权使用费所得在被归入综合所得时要以收入减除 20%的费用，其中稿酬所得的收入额还要减按 70%处理。因此，精确适用规则或曰准确识别一项收入的性质仍很重要。

[①] 蒋遐雏：《个人所得税税前扣除的概念厘清与制度完善——以混合所得税制改革为背景》，载《法商研究》2020 年第 2 期，第 45 页。

承前,综合所得内部有两组所得类别的区分甚为重要,实践中也容易引发困惑。一是工资薪金所得和劳务报酬所得。区分二者的关键是看纳税人是否因任职或受雇而取得特定收入。若是,则相关收入为工资薪金所得;若否,则相关收入属于劳务报酬所得。以此来衡量,譬如同样是因营销业绩突出而获得旅游等形式的奖励,若是雇员,所发生费用应按工资薪金所得计征个税,若是非雇员,所发生费用便要按劳务报酬所得征税。二是稿酬所得和特许权使用费所得。从情理上讲,稿酬所得也可认为是将著作权让渡给报纸、杂志或出版社所获得的收入,由此说来,其也是一种特殊的特许权使用费所得,只不过是基于鼓励文化创作等方面的政策目标而给予特别的优待,即对所发生的收入额"打七折"。既然是政策性优惠,那么适用范围便要严格依据制度规定,不得任意扩张适用。《个人所得税法实施条例》在第6条明确规定,稿酬所得系"个人因其作品以图书、报刊等形式出版、发表而取得的所得",认定其适用范围时要遵循严格的文义解释方法。据此,个人创作的影视分镜头剧本,用于拍摄影视片取得的所得,因该剧本并未出版或发表,所以相关收入不属于稿酬所得的范畴;同理,电影制片厂买断已出版的作品或向作者征稿而支付给作者的报酬,也只能作为特许权使用费征税。①

三、其他四类税目的规则适用

除"偶然所得"和综合所得外,个人所得税法上其余四类税目的规则适用并无太大问题,此处仅简述实践中处理起来相对复杂的两点。其一,"经营所得"税目中对企事业单位承包承租经营所得和工资薪金所得通常比较容易界分,但须注意,当承包人、承租人对经营成果不拥有所有权时,实为受雇于发包方、出租人,此间所取得的收入当属工资薪金所得。反之,若是承包人、承租人在依约向发包方、出租人缴纳一定费用后即可拥有经营成果,则其所获收入方为经营所得。也即,这里遵循"看剩余权归属——判断有无雇佣关系——界定税目"的逻辑理路。其二,"财产租赁所得"和"财产转让所得"这两个税目中"财产"的外延较为广泛,以"财产转让所得"税目为例,其所谓"财产"容纳了有价证券、股权、财产份额、不动产、机器设备、车船等各种

---

① 类似情形还有,作者将文字作品手稿原件或复印件公开拍卖(竞价)取得的所得,也要按"特许权使用费所得"来征税。

情形，另有"其他财产"作为兜底。如此设计是可取的，最大限度地避免了规则漏洞，使其他税种法场域需要面对的棘手问题在《个人所得税法》层面较不突出。譬如实践中常见以股权转让的方式让渡土地使用权的情形，这种名为股权转让、实为土地使用权转让的行为规避了土地增值税、增值税和契税的征缴，但其在个税层面并无利益可以谋取。不过，鉴于"财产"终究是一个外延并非完全清晰稳定的不确定法律概念，实践中还是难免会遇到所转让者是否为税法上有意义之"财产"的问题，如转让所谓"虚拟财产"①获利，得否对其征个税。传统民法理论认为，"虚拟财产"仅在承诺遵守特定规则(如网络游戏规则、比特币规则)的参加者的圈子里方才具有交易价值，一旦"出圈"便分文不值，故而其不是客观存在的，不能成为民法意义上的物，但可作为民事利益而受到保护。② 本书认为，要区分民法和税法的调整目标和调整思路，从税法的角度审视财产，重在其价值——价值彰显纳税人的税负能力。由该逻辑起点出发，可以认为持有"虚拟财产"不必定反映持有人的税负能力，故而即便开征一般财产税也不宜将其纳入税基；可一旦通过出租或交易等形式获利，便兑现了该"虚拟财产"的价值③，进而因具备收益性而获致可税性。故此，个人所得税法实施中不必对"财产"的范围有过多纠结，只需重点把握租赁或转让后有所得即可。

　　申言之，实践中更突出的问题还不是"规则如何适用"，而是"如何适用规则"，也即怎样让并无疑义的规则真正得以贯彻执行。在个人所得税法的场域，该问题尤为突出。曾受人诟病的所谓"个税沦为工薪税"的情状，且不论该说确切与否，其确在一定程度上反映出财产租赁所得、财产转让所得、偶然所得等税目在征管中管控乏力的困窘。以财产租赁所得为例，在税务机关的实际工作中，自然人的财产租赁以不动产租赁所占比例最高，针对这部分所得的征管，主要依靠纳税人自行申报，税务机关只有在纳税人前来代开增值税发票时才会对该笔所得进行主动征收。但不可否认，需要代开增值税发票的纳税人仅占少数，多为承租方是企业且需要取得发票进行财务成本处理的情况，在这种情况下，虽然法定纳税义务人为出租方也即房东，但实际税

---

① 包括但不限于网络中的虚拟货币、"宝物"、"装备"等。
② 梁慧星：《民法总论》(第五版)，法律出版社 2017 年版，第 155 页。
③ 这属于让渡该"虚拟财产"并不确定的使用价值，而获取已经确定化的交换价值。

款负担者多为承租方,从激励相容的角度出发,纳税人也有足够动力来税务机关代开增值税发票。但就占比更大的发生在自然人和自然人之间的财产租赁行为而言,如果双方没有代开增值税发票,税务机关针对该笔租赁所得是很难完成征缴工作的。可见,税法规则的准确适用,无法脱离客观条件的限制,准确理解规则只是前提性的,创造便利高效的征管环境也十分重要。由此更可以理解,第二章所介绍的域外实践,何以要投注相当大的精力来促进个税涉税信息的流动和共享。

第三节　税率(第3条)

税率是应纳税额和计税基数之间的比率,大体上有固定税率、比例税率、累进税率等三种类型,其中累进税率又可细分为全额累进税率、超额累进税率和超率累进税率。我国《个人所得税法》上主要采用的是比例税率和超额累进税率。

在2018年修法以前,工资薪金所得、个体工商户生产经营所得和对企事业单位承包承租经营所得适用超额累进税率,分别适用两个税率表。其余八个税目均适用比例税率,但由于对劳务报酬所得一次收入过高者实行加成征收,故劳务报酬所得事实上适用的也是超额累进税率,只是累进性较弱。修法以后,综合所得、经营所得适用超额累进税率,其余四个税目仍适用比例税率。经由对比可知,累进税率的辐射范围较修法前有所扩张,稿酬所得和特许权使用费所得均由原先的比例征税改为累进征税,劳务报酬所得征税的累进幅度也有很大提升。考虑到累进税制在调节分配的力度上远远超过比例税制,该项改革举措强化分配调节的意图可谓不言而喻。对此,不妨透过举例加以释明。假定有两名学者同日在同一机构授课并获得同等金额的课酬如1万元,其中一人为新进入职的年轻教师,工资相对较少,另一人为知名教授且收入颇丰。在2018年以前(含),二者获得的收入均适用20%的税率,各自所获税后收入亦相同;而在2019年以后(含),因要同工资薪金等合并后统一适用税率表,对前者而言,其就该笔课酬实际负担的税率可能要低于20%,而对后者来讲,该笔课酬对应的税率可能要超过20%。如此一来,便契合对高收入者多征税、对低收入者少征税的制度目标。同样彰显强化分配调节意图的是对原工资薪金所得、现综合所得所适用之税率表的调整。本书第一章已阐述该点，此处不予赘述。

需要指出的是，针对劳务报酬所得、稿酬所得、特许权使用费所得，旧法上比例征税的做法并未完全绝迹。在新《个人所得税法》语境下，扣缴义务人就此三者作预扣预缴时，便是依照比例征税的方法操作，预扣率也完全相同。但这仅具有管理上的意义，最终的税收负担并非由其确定。

第四节　税收优惠(第 4、5 条)

课税要素可区分为一般课税要素和税收特别措施，前者为税收债务赖以成立所必不可少，后者则作用于税收债务由成立到确定的阶段，是对已成立的税收债务的增减调整。税收特别措施由税收优惠和税收重课组成，《个人所得税法》上主要涉及税收优惠。[1] 横向对比，《个人所得税法》所载税收优惠的类型较为丰富，包括直接的减免税手段和间接的加计扣除、减计收入、加速折旧等手段，但《个人所得税法》规定的税收优惠主要是减免税，其集中见于第 4、5 条。需要注意的是，个人所得税法的理论和实践中有"不征税收入"的概念，如差旅费津贴、误餐补助、独生子女补贴等，其不属于税收优惠，二者的区别包括但不限于：第一，运用可税性的分析框架[2]，不征税收入根本没有收益性，而减免税等各项税收优惠则是针对具有收益性的收入，基于公益性等方面的考量，全部或部分地豁免其纳税义务；第二，运用税收债务成立——确定的二分法，获得不征税收入根本不会导致税收债务成立，税收优惠则是使已成立的税收债务在具体确定的过程中有所减免。

根据优惠事项是载于人大立法还是行政立法[3]、优惠幅度是完全免征还是部分减征，可以将个人所得税的税收优惠划分为法定免征、法定减征、酌定免征、酌定减征四种情形。以下就其法律适用分别检视之。

---

[1]　2018 年以前的《个人所得税法》上对劳务报酬所得一次收入畸高的实行加成征收，这属于税收重课的范畴。修法后，该规定被取消，所以现行《个人所得税法》在税收特别措施的部分仅涉及税收优惠。

[2]　参见张守文：《财税法疏议》，北京大学出版社 2005 年版，第 141~145 页。

[3]　"行政立法"指行政机关通过行政立法程序所制定的行政法规和规章。行政规范性文件不属于行政立法，但鉴于其在我国行政管理中地位显要，故经常一并讨论。应松年主编：《行政法与行政诉讼法学》，高等教育出版社 2017 年版，第 132、148 页。

一、法定减免税

2018年修法前后，法定免征和法定减征规则的变化不大。从类别看，法定免征项目仍然列举了九类，法定减征项目也仍然列举了两类，但在具体内容方面略有调整：一是在免征项目第六项中的转业费、复员费之后增加了退役金；二是将免征项目第七项中的"退休工资、离休工资"改为"基本养老金或者退休费、离休费"；三是将减征项目第二项"因严重自然灾害造成重大损失"改为"因自然灾害造成重大损失"。上述调整在表述上更加准确，涵盖更加周延。其中的第三点调整尤应引起重视，适用法律时要对其作准确理解。简言之，之所以要将该情形纳入法定减征的范围，是因为纳税人于此间在自身并无过错的前提下，受不可抗力影响而很大程度上削弱了税负能力，故须予税收减征。也即，重点是纳税人税负能力贬损严重，而非自然灾害本身足够严重。事实上，在外人看来，或是就"全局"来讲不那么严重的自然灾害，对身处其中的纳税人而言，很可能已经是灾难性的。所以，法律适用时要将重心置于判断纳税人损失是否重大，而非自然灾害本身严重与否。

总体上看，法定减免征事项的列举尚算明确，关于法定免征事项的规定尤其如此，故而法律适用的关键在于严格依据规则文本、准确理解核心范畴。此处兹列示二例。其一，免征项目的第一项是省部军级奖金，其是否包含大学生、研究生等在校学习期间所获奖学金？对此，《个人所得税法实施条例》也未作明确规定，应当认为，奖学金和奖金还是不同，前者体现对在校学生的鼓励，后者重在对某一方面成就贡献的奖掖，故而不宜依循《个人所得税法》第4条将奖学金理解为免征项目。事实上，奖学金更准确的定性应当是"不征税"或曰"不可税"收入。这是因为，《个人所得税法》采取正面列举的方法来界定应税事项，遵循该制度逻辑，若一项收入未被纳入9项税目，即不可税。由此出发，在校学生并非任职或受雇于高等学校，所获奖学金显无可能被纳入工资、薪金的范畴，其亦非单以某一劳务提供行为而获得的对偿，故而也不属于劳务报酬。至于偶然所得，本书前文便已述及，其并非无所不包，根据《个人所得税法实施条例》第6条，得奖、中奖都属于偶然所得，但得奖是指参加有奖竞赛活动并获奖，中奖则是指参加射幸性有奖活动并抽中中奖标志，奖学金与此二者皆不同。偶然所得虽然也包括"其他偶然性质的所得"，但总体上要求是在市场交易条件下有所得，将在校获取的奖学金涵盖进去并不妥当。所以，将奖学金解释为不征税收入，应该更为准确。其二，免征项目的第七项包含退休费，对此应作狭义理解，办理内部退养手续从而直到正式退休前从原单位获得的收入，仍应归入工资、薪金计征个税，而不得作为退休费享受免税待遇。

在程序方面，法定免征规则可直接适用而无须经过专门批准。法定减征规则在具体适用时则要满足程序性限定条件，无论是修法前，还是修法后都是如此。修法前规定的是要"经批准"方得减征，修法后则规定由省级政府规定具体减征幅度和期限，并报同级人大常委会备案。从制度文本看，该规定并无问题，甚至因兼顾行政机关和权力机关而显得较为精细，但其很可能导致该条款在实践中沦为具文：其一，省级政府在地方政府体系中层级最高，相应离普通纳税人最远，即便其掌握了辖区内某地发生自然灾害的事实，也很难清楚知晓该自然灾害给特定纳税人造成损害的情况，至于"残疾、孤老人员和烈属"的相关情况，就更不易获取了；其二，税收议题颇为专业，省级政府及其组成部门未必有足够多的税收专业人士，通常很难在发生相关情况时迅速、主动想到运用税收尤其是个税手段；其三，税务部门在专业性方面自然毋庸多言，但根据 2018 年的国务院机构改革方案，实行以国家税务总局为主与省级人民政府双重领导体制，在无法自行决定而管理体制又较为复杂的背景下，税务部门向省级政府提出个税减征方案的积极性也可能要打折扣。本书在后文还将具体以 2020 年新冠肺炎疫情时期个税减征方案的缺位为例，进一步揭示相关问题。

二、酌定减免税

在酌定免征和酌定减征的部分，修法前后都以兜底条款的形式赋予行政部门以一定决策权力，这契合客观实践的需求。社会生活瞬息万变，经常发生需要给予减免税优惠的新情形，一味将优惠制定权限集中在权力机关并不可取。况且从法理上讲，税收优惠作为税收特别措施之一种，在性质上同纳税人、税目、税基、税率等一般课税要素并不完全一致，在法定要求方面可适当从宽，"由上位法明定能够设定税收优惠的主体、范围、程序，以'框架控制'的方式规制税收优惠"[1]，同时编制税式支出预算[2]，实现控权和治理的

---

[1] 侯卓：《税收优惠的正当性基础——以公益捐赠税前扣除为例》，载《广东社会科学》2020 年第 1 期，第 248 页。

[2] 参见叶姗：《税收优惠政策制定权的预算规制》，载《广东社会科学》2020 年第 1 期，第 237~240 页。

良性协调。但适当放宽法定要求不意味着行政机关可任意自行其是，其在出台新的优惠措施时必须遵循法定途径，这方为"框架控制"的题中之义。由此观之，新《个人所得税法》在该议题上进步明显：根据修改前的《个人所得税法》，只需要财政部门批准即可设立免征、减征项目；修法后，则仅国务院才有权规定免征、减征项目，且还要报全国人大常委会备案。如此处理，有助于规范税收优惠制定权的行使，从而也能够避免财政收入的流失。

但这也产生一个问题，即原先已由财政部门决定减免税的项目是否继续享受优惠待遇？事实上，实践中酌定减免税项目数量繁多，如个人举报协查违法犯罪行为获得的奖金、个人办理代扣代缴税款手续而取得的手续费、个人转让自用达5年以上且是唯一家庭生活用房取得的所得等，均依财政部、国家税务总局制定的规范性文件享受免征待遇。对此，应基于法不溯及既往和信赖利益保护的原则，在未明确规定废止相关规范性文件之前，承认其效力并保障纳税人可享受优惠待遇。但要明确，在新《个人所得税法》实施之后，便不能再由财税主管部门径行以发布文件的形式创设新的优惠项目，若有此种情形，原则上应认定为抵触上位法故而无效，纳税人也不得据此形成受法律保护的信赖利益。

第五节　费用扣除(第6条)

《个人所得税法》第6条规定的是"应纳税所得额的计算"。为确定应纳税所得额，理论上要先做加法再做减法，即将收入加总后减掉可扣除费用便得到应纳税所得额。从第6条的内容看，重心在确定费用扣除的范围。在质的层面，即可扣除费用的种类；在量的层面，即可扣除费用的额度。

一、体系性概览

可扣除的费用大体上可划分为三类：第一类在《个人所得税法》上直接被冠以"费用"之名，也可将之称为一般性扣除额；第二类是专项扣除，包括"五险一金"等项目；第三类是专项附加扣除，此系2018年修法时新近纳入，含子女教育、继续教育、大病医疗、住房贷款利息或者住房租金、赡养老人等六类支出项目。从体系的角度，专项扣除和专项附加扣除均仅适用于综合所得，其余各税目不得作专项扣除和专项附加扣除，资本利得和偶然所得则是连费用也不得扣除。

《个人所得税法》仅规定综合所得可作专项扣除和专项附加扣除的原因在于，一般将专项扣除和专项附加扣除视为"维持生计所需费用不可税"的要求，立法者同时假定，纳税人主要靠工资薪金维持生计，即便情况相对特殊，比如该纳税人是自由职业者，其维持生计也主要靠劳务报酬所得、稿酬所得等，而这些都被归入综合所得，至于转让财产所得、租赁财产所得、资本利得特别是偶然所得等则不过是锦上添花，因而仅能对综合所得作专项扣除、专项附加扣除是合理选择。该制度安排在通常情形下没有问题，但若纳税人并无综合所得、却有其他收入来源时，便易引发规则适用的不公平。其中最典型的情形是纳税人从事生产经营活动，其仅有经营所得而无工资薪金等综合所得，此时若只得扣除成本、费用、损失，而不能作专项扣除、专项附加扣除，较其他纳税人显然处在极为不利的地位。有鉴于此，《个人所得税法实施条例》第 15 条第 2 款规定，在有经营所得、无综合所得的情况下，纳税人可参照综合所得的费用扣除体系，相应减除 6 万元/年的费用以及专项扣除、专项附加扣除、依法确定的其他扣除。如此处理固然有助于缓释规则适用的不公平，但其属于超出法律文义最大范围的漏洞填补，有违税收法定的要求，也使费用扣除规则过于复杂而不利于稽征效率的提升；[①] 而且专项扣除、专项附加扣除的适用范围纵有所扩围，仍未及于财产租赁所得、财产转让所得、资本利得等其他税目，这便依旧存在税负不公平。

至于资本利得和偶然所得不可作一般性扣除，则看似不合理、实则有道理。意欲准确理解该点须回归一般性扣除的"初心"。简言之，之所以要作一般性扣除，是为贯彻净额所得课税的原理，由此出发，为取得收入而支出的成本不属于纳税人的收益故而不应被课税。譬如对综合所得按照 6 万元/年的标准进行一般性扣除，是因为很难精确测算纳税人为取得工资等收入时究竟付出了多少成本，故权衡物价指数等因素设定一概数加以扣除。就资本利得和偶然所得而言，通常认为并无成本投入，于是便无作相应扣除的必要。

二、专项附加扣除规则适用的困惑及其廓清

在规则适用层面，一般性扣除和专项扣除皆已行之经年，实践中的困惑

---

① 蒋退雏：《个人所得税税前扣除的概念厘清与制度完善——以混合所得税制改革为背景》，载《法商研究》2020 年第 2 期，第 55 页。

较少。专项附加扣除则相对来讲是新生事物，有若干问题还须结合规则予以明确。实践中有如下问题值得讨论。

一是子女教育支出扣除中的"子女"是否必须限定为婚生子女。求解该问题须遵循一种法际协调的理路，由于税法上未对"子女"进行概念界定或是范围限定，而该处涉及的亲子关系问题主要受婚姻家庭法的调整，故理解和适用子女教育支出扣除规则时不能脱离婚姻家庭法。我国婚姻家庭法向来坚持非婚生子女与婚生子女法律地位相同的原则，原《婚姻法》在第25条明确，"非婚生子女享有与婚生子女同等的权利"，《民法典》第1071条也延续了该规定，这两个条文同时还作出规定，不直接抚养非婚生子女的生父母应负担未成年子女或不能独立生活的成年子女的抚养费。所以，除非有相反情形，如特定纳税人既不直接抚养非婚生子女，又不负担抚养费，否则，只要满足《个人所得税专项附加扣除暂行办法》第5条的相关规定，该纳税人便可以就其非婚生子女享受子女教育支出专项附加扣除。就笔者通过调研所掌握的情况看，实践中各地税务部门也多是照此执行，这既是出于对"子女"概念的准确理解，也是因为这部分是由纳税人自行申报并提供子女信息，而目前的申报系统还无法实现从子女信息去倒查纳税人情况以及亲子关系。

二是继父母能否就继子女享受子女教育支出的专项附加扣除。同前述情形相似，此时也应审视作为基础的婚姻家庭法。学理上讲，继父母与继子女之间的关系有三种情形：父或母再婚时，继子女已成年并独立生活；父或母再婚后，未成年或未独立生活的继子女未与继父母共同生活或未受其抚养教育；父或母再婚后，未成年或未独立生活的继子女与继父母长期共同生活，且继父母对其进行抚养教育。[1] 仅在第三种情形下，继父母与继子女之间方才产生拟制的血亲关系，根据原《婚姻法》第27条、《民法典》第1072条，此间关系"适用本法关于父母子女关系的规定"。[2] 在另两种情形中，继父母与继子女仅产生姻亲关系，并无法律上的权利义务。据此，在应然层面，应该将继父母与继子女间是否形成抚养教育关系作为判定继父母能否享受子女教育

---

[1]　马忆南编著：《婚姻家庭继承法学》，北京大学出版社2007年版，第179页。

[2]　严格来讲，相关规定存在一个瑕疵，即未能明确继父母抚养教育继子女达多长时间，方能转化为拟制血亲关系。当然，法律在此处保持模糊是有必要的，这有利于保护未成年(但即将成年)子女的利益，以免给继父母形成负向激励——反正抚养教育年限不够故不可能转化为拟制血亲关系，索性不抚养教育。

支出专项附加扣除的关键，若已形成抚养教育关系，便无不得作相应扣除之理，若未形成抚养教育关系，则不应扣除。实务中，大多数税务机关遵循的标准是"只能亲生父母扣除、继父母不能扣除"，截至目前，该做法并无具体文件支持，主要是基于"避免对同一子女重复扣除"的考虑。本书认为，该做法不尽妥当，既有违前述婚姻家庭法上的法理和规则，也容易诱发消极后果——使继父母更加不关心继子女的成长。实际上，如同赡养老人支出的扣除额度可在多名子女间分摊一样，也没有必要过于机械地要求子女教育支出只能由一人或两人扣除。虽然听起来有几分怪异，但是在法律上、在生活中，三名父母（亲生父母加继父/继母）共同抚养一名子女，完全没有问题。在这种情况下，由三人分摊扣除额度，要比强行限定仅亲生父母可以扣除，更加合理。当然，这涉及对《个人所得税专项附加扣除暂行办法》第6条的修改，因为该条中有"父母可以选择由其中一方……也可以选择由双方……"的表述，从其措辞看，显然含有"最多只能由两个人扣除"的意思，如前所述，可借鉴赡养老人专项附加扣除的相关规定，对人数问题作模糊化处理。但在修改该规定之前，目前至少能做的是明确一点，在亲生父母一方去世后另一方再嫁或再娶的情形中，因为不存在"三人扣除"的问题，理当允许继父母因教育抚养继子女而享受相应的专项附加扣除。

三是能够享受赡养老人专项附加扣除的是否仅限于赡养直系尊亲属的情形。实践中，税务机关感到棘手的主要是，弟妹照顾年长的兄姐、侄甥照顾旁系尊亲属、无血缘关系而纯粹出于好心照料孤寡老人，在这三种情形下，纳税人能否适用专项附加扣除。严格依据制度规范，则以上均不存在问题，《个人所得税专项附加扣除暂行办法》第23条已明确规定，被赡养人仅限于年满60岁的父母及子女均已去世的年满60岁的祖父母、外祖父母。故此，税务机关在遇到前述情形时一般也只能向当事人讲解法律和政策，告知其无法享受扣除。但在应然层面，《个人所得税专项附加扣除暂行办法》第23条同婚姻家庭法上的相关规定隐含体系性冲突。原《婚姻法》第29条明确，由兄姐扶养长大的有负担能力的弟妹，对缺乏劳动能力又缺乏生活来源的兄姐，有扶养义务，该规定为《民法典》第1075条所承继。若认可在特定情形下，弟妹对兄姐负有赡养义务，则从法体系协调统一的角度出发，应允许其享受相应的专项附加扣除。进言之，为实现"老有所养"并鼓励关怀照顾老人，对侄甥照顾旁系尊亲属、纯粹出于好心照顾老人这两种情形，也应适用专项附加扣除。

当然，前述这三种情形原则上均须满足共同的前提——赡养对象年满60周岁且无子女、赡养人自身的父母皆已过世。修改暂行办法之前，税务机关只能严格依规行事。

还有一类情形更加特殊和复杂，即照顾配偶父母。根据现行《个人所得税法》，该类情形无论如何均不适用赡养老人专项附加扣除，但在应然层面，不妨作一具体分析。若配偶仍在世，无论从法律还是从道理上讲都应由其自行就赡养老人享受专项附加扣除。但如果该配偶没有固定收入来源，由对方承担大部分的赡养义务，而对方本人的亲生父母又已经过世，则从情理出发，特别是考虑中国式家庭的运行实况，以准许其享受专项附加扣除为宜。若配偶已过世，则其和对方的夫妻关系在法律上已告终结，对方仍然照料该配偶的父母，从性质上看无异于前述"无血缘关系而纯粹出于好心照料孤寡老人"的情形，若后续修法允许该种情形在满足一定条件时也可享受专项附加扣除，则一体适用于此处。

四是非独生子女相互间能否约定由其中一人享受全部2000元/月的赡养老人支出扣除额度。对此，《个人所得税专项附加扣除暂行办法》第22条已明确规定，纳税人为非独生子女时，2000元/月的扣除额度要在兄弟姐妹间分摊，每人的分摊额度不得超过1000元/月。当然，这一规定的合理性可以讨论。实践中，每个子女经济条件不一，可能只有一人有赡养能力，实际承担的赡养责任与独生子女无二，却只能享受1000元/月的扣除。从税务机关反馈的情况看，纳税人对该项规定的意见较为强烈，后期修法时可斟酌改进。

五是可以扣除的住房贷款利息支出仅限于首套住房贷款利息支出，该处的"首套住房"是"认房"还是"认贷"，具体来讲，纳税人全款购置首套房后贷款购买二套房，此时能否因其在贷款时享受首套房贷款利率，而享受仅针对首套房适用的住房贷款利息支出专项附加扣除。根据《个人所得税专项附加扣除暂行办法》第14条第2款，所谓"首套住房贷款"指享受首套住房贷款利率的住房贷款，从其文义看，应当是"认贷"而非"认房"，即只要按首套房利率来贷款，则无论事实上其是纳税人的第几套房产，均在《个人所得税法》的层面视为"首套房"从而得以享受贷款利息支出的专项附加扣除。该条第1款也可佐证该见解，其明示"纳税人只能享受一次首套住房贷款的利息扣除"，很显然，其并非在客观意义上认定"首套住房"，否则便没有"只能享受一次"之说了。

第六节　特别纳税调整(第 8 条)

　　特别纳税调整也即反避税，在 2018 年修法以前，《个人所得税法》上并无相关规则。历史地看，我国《企业所得税法》早已引入特别纳税调整规则，并设有专章，包含三项特别反避税规则和一项一般反避税规则。新《个人所得税法》第 8 条在很大程度上是借鉴甚至直接照搬的《企业所得税法》相关规定。因此，无论审视规则由来还是明晰其适用要点，都必须将两部法律联系起来加以把握。

一、特别反避税规则

　　关联交易规则分别载于《个人所得税法》第 8 条第 1 款第 1 项和《企业所得税法》第 41 条。① 应当说，该规则能够在个人所得税法上得以确立，补足了制度罅隙：在此之前，《企业所得税法》第 41 条和《税收征收管理法》第 36 条都被视为关联交易规则，但二者均仅适用于企业纳税人，这便使自然人纳税人利用关联交易获取税利的行为难以受到有力的法律管控。个税修法赋予税务部门对个人不符合独立交易原则的关联交易进行纳税调整的权力，同另两部法律的规定一道构筑了严密的规制法网。比较《个人所得税法》和《企业所得税法》的关联交易规则，二者在构成要件、法律后果等方面高度一致，《个人所得税法》上仅增加了"且无正当理由"的限定条件。该限定理所应当——税务机关当然不得在纳税人有正当理由的前提下对其实施特别纳税调整，即便交易产生的应纳税额较常规情形为低。《个人所得税法实施条例》未释明"关联方""独立交易原则"等核心范畴的含义，规则适用时可参照《企业所得税法实施条例》第 109、110 条的规定。

　　受控外国公司规则分别载于《个人所得税法》第 8 条第 1 款第 2 项和《企业

---

　　① 前者规定，"个人与其关联方之间的业务往来不符合独立交易原则而减少本人或者其关联方应纳税额，且无正当理由"，税务机关有权按照合理方法进行纳税调整；后者规定，"企业与其关联方之间的业务往来，不符合独立交易原则而减少企业或者其关联方应纳税收入或者所得额的，税务机关有权按照合理方法调整"。

所得税法》第45条。① 《个人所得税法》上引入该规则，是为了压缩离岸个税的筹划空间，从而为遏制境外避税提供法律依据。与前相同，《个人所得税法实施条例》仍然未对该规则适用中的关键问题作细化说明，如何界定"控制"、"实际税负明显偏低"又该怎样把握，实践中还是要参照《企业所得税法实施条例》第117、118条等的规定。

《企业所得税法》上有资本弱化规则，针对纳税人因债权性融资税负成本低于权益性融资的优势，不正常且不利于企业长远发展地从关联方大量接受债权性投资的状况，明确超过规定标准而发生的利息支出不得于税前扣除。由于自然人纳税人不存在这方面问题，故个人所得税法未植入该项规则。

二、一般反避税规则

《个人所得税法》借鉴《企业所得税法》第47条，确立了一般反避税规则，从条文表述看，二者的相似度相当之高，② 但也恰是在有所出入之处体现立法者的智慧。

企业所得税法建制之时，囿于立法技术不尽成熟和对客观实践的认知存在局限，其一般反避税规则的设计并非尽善尽美而是存在明显的漏洞，个税一般反避税规则若完全照搬企业所得税一般反避税规则，便会将这些漏洞原原本本地承继过来。譬如，若严格依循《企业所得税法》第47条的规定，则仅在"减少"应纳税收入或所得额的条件下，税务机关方可加以调整，这便将实践中颇为常见的以延期纳税为目标的避税情形排斥在规则的适用范围之外，很容易引致财政收入的流失。为堵塞该制度漏洞，《企业所得税法实施条例》在第120条将"推迟缴纳税款为主要目的"作为"不具有合理商业目的"的一类

---

① 前者规定，"居民个人控制的，或者居民个人和居民企业共同控制的设立在实际税负明显偏低的国家(地区)的企业，无合理经营需要，对应当归属于居民个人的利润不作分配或者减少分配"，税务机关有权按照合理方法进行纳税调整；后者规定，"由居民企业，或者由居民企业和中国居民控制的设立在实际税负明显低于本法第4条第1款规定税率水平的国家(地区)的企业，并非由于合理的经营需要而对利润不作分配或者减少分配的，上述利润中应归属于该居民企业的部分，应当计入该居民企业的当期收入"。

② 《个人所得税法》第8条第1款第3项规定，个人实施其他不具有合理商业目的的安排而获取不当税收利益，税务机关有权按照合理方法进行纳税调整。《企业所得税法》第47条规定的规定，企业实施其他不具有合理商业目的的安排而减少其应纳税收入或者所得额的，税务机关有权按照合理方法调整。

情形，从而既将该类情形明确置于反避税规制的射程范围之内，又在形式上避免了"下位法违反上位法"的指摘——作为上位法的《企业所得税法》第47条采用主观意图加客观后果的方式界定避税行为，对主观意图的表述笼统而概括，对客观后果的表述却指向明确，《企业所得税法实施条例》第120条未从客观后果，而是从主观意图的角度将推迟缴纳税款的情形纳入反避税的射程，违法性风险较小。《个人所得税法》上确立一般反避税规则时，直接将客观后果要件表述为"获取不当税收利益"，能够涵盖的情形更加多元，省去规则适用时的不少麻烦。

进言之，《个人所得税法》从企业所得税法借鉴一般反避税规则时，虽对客观后果要件有所改造，却忽略了对也许更加重要的主观意图要件的调适。如《企业所得税法》第47条，个税一般反避税规则同样以"不具有合理商业目的"作为主观意图要件。事实上，自然人和企业在行为方式、目的、考虑因素等方面存在较大差别，前者的很多行为都是非商业性的，这就同以获取商业利益为目标的企业很不一样。这决定了企业的一项交易安排若无合理商业目的，便有较大可能是出于获取税收利益的考量，① 而自然人的一项交易安排缺乏合理商业目的却是再正常不过的事情，其可能是出于人情等多方因素如此行事。由此观之，虽然《个人所得税法实施条例》未作限定，适用规则时仍应参照《企业所得税法实施条例》，将"不具有合理商业目的"从反方向界定为以获取税收利益为唯一或主要目的。

适用个税一般反避税规则时还要注意其他制度规范的存在，其中至为重要的是作为部门规章的《一般反避税管理办法（试行）》。税务机关在援引个税一般反避税规则实施特别纳税调整时，须严格遵循该办法关于立案、调查、结案、争议处理的程序性规定，此自不待言。但若对照该办法和《个人所得税法》，不难发现二者在一重要的实体性问题上存在出入：《个人所得税法》在认定避税时径以"不具有合理商业目的"为准；而《一般反避税管理办法（试行）》则在其第4条，将避税安排的特征概括为以获取税收利益为唯一或主要目的和交易形式符合税法规定但与经济实质不符两点，前者即不具有合理商业目

---

① 即便对企业来讲，"不具有合理商业目的"也可能具有其他非税收方面的合理目的，所以才需要在《企业所得税法实施条例》第120条中明确限定，不具有合理商业目的"指以减少、免除或者推迟缴纳税款为主要目的"。

的，后者指向不具有经济实质。由此便产生一系列问题，首先，税务机关在认定避税行为时究竟应该只考虑合理商业目的具备与否，还是也要关注交易形式有无背离经济实质？若认为两方面因素都应得到观照，那么衍生出来的问题便是，二者有其一即可被认定为避税，还是二者同时满足方能被认定为避税。有代表性观点主张，如果不具有合理商业目的和不具有经济实质二者择一便可使一项交易安排被判定为避税，将使纳税人在反避税调查中处在十分不利的地位，其既要举证证明自己的行为具有合理商业目的，又要举证证明其交易安排有经济实质，否则便要面临反避税调整的不利后果。所以，将二者作为避税行为成立必须同时具备的要件，更加可取。①

　　本书认为，法律适用应当紧扣制度文本，在存有疑义时须遵循通行的解释学方法加以释明。在法律规范体系中，无论《企业所得税法》抑或《个人所得税法》均属于全国人大常委会的制定法，较之《一般反避税管理办法（试行）》处在上位法的地位，故而在应然层面，两部所得税法的一般反避税规则具有基础性地位，下位法只能对其作解释细化，以便于执行。由此说来，《一般反避税管理办法（试行）》对避税行为的界定不能超出两部所得税法所框定的范围，既然后者已将"不具有合理商业目的"作为避税行为的判定标准，那么这就应该成为行为方面的唯一标准。事实上，《一般反避税管理办法（试行）》第4条所言系避税安排的"特征"，换言之，这是为了便利税务机关准确识别避税行为而提供的操作性指引。判定标准仍然是唯一的"不具有合理商业目的"，但对于如此主观的因素怎样才能尽量客观地加以把握呢？"形式符合税法规定、但与其经济实质不符"便成为很好的提示性因素，当捕捉到该情形时，税务机关可进一步深入拓掘，检视纳税人的交易安排有无合理商业目的，并以之来认定避税行为的存在。

　　在本部分的最后需要指出的是，由于个人和企业在许多方面的条件差异较大，各自可以采取的避税手段不尽一致，实践中规避个税和规避企业所得税的常见类型也有很大的区别，所以《个人所得税法》简单照搬《企业所得税法》特别纳税调整规则的做法，有削足适履之嫌。对相关问题，本书将在后文做专门讨论。

---

① 汤洁茵：《一般反避税制度法律问题研究》，法律出版社2020年版，第62页。

第七节 纳税申报（第 10、12、13 条）

在 2018 年修改《个人所得税法》之后，纳税申报的重要性显著提升。修法前，因为实行分类所得税制，分项征收高度依赖代扣代缴，大多数收入所对应的应纳税额在代扣代缴的时点便能得到确定，所以纳税申报的适用范围很有限，总体上只是扮演"补漏"的角色。如纳税年度所得超过 12 万元、两处以上取得工薪所得、没有扣缴义务人等情形需要由纳税人进行申报。修法后，由于征税模式改为综合与分类相结合，工资薪金、劳务报酬、稿酬、特许权使用费四类收入被合并为综合所得，且纳税周期被改为年度，这使得应纳税额的最终确定时点和取得收入的时点并不一致。如此一来，修法前的代扣代缴有相当一部分在新法语境下变为预扣预缴，多笔收入的应纳税额到底有多少，要待纳税年度终了后方可真正确定，故而纳税申报对于纳税义务的最终确定便产生实质性影响。有鉴于此，修改后的《个人所得税法》在第 10 条首先将"取得综合所得需要办理汇算清缴"作为纳税人依法应当办理纳税申报的情形之一。《个人所得税法实施条例》第 25 条则细化取得综合所得需要办理汇算清缴的情形。① 从实际操作的角度出发，如果但凡"预缴数额低于应纳税额"便要纳税人进行申报，将给纳税人施加过高的注意义务，所以通常会斟酌设定一个标准，仅在纳税人预缴税款数额低于应纳税额达一定程度时方才需要其进行申报。《国家税务总局关于办理 2019 年度个人所得税综合所得汇算清缴事项的公告》（国家税务总局公告 2019 年第 44 号）便明确规定，纳税人年度汇算需补税金额不超过 400 元的，无须办理年度汇算。

修改后的《个人所得税法》关于需要进行纳税申报的第二类情形同修法前无异，均为取得应税所得但无扣缴义务人。在此基础上，新法进一步将取得应税所得但扣缴义务人未扣缴列为第三类情形，这为修改前的《个人所得税法》所没有的，其背后或反映出我国税收治理对代扣代缴的依赖程度有大幅降

---

① 这些情形包括：从两处以上取得综合所得，且综合所得年收入额减除专项扣除的余额超过 6 万元；取得劳务报酬所得、稿酬所得、特许权使用费所得中一项或者多项，且综合所得年收入额减除专项扣除的余额超过 6 万元；纳税年度内预缴税额低于应纳税额；纳税人申请退税。

低的事实。后续的第四、五、六项都关涉境外因素①，其中的第四、六两项体现个人所得税法对经济全球化的回应，第五项即通常所谓"离境清税"的规则，有助于防止部分富人以迁居海外来逃避税的情形。

修改后的《个人所得税法》在第 12 条规定了经营所得的纳税申报规则，在第 13 条规定了纳税申报的时间要求，这两个条文在理解和适用时并无难度，兹不赘述。

第八节　扣缴义务人和预扣预缴（第 11、12、14 条）

无论修法前还是修法后，扣缴义务人都在个税征纳过程中扮演重要角色，是稳定汲取个税收入的保障。尤其是在现行税收征管法重视对企业征税，相对忽视对个人征税的背景下，相关制度安排的重要性不言而喻。

一、扣缴义务人的法律地位

扣缴义务人即税法规定负有代扣代缴或代征代缴税款义务的主体，代扣代缴义务人多为向纳税人支付款项的主体，代征代缴义务人则一般是从纳税人处收取款项的主体。② 在个人所得税法的层面，主要涉及代扣代缴义务人。需要注意的是，扣缴义务人并非纳税人，其和税务机关之间仅发生行政法意义上的法律关系，而不发生税收债权债务关系。③ 这意味着，如无法律明确规定，适用于纳税人的行政手段不得对扣缴义务人采取。比如《税收征收管理法》第 38 条规定的税收保全措施仅适用于"从事生产、经营的纳税人"，便不能对扣缴义务人采取税收保全。反之，该法第 40 条的适用对象包含扣缴义务人，税务机关据此可对其采取税收强制执行措施。

---

① 三者分别是取得境外所得，因移居境外注销中国户籍，非居民个人在中国境内从两处以上取得工资、薪金所得。

② 刘剑文、熊伟：《税法基础理论》，北京大学出版社 2004 年版，第 199 页。

③ 与之相关联，税法学理上有将税收法律关系区分为税收债务关系和税收义务关系两类，前者是以财产法性质的金钱给付义务作为内容，后者则是以非财产法性质的行为义务为内容。陈敏：《税法总论》，台湾新学林出版有限公司 2019 年版，第 247 页。从外观看，该处发生在税务机关和扣缴义务人之间的关系近似于税收义务关系，但实则不然。即便是所谓"税收义务关系"，也仅存在于税务机关和纳税人之间，所以，扣缴义务人和税务机关之间仅成立行政法意义上的法律关系。

进言之，在个税征纳过程中，因扣缴义务人的存在而发生"双重代理"①：一方面，当面对纳税人时，扣缴义务人是税务机关及其背后之国家的代理人；另一方面，当面对税务机关时，扣缴义务人又是纳税人的代理人。鉴于不同部门法之间可共享若干基本法理，② 所以在税法对扣缴义务人特定行为的后果缺乏明确规定时，可参照适用《民法典》上关于代理的规则。比如，扣缴义务人从纳税人处预扣、代扣税款后因故意或疏忽而未及时足额缴入国库，若因此侵害了作为被代理人之纳税人的利益，便可依据《民法典》第164条第1款③，要求扣缴义务人向纳税人进行赔偿。又如，扣缴义务人若同纳税人合谋以不当获取税收利益，即属于损害作为另一代理人之国家的利益，此间可依据《民法典》第164条第2款④，要求扣缴义务人和纳税人承担连带责任。

但与此同时也要指出，在税法场域对待《民法典》的应有立场是"和而不同"，既要基于法体系的统一性而尊重民法规则，也应认识到税法是公法，同作为典型私法的民法在制度逻辑上有着很大的差异，在具体规则的部分也不能直接照搬适用。就代理规则而言，税务代理在很多方面本就和民事代理不同，前者具有更强的专业属性和公法特质，这决定了二者在微观制度构造的层面常常存在出入。比如在民事代理中，被代理人原则上要承受代理人的行为后果包含相应的法律责任，但在税务代理中，根据《税收征收管理法实施细则》第98条，因税务代理人的违法行为造成短缴税款的，纳税人只需要补缴税款、滞纳金即可，行政处罚的责任系由税务代理人承担。该规定确实有可议之处，如施予税务代理人的责任是否过重、纳税人能否借此而无被认定为逃税之嫌进而可能钻制度漏洞等，但严格依据实施细则的文义，税务机关就是不宜直接对纳税人科处行政处罚。税务代理尚且存在异于民法代理之处，

---

① 因为这种"双重代理"是拟制性的，而且不在同一具体层次上，所以与民法上禁止"双方代理"的规则并不矛盾。

② 税法上并不缺乏借鉴其他部门法原理的例子，如诚实信用原则本来是民法上的一项基本原则，后被借鉴应用于税法场域。对此，金子宏教授认为，"诚信原则是贯通于私法和公法的一般原理"。[日]金子宏：《日本税法》，战宪斌、郑林根等译，法律出版社2004年版，第97页。

③ 该款规定："代理人不履行或者不完全履行职责，造成被代理人损害的，应当承担民事责任。"

④ 该款规定："代理人和相对人恶意串通，损害被代理人合法权益的，代理人和相对人应当承担连带责任。"

更遑论只是理论上具有一定代理人性质的扣缴义务人。所以，恪守"参照"的分际，很有必要。

二、预扣预缴的性质及其方法

在《个人所得税法》修改前，除根据国务院规定对特定行业的工薪所得实行按年计算、分月预缴，从而此间的扣缴仅为预扣预缴之外，其余的扣缴税款行为在法律意义上都具有终局性，使纳税人就特定收入的纳税义务得以履行完毕。但在 2018 年修法后，由于征税模式的变化，情况要复杂许多。

综合所得以年度为计税期限，扣缴则仍然按月或者按次，此时所扣缴的税款并不总是同纳税人就该笔收入真正应当缴纳的税款完全一致，故其仅为"预扣预缴"，年度终了后常要进行汇算清缴、多退少补。[1] 因此，纳税人不能错误地认为，既然自己取得收入时已被代为扣缴税款，便已完全履行纳税义务，年度终了后的自行申报工作即与己无关。严格讲来，若纳税人预扣预缴税款数额低于应纳税额，申报期内又未作申报，则其不作为之举纵使没有被认定为逃税的风险，也可能被认定为漏税，从而有加征滞纳金规则的适用空间。根据《税收征收管理法》第 32 条，滞纳金的计算规则是从滞纳税款之日起，按日加收滞纳税款的万分之五。在前述情形下，应当将"滞纳税款之日"认定为申报期届满日，也即取得所得次年的 6 月 30 日。由于 2020 年是新《个人所得税法》背景下首次实行综合所得的申报纳税、汇算清缴，且当年经济形势受疫情影响较大，故而客观来讲，对个税申报的审核还不甚严格，尤其是对应当申报但未申报者的管控力度是有限的。今后一旦严格执行《个人所得税法》，税务机关发现应申报未申报从而短缴税款的情形将愈发常见，必须强调，此间若要加征滞纳金，切不可将加征时点回溯至取得收入之时。这一定程度上也反映出，从权力关系而非债务关系的角度理解税收法律关系，或能使税法规则的理解和适用更加准确。[2]

综合所得如何预扣预缴，也是引发较多关注的问题。《个人所得税法》第

---

① 非居民个人的情形相对特殊，根据《个人所得税法》第 11 条第 3 款，非居民个人取得工薪、劳务报酬、稿酬、特许权使用费等所得，有扣缴义务人的，由扣缴义务人代扣代缴税款，不办理汇算清缴。

② 侯卓：《"债务关系说"的批判性反思——兼论〈税收征管法〉修改如何对待债法性规范》，载《法学》2019 年第 9 期，第 150~151 页。

11条授权国务院财税主管部门制定具体的预扣预缴办法。基于该授权，国家税务总局颁布《个人所得税扣缴申报管理办法（试行）》，明确了相关的法律适用问题。根据该试行办法，劳务报酬所得、稿酬所得、特许权使用费所得的预扣预缴办法同修法前此三者的计税办法如出一辙，这有利于扣缴义务人迅速适应新法，降低遵从成本。工资薪金所得的预扣预缴则实行累计预扣法①，该方法的适用使纳税人在一个纳税年度内各月份的"到手收入"呈现前高后低的格局。

资本利得、财产转让所得、财产租赁所得、偶然所得这四项税目，因其计税期限保留了过去按月或按次的做法，故而此间扣缴义务人的税款扣缴对于纳税义务的履行仍然具有终局性。至于经营所得，根据《个人所得税法》第12条，由纳税人按月或者按季度自行申报、预缴税款，待年度终了后再行汇算清缴，通常与扣缴义务人无涉。

---

① 即以纳税人在本单位截至当前月份工薪所得累计收入减除累计免税收入、累计减除费用、累计专项扣除、累计专项附加扣除和累计依法确定的其他扣除后的余额为累计预扣预缴应纳税所得额，然后对其实行累进征税。参见《个人所得税扣缴申报管理办法（试行）》第6条。

第四章　个税优惠的实施路径

本书在第三章梳理新《个人所得税法》重点条文时，已依托该法第4、5条对个税优惠作了整体检视。在该部分的研究中，笔者将个税优惠区分为法定减免税和酌定减免税，前者是在《个人所得税法》上有明确枚举的优惠事项，后者则是由行政部门依据法律授权决定的优惠事项。较为基础的法律适用问题已在该部分阐明，但税收优惠在税法体系中处在相对特殊的地位，其在实践中呈现的样态也颇为灵活，所以仅仅针对法律文本作研究，未必能反映个税优惠的全貌尤其是其实践样态。有鉴于此，本章在第三章相关内容的基础上，进一步考察两方面问题：其一，个人所得税法只是泛泛预留行政部门酌定减免税的空间，"酌定"之过程和"减免"之对象究竟如何，有待考察；其二，法定减免税虽于个人所得税法层面规定完备，但相较之下，法定免征规则指向明确，法定减征规则却在形式和实质维度都具有一定弹性空间，对此，亦有必要结合现实议题审思其如何落地的问题。本章的两节即分别对此二者展开探讨。

第一节　酌定减免税的具体展开

酌定减免税遵循的基本进路是法律授权、下位规范据此出台相关规则，从实践情况看，相关规则的数量是比较多的。所以，本节便从形式和实质两个维度梳理载有个税优惠的下位制度规范，希望以此来反映我国酌定减免税的展开路径。

一、形式维度的检视

广义地看，我国税法体系由不同位阶的制度规范所组成，在实践中，一项课税要素常常在各位阶的制度规范中都有所体现。个税的税收优惠也不例外，其可见于法律、行政法规、地方性法规、部门规章、地方政府规章乃至各类规范性文件。但事实上，除全国人大常委会制定的《个人所得税法》之外，行政法规、地方性法规、部门规章、地方政府规章等正式法律渊源中并无关于个税优惠的创设性规定，其更多是对《个人所得税法》规定的阐释和细化。比如，针对《个人所得税法》第 4 条所罗列的法定免征项目，《个人所得税法实施条例》在第 9~12 条作了更加细致的界定。相较之下，在个税优惠议题上，创制色彩更加浓厚的反倒是各级政府出台的规范性文件。根据文件制定主体的不同，可将之作类型化处理，形成表 4-1。

表 4-1　　　　　　　　　　个税优惠政策基于形式标准的分类

制定主体	文 件 名
国务院	国发〔2019〕15 号、国发〔2019〕11 号、国发〔2018〕32 号、国发〔2016〕53 号、国发〔2015〕23 号等
财税主管部门	财税〔2018〕55 号、国家税务总局公告 2020 年第 10 号、财政部税务总局公告 2020 年第 10 号等
地方人民政府	鄂政发〔2020〕13 号、鄂政办发〔2020〕4 号等

追根溯源，《个人所得税法》在税收优惠议题上向国务院的授权，是个税优惠政策文件体系赖以生成的基础。《个人所得税法》第 4 条明确规定，国务院可以规定其他免税所得，报全国人大常委会备案即可；该法第 5 条又规定，国务院也可以规定其他减税情形，同样是报全国人大常委会备案即可。这便以法律授权的方式，赋予国务院个税优惠规则的创制权限。至于国务院规定个税优惠是采用制定行政法规还是出台规范性文件的方式，则在所不问。在实践中，国务院主要通过后一种方式创设新的个税优惠项目，其缘由不能揣测。国务院制定行政法规，或是基于职权进行行政立法，或是根据授权进行行政立法。在税收领域，国务院进行职权立法的典型表现是针对人大立法出台相应的实施条例，这是其行使《宪法》第 89 条第 1 项"根据宪法和法律，规定行政措施，制定行政法规"这一职权的体现。但在这种情形中，国务院制定的实施条例要基于上位法展开，故而通常是对上位法较为原则、抽象的规则作细化阐释，不适宜在其中创设新的个税优惠事项。国务院在税收领域进行授权立法的情形就更多了，自 20 世纪 80 年代以来大量出台、迄今尚未全部上升为法律的各税种暂行条例便是根据"84 授权""85 授权"而来，制定此类暂行条例的前

提是尚无对应的税种法,这显然不适用于个人所得税的情形。由此可见,国务院以出台规范性文件的方式创设新的个税优惠项目,有其合理性。

进一步考察,国务院作为最高行政机关的身份决定了其出台的规范性文件往往具有高度的概括性,通常是明确某一区域、行业、从业人员应享有相关个税优惠,要想得以落地还需要财税主管部门或是地方人民政府出台更具可操作性的规范性文件。比如,国务院《关于促进创业投资持续健康发展的若干意见》(国发〔2016〕53号)中提出要完善创业投资税收政策,特别点出要"统筹研究……天使投资人投资种子期、初创期等科技型企业的税收支持政策",该条后面枚举了分工负责单位,税务总局在列。据此,财政部、国家税务总局出台《关于创业投资企业和天使投资个人有关税收政策的通知》(财税〔2018〕55号),明确"天使投资个人采取股权投资方式直接投资于初创科技型企业满2年的,可以按照投资额的70%抵扣转让该初创科技型企业股权取得的应纳税所得额"。又如,国务院在《关于推进国家级经济技术开发区创新提升打造改革开放新高地的意见》(国发〔2019〕11号)中提出,国家级经开区内科研院所转化职务发明成果收益给予研发人员的现金奖励,符合税收政策便可减按50%计入税基。湖北省人民政府《关于推进开发区创新提升打造改革开放新高地的实施意见》(鄂政发〔2020〕13号)重申该点并强调该省应予遵行。

实践中应当引起注意的是另一类情形,即财税主管部门和地方人民政府在并无国务院文件依据的条件下,自行创设新的个税优惠项目。比如为应对新冠肺炎疫情,财税主管部门先后提出"对小型微利企业和个体工商户延缓缴纳2020年所得税"[1]"对参加疫情防治工作的医务人员和防疫工作者按照政府规定标准取得的临时性工作补助和奖金,免征个人所得税"[2]。湖北省受疫情影响较为严重,该省也出台文件明确规定,"在疫情防控期间,免征各地经营蔬菜的个体工商户应缴纳的增值税和个人所得税。对受疫情影响生产经营的个体工商户业主,根据疫情损失情况进行合理测算后,报经省人民政府同意,定额减免2020年度应纳经营所得个人所得税"[3]。持平而论,从合理性的角

---

[1]　参见国家税务总局《关于小型微利企业和个体工商户延缓缴纳2020年所得税有关事项的公告》(国家税务总局公告2020年第10号)。

[2]　参见财政部、税务总局《关于支持新型冠状病毒感染的肺炎疫情防控有关个人所得税政策的公告》(财政部 税务总局公告2020年第10号)。

[3]　参见湖北省《市场监管局等七部门关于应对疫情影响加大力度扶持个体工商户发展的通知》(鄂市监注〔2020〕4号)。

度，上述文件均有其必要，对于扶危济困乃至重振经济皆有价值。但是，合理性本身并不能证成相关文件的合法性，在全面依法治国的语境下，拷问财税主管部门和省级人民政府的相关举措有无违法风险，仍然很有必要。

从作为上位法之《个人所得税法》的表述来看，2018 年个税修法以前，原第 4、5 条明确规定其他减征、免征项目"经国务院财政部门批准"即可。据此，实践中大量制定于 2018 年以前、载有个税优惠的规范性文件，即便以最严格的形式合法性标准来衡量，也无违法风险。① 当然，为尽量不引发争议，财政部、国家税务总局仍然专门发布 2018 年第 177 号公告，明确枚举继续有效的个税优惠。

2018 年的修法提高了授权对象的层级，也即授权国务院规定法律未明文列举的优惠事项。从文义出发，该处之"国务院"并不包括财政部、国家税务总局，更无法包括省级人民政府及其职能部门。又根据《立法法》第 12 条关于"转授权禁止"的规定，在 2019 年开始实施新《个人所得税法》以后，财税主管部门和省级人民政府无论如何皆不可能获得创制个税优惠规则的权力。作为税法"帝王原则"的税收法定原则也要求课税要素法定、课税要素明确和依法稽征，在课税要素由法律规定的条件下，"当征税的要件得以完全满足时，征税机关就必须严格依据法律的规定征税，既没有不征税的自由，也没有随意减免税的自由"②。

但问题在于，《个人所得税法》第 4、5 条就个税优惠事项向国务院所作授权，是否具有排他性？换言之，国务院得以出台个税优惠政策，是否仅仅源于个人所得税法的授权？与之相关联、但更为根本的问题则是，税收法定是否要求税收优惠的法定，也即，须法定之"课税要素"是否包含税收优惠？

针对前述设问，本书均倾向于采取否定立场。在日本主流税法学说中，是将税收优惠和课税要素并列的。③ 事实上，"课税要素"这一概念的提出，究其本质是为确定纳税义务或曰税收债务而服务的，根据税收债务关系理论，作为一种"法定之债"，税收债权债务在法律规定的课税要素具备时自动发生。

---

① 因为该处是法律直接向财税主管部门授权，所以也不存在税收领域时有发生的"转授权"问题。

② 张晓君：《国家税权的合法性问题研究》，人民出版社 2010 年版，第 101 页。

③ ［日］金子宏：《日本税法》，战宪斌、郑林根等译，法律出版社 2004 年版，第 111 页。

税收优惠对于税收债权债务的发生没有任何贡献，其是在税收债权债务已然发生后的反向消减，也正是在此意义上，理论界和实务界方才特别强调要区分"不征税收入"和"免税收入"。由此观之，税收优惠严格来讲并非课税要素之一环，课税要素法定便也不应当然涵摄税收优惠事项。① 针对实践中税收优惠过多过杂的现状，更应通过预算控权的方式施予控制，"与清理规范这一传统的规制进路相比，编制税式支出预算这种新型的规制进路可以更好地规制税收优惠政策制定权"。② 故此，更为契合事务本质属性的理解应当是，作为税收特别措施的税收优惠，在许多方面异于纳税人、税基、税率等一般课税要素，其规则制定权限可在不同主体间适当分散，《个人所得税法》第4、5条就减免税项目向国务院所作授权，相应也可被理解为宣示性的、非排他的。对相关问题，本书在第八章还将有所阐发。当然，以上观点毕竟是学理性的，从实践出发，要求今后在出台个税优惠措施须在国务院层级为之，也是严格执行法律的表现。在我国税收领域法治水平还有待进一步提升、税式支出预算也尚未建立的当下，从严要求也未尝不可。

二、实质维度的考察

即便个税优惠政策在形式上符合法定要求，也并不意味着高枕无忧。在我国税收治理水平不断提升的背景下，毋宁说还应将对个税优惠的审视重心置于更为关键的实体维度。毕竟，税收优惠规则也是税法体系的一环，同样要受到税法固有价值目标的规训和导引。具体到个人所得税法的场域，组织收入和调节分配这二元目标在个税优惠部分的贯彻情况如何，有必要加以考察。

自2000年以来，各级政府发布的载有个税优惠事项的文件计有六十余件，优惠形式主要是税收抵扣和税收减免。基于不同的标准，可对个税优惠作多种划分③，其中，政策性优惠—补助性优惠的区分方法更为契合组织收入—调节分配的二元目标。政策性个税优惠本质上是一种管制政策工具，通

---

① 参见侯卓：《税收优惠的正当性基础——以公益捐赠税前扣除为例》，载《广东社会科学》2020年第1期，第248页。

② 叶姗：《税收优惠政策制定权的预算规制》，载《广东社会科学》2020年第1期，第241页。

③ 参见王霞：《税收优惠法律制度研究：以法律的规范性及正当性为视角》，法律出版社2012年版，第8~12页。

过激励或诱导措施的引入，实现特定的政策目标，[1] 其在通常情况下着眼于经济发展，最终将落脚到财政收入的可持续增长。根据目的和类型的不同，政策性个税优惠又可被细分为区域性个税优惠和产业性个税优惠。补助性个税优惠则更多是对弱势群体税收负担的减轻，其直接着眼于改善这部分群体的分配能力从而优化分配格局，当然从长远看，相关优惠举措最终也有助于维持就业、促进科技发展和经济增长。根据作用的效果和对象不同，补助性个税优惠亦可细分为鼓励性个税优惠和扶助性个税优惠。个税优惠政策基于实质标准的分类详见表4-2。

表 4-2 个税优惠政策基于实质标准的分类

宏观类型	微观细分		文 件 名
政策性个税优惠	区域性个税优惠		《海南自由贸易港建设总体方案》、国发〔2019〕15 号、国发〔2019〕11 号、国发〔2013〕38 号、国函〔2012〕58 号、财税〔2019〕31 号、财税〔2014〕24 号、财税〔2004〕29 号
	产业性个税优惠	创新创业	国发〔2018〕32 号、国发〔2016〕53 号、国发〔2015〕32 号、国办发〔2013〕78 号、国发〔2011〕16 号、财税〔2018〕55 号、财税〔2017〕49 号
		高新技术产业	国函〔2019〕16 号
		其他种类	国办发〔2016〕39 号、国办发〔2015〕11 号、财税〔2018〕21 号、财税〔2015〕116 号、财税〔2010〕96 号、财税〔2007〕93 号、财税〔2004〕39 号、财税〔2004〕30 号、财税〔2000〕125 号、国发〔1994〕43 号、国令第 502 号、财政部国家税务总局公告 2020 年第 10 号、财税〔2019〕21 号、财政部国家税务总局公告 2019 年第 97 号、财税〔2018〕58 号、财税〔2017〕60 号、财税〔2016〕100 号、财税〔2015〕41 号、财税〔2013〕101 号、财关税〔2013〕5 号、财税〔2011〕109 号、财税〔2008〕140 号、财税〔2008〕132 号、财税〔2007〕93 号、财税〔2005〕103 号、国税函〔2004〕808 号、国税发〔2000〕60 号

---

[1] 熊伟：《法治视野下清理规范税收优惠政策研究》，载《中国法学》2014 年第 6 期，第 159 页。

续表

宏观类型	微观细分	文 件 名
补助性 个税 优惠	鼓励性个税优惠	国发〔2012〕14 号、国家税务总局公告 2020 年第 10 号、财政部税务总局证监会公告 2019 年第 78 号、财税〔2018〕137 号、财税〔2016〕101 号、财税〔2015〕116 号
	扶助性个税优惠	财税〔2018〕135 号、财税〔2015〕27 号、国发〔2014〕57 号、国发〔2013〕28 号、国办发〔2012〕39 号、财税〔2012〕40 号、国税发〔2009〕121 号、财税〔2008〕62 号、财税〔2008〕24 号、财税〔2008〕8 号、财税〔2008〕7 号、财税〔2006〕10 号、国税函〔2001〕84 号、财税字〔1999〕267 号

(一)区域性个税优惠

区域性个税优惠使特定地区较之其他地区在税收上享有优惠待遇。① 从税理和法理出发，区域性个税优惠与税收中性原则相背离，易形成以经济特区、经济开发区、内陆开放城市等发达城市为中心的"区域洼地"，阻碍资源在市场的自由流动，甚至诱发税收套利的现象。

对现有的区域性个税优惠进行分类，主要包括三类：第一，在部分区域对高端人才、紧缺人才或科技人才实施个税减免，载有此类优惠政策的规范性文件包括《海南自由贸易港建设总体方案》《国务院关于全面推进北京市服务业扩大开放综合试点工作方案的批复》《国务院关于支持深圳前海深港现代服务业合作区开发开放有关政策的批复》《财政部、税务总局关于粤港澳大湾区个人所得税优惠政策的通知》等，这种个税优惠貌似对特定人才实施，但其实质是扶助特定区域，增强其人才吸引力和经济发展动能；第二，针对自由贸易区、自由贸易试验区的居民个人实施个税减免，载有此类优惠政策的规范性文件包括《海南自由贸易港建设总体方案》《国务院关于印发中国(上海)自由贸易试验区总体方案的通知》等；第三，在部分区域针对境外人才给予个人所得税税负差额补贴，载有此类优惠政策的规范性文件包括《国务院关于印发

---

① 柳光强、田文宠：《完善促进战略性新兴产业发展的税收政策设想——从区域税收优惠到产业优惠》，载《中央财经大学学报》2012 年第 3 期，第 4 页。

中国(上海)自由贸易试验区临港新片区总体方案的通知》《财政部、国家税务总局关于福建平潭综合实验区个人所得税优惠政策的通知》等，从形式上看，提供税负差额补贴属于财政支出手段的范畴，但从其实质看，还是可归入个税优惠的行列。

对比来看，区域性税收优惠不仅存在于个人所得税层面，在企业所得税等其他税种层面同样存在，而且曾在相当长一段时间内还是税收优惠的主流形式。不过随着税收法治的日臻完善和人们认知水平的持续提升，即便是在企业所得税的层面，区域性税收优惠也已逐渐退出，让位于产业性税收优惠等优惠类型。相较之下，个人所得税其实更不适合推行区域性优惠政策，这是因为"人"这一要素具有高度的流动性，区域性税收优惠造成不同区域税负的轻重不一，这将在一定程度上干扰市场配置资源决定性作用的发挥。诚然，很多时候决策者就是希望以税收作为经济诱因来引导人才资源流入某些特定区域，比如前引针对海南的优惠措施便是意图填补"人才洼地"从而使海南经济尽快腾飞。但一个区域竞争力、吸引力的提升，根本上还是要靠内在实力的增进，公平有序的市场营商环境、法治环境，都要比税收优惠本身更为重要。再者，《个人所得税法》肩负调节收入分配的重责大任，推行政策导向的区域性个税优惠，容易造成受惠区域纳税人和其他地区纳税人在税收负担方面的失衡，有悖于量能课税的要求。上述三类区域性个税优惠的前两类，便或多或少会引发这方面的质疑。客观地讲，我国近年来已经注意到该点，区域性个税优惠的推行频次已有所降低。在此基础上，有关决策部门仍应戒慎恐惧，尽量避免区域性个税优惠政策在经济下行期出现反弹式增长。

(二)产业性个税优惠

产业性个税优惠是政府诱导市场主体实现特定时期产业政策目标的手段之一。我国现有产业性个税优惠大体有如下三种类型：第一，为推动创新创业而实施的个税优惠，载有此类优惠政策的规范性文件包括《国务院关于推动创新创业高质量发展打造"双创"升级版的意见》《国务院关于促进创业投资持续健康发展的若干意见》《国务院关于大力推进大众创业万众创新若干政策措施的意见》等；第二，为推动高新技术产业发展而实施的个税优惠，载有此类优惠政策的规范性文件包括《国务院关于全面推进北京市服务业扩大开放综合试点工作方案的批复》等；第三，为推动特定行业发展而实施的个税优惠，载有此类优惠政策的规范性文件包括《国务院办公厅关于加快培育和发展住房租赁市场的若干意见》《国务院办公厅关于印发中国足球改革发展总体方案的通知》《财政部、税务总局、证监会关于支持原油等货物期货市场对外开放税收政策的通知》等。

产业性个税优惠能够清晰地表现出国家的政策导向，而且由于其在全国范围内一体适用，故而不会造成不同区域纳税人的分配格局失衡，是激励产业发展的优质工具。该类优惠政策着意促进产业发展，从组织财政收入的角度看具有涵养税源的功效，故就实施效果而言，其看似在减税，却终将引向增收的局面。比如，近些年来我国推出针对创新创业的个税优惠，便收到如预期般的效果。另外需要强调指出，对高科技产业的从业者给予个税优惠也符合分配正义的要求，其原因在于此类从业者常常要接受更长年限的教育才能获得相关技能，而其机会成本便是在长达数年的时间内未能获得工资收入。在当前个人所得税基本以年度为单位征收的背景下，对此类人群一视同仁地课征个税反倒在实质层面存在不公平。反之，若给予其一定的优惠待遇，能更准确地衡量相关纳税人在较长时段内的税负能力。目前，我国已开始对高新技术产业从业者实施个税优惠，但力度还很不够，尤其是较之针对创新创业者的个税优惠，更显其不足，在我国经济由高速发展向高质量发展转型的关键期，应当考虑补强。

(三) 补助性个税优惠

补助性个税优惠并非为了落实政策目的，而是针对经济竞争中的弱势群体所给予的间接补贴。总体上讲，"弱势群体"既包括在竞争中处在不利地位的企业，也包括自然人，相应地，补助性个税优惠的对象也涵盖这两类群体。针对企业的补助性个税优惠主要指向小微企业，涉及的规范性文件包括《国务院关于进一步支持小型微型企业健康发展的意见》《国家税务总局关于小型微利企业和个体工商户延缓缴纳 2020 年所得税有关事项的公告》《财政部、税务总局、证监会关于继续实施全国中小企业股份转让系统挂牌公司股息红利差别化个人所得税政策的公告》等。之所以对企业也能够从个税的角度切入实施调节，原因在于我国的个人所得税严格来讲是"名实不符"的，其不仅对自然人征收，同样也适用于个体工商户、个人独资企业、合伙企业等。此外，个人所得税有时也会以间接诱导的方式来支持小微企业发展。针对自然人的补助性个税优惠通常指向困难个人和家庭，载有此类个税优惠的规范性文件包括《国务院办公厅转发民政部等部门关于加强见义勇为人员权益保护意见的通知》《财政部、海关总署、国家税务总局关于支持鲁甸地震灾后恢复重建有关税收政策问题的通知》《财政部、国家税务总局关于廉租住房经济适用住房和住房租赁有关税收政策的通知》《财政部 国家税务总局关于退役士兵退役金和经济补助免征个人所得税问题的通知》等。

进言之，向两类弱势群体施以个税优惠的目标是不同的：对自然人来讲，更迫切的任务是"扶危济困"，也即个税优惠扮演的是"雪中送炭"的角色；对企业来讲，个税优惠还希望能发挥"振衰起敝"的作用，也即除补助之外，还要能够促进其走上正轨、进而步入发展的快车道，故此，个税优惠于此间有时承载着引导资金流入的功能预期，前引中小企业股份转让系统挂牌公司股息红利差别化个税优惠便是该思路的体现。但无论如何，既然是对弱势群体的补助，从制度目标看，相关举措在调节分配方面的意图都是至为明显的。

由此不难发现，现实中的酌定减免税数量繁多、种类各异，具有一定的不确定性和不易知性。相较之下，《个人所得税法》第4、5条明确列举的九类法定免征项目和两类法定减征项目，看似指向明确，但在实施层面也并非毫无问题。本章接下来的一节便结合现实热点，对一项法定减征项目作深入剖析，意图揭示其实施路径及在此过程中可能遇到的障碍。从体系完整的角度看，本节关注酌定减免税，下节聚焦法定减免税，本节采用整体检视的方法，下节采用个案分析的方法，将两节结合起来，正可以对个税优惠形成更为完整、立体、全面的理解。需要说明的是，从法定减免税和酌定减免税在《个人所得税法》上的位置以及通常的认知进路出发，就本章内部两节的先后次序而言，原本应将法定减免税置于酌定减免税之前，可考虑到如下两点因素，本书的体例编排反其道而行之：一是在研究进路方面，法定减免税的部分更关注"局部"，酌定减免税的部分则关注"整体"，先整体后局部更接近人们的认知规律；二是在研究对象方面，法定减免税的部分关切的是规则在实践中的落地，酌定减免税的部分则关切规范文本，从文本到实践的顺序更易为人所接受。当然，体例编排并无成规，以上仅是就本书撰写过程中的相关考量略作阐明。

第二节 法定减征的实施进路及其障碍
——基于以个税手段因应新冠肺炎疫情的思维试验

《个人所得税法》在第 5 条规定了两类减征情形，一为残疾、孤老人员和烈属的所得，另一则为因自然灾害遭受重大损失。与该法第 4 条的免征规定不同，要实施个税减征须经过一定的程序，而其所适用的对象在外延方面也非如免征情形那般清晰。有鉴于此，一个当然产生的疑窦是，在实践中，该减征规则要想"落地"需要遵循怎样的进路，有哪些因素会促使决策者考量个税减征手段的运用，又有哪些因素会阻滞相关减征方案的出台？唯有立足实践，方能更好理解该项规则的题中之义和用武之地。

2019 年底、2020 年初，新型冠状病毒引起的肺炎给我国造成重大的人员和财产损失。其中，湖北省受灾最为严重。税收具有社会政策功能，应当考虑运用税收政策发挥鼓励、扶持的效用，一定程度上缓释新冠肺炎给国民经济造成的损害，并为受疫情影响的社会弱势群体提供支撑。2020 年以来，国家层面已出台一系列税收优惠政策，聚焦疫情防控关键领域和重点行业，有效缓解防疫特殊时期企业经营困难，助力打赢疫情防控阻击战。这些政策涉及增值税、企业所得税、个人所得税等税种，其中个人所得税相关优惠主要包括两方面：一是疫情防治临时性工作补助和奖金免征个税，同时，取得单位发放的预防新型冠状病毒感染肺炎的医药防护用品等免征个税；二是允许符合条件的公益捐赠税前全额扣除。这些政策非常必要，在此基础上，尤其是从本书研究的角度出发，可以思考的问题是，有无必要以及有无可能出台针对湖北居民更具普适性的个税优惠方案，助力疫情过后湖北省民生创伤的修复。故此，本节拟尝试开展一项"思维试验"，探求个税减征在因应新冠肺炎疫情这一重大灾害中的应有作用，并期待借此以小见大地揭示现行个税减征规则存在的问题。

一、自然灾害个税减征何以进入视野

减税、降费、增支、扩大信贷投放，是疫情过后民生修复"组合拳"的四大支柱。四者各有千秋，也都存在不足。在税收政策体系中，个税支持机制有其不可替代的作用，值得高看一线。

(一)降费、增支、信贷政策的局限性

减税之外的三类手段在疫情过后不可缺席，但对其作用也不能作出不切实际的高估。首先，近年来在财政收入增速下行的同时，非税收入仍保持较大增幅，[①] 如 2019 年同比增长 20.2%，所以降费以惠民生、刺激经济的呼声较高，[②] 目前已经采取的政策手段中也包含社保缴费减免。但除社保费等少数几项外，其他各项非税收入的绝对规模较小，收费范围也比较狭窄，在供给侧结构性改革"降成本"的目标导向下，在疫情发生之前也已经清理了许多收费项目，这意味着本次进一步降费的空间其实不大。

其次，投资驱动是我国经济增长的一大重要引擎，在 2008 年汶川大地震灾后重建阶段，我国即针对四川省实施了较大规模的基建计划，在当年晚些时候，遇到国际金融危机的侵袭，我国更是推出俗称"四万亿"的投资计划，取得不菲成效。但当前新的形势是我国经济正由高速增长向高质量发展转轨，在供给侧也即生产一端，供给过剩和供给不足并存的状况亟待改变，过于强调政府投资，可能诱发为追求速度而牺牲质量的负面效果，对经济长期可持续发展未必有利。况且，财政收入的增速同 2008 年不可同日而语，政府赤字率有上升风险，如 2019 年的财政赤字率在做预算时便安排了 2.8%，此状况下，离开收入谈支出，务必慎重。需要指出，有学者提出为应对前所未有的严峻形势，需要采取超常规政策，比如可考虑进行适度的财政赤字货币化，若如其所言，则财政支出的资金来源是可以得到保障的，但对该建议须从合理性和合法性两个层面展开剖析。就合理性言之，一方面，在可控的条件下小规模推行，则市场自身可以将之消化，也并不一定引发通货膨胀。经济学上有著名的"费雪公式"——$MV = PT$，其中 M 是特定时点流通货币的平均数量，V 是货币流通速率，P 是物价指数，T 是市场上各类商品、服务的交易数量。根据该公式，由于受疫情影响，我国当前和今后一段时期，许多市场可能会出现不同程度的萎缩，市场萎缩的表现形式之一便是交易频次下降，其

[①]　关于财政收入下行与非税收入增速走高的关系，参见侯卓：《税法的分配功能研究》，法律出版社 2018 年版，第 163~165 页。

[②]　有学者提出，要准确识别企业生产经营成本的构成，认识到收费过杂过高的负面影响未必小于税负高企，所以，"从国际可比宏观税负水平看，中国并不高，应把最宽广眼界下的各负担因素综合起来考虑"。贾康、梁季、刘薇、孙维：《大国税改：中国如何应对美国减税》，中信出版集团 2018 年版，第 169 页。

另一面即货币流通速率下降。基于此，M 的增加和 V 的下降对冲，未必一定带来等式两边各自乘积的增加，更何况还可以通过"货币深化"使 T 增加，从而保持 P 的相对稳定;① 但另一方面，如果允许央行无限期持有政府债券，持续增长的政府支出容易产生挤出效应，同时造成政府的扩张，有可能干扰市场配置资源的决定性地位，若无配套的要素市场化改革，长期的通胀风险也难以避免。就合法性言之，《中国人民银行法》第 29 条明确规定，中国人民银行不得对政府财政透支，不得直接认购、包销国债和其他政府债券。即便解决了合理性难题，要想真正推行财政赤字货币化的举措，还需要修改前述法律，以满足"重大改革于法有据"的要求。这样看来，相关建议有些缓不济急，增支手段的推行还是要受到很大束缚。

最后，扩大信贷投放作为"放水养鱼"的措施，固然有助于激发经济活力，但必须认识到，"冷热不均"是信贷投放的基本规律，实力雄厚的大型企业尤其是具有国字号背景的企业，更易于从银行获取信贷支持，数量更多的中小企业则较难获得足够贷款。在信贷资源配置的空间分布方面，也存在差异性，厚东部沿海地区而薄中西部地区、重城市轻农村的状况较为明显。② 站在金融机构的立场，这种状况其实合乎理性原则，故而无论监管机构怎样设置考核指标，都无法根本性改变上述状况。但湖北省正属于中部省份，本次疫情影响之下，受冲击最大的也恰是大量的中小企业，尤其是农村和中小城市、城镇的中小企业，也正因为其受疫情冲击而很可能陷入经营不善的境地，金融机构向其发放贷款的风险也是很高的，此时强求如此操作，并不合理。

综上可见，降费、增支、扩大信贷投放这三类手段，是疫情过后创伤修复的必要而不充分条件，在三者基础上，还需要补足税收政策这一环。

(二) 已出台税收政策简评

新冠肺炎疫情发生后，国家层面对税收政策的作用已有关注。2020 年 2

---

① 所谓"货币深化"，也即使需要用货币来衡量价值并进行交易的商品、服务数量增加，从而带来新增的、"额外"的货币需求，进而使经济运行中的货币用量增加。我国在改革开放以来很长一段时间内，货币供给都大大高于经济增长，但正因为"货币深化"的工作持续推进，有效地吸纳了大量货币，故而并未造成严重的通货膨胀。参见周其仁:《货币的教训》，北京大学出版社 2012 年版，第 116~117 页。

② 冯果、袁康:《社会变迁视野下的金融法理论与实践》，北京大学出版社 2013 年版，第 280 页。

月，国家税务总局便发布《新冠肺炎疫情防控税收优惠政策指引》，后又于是年 3 月推出新版《应对新冠肺炎疫情税费优惠政策指引》（以下简称"指引"）。指引从支持防护救治、支持物资供应、鼓励公益捐赠和支持复工复产四个大的方面，罗列共计 17 项优惠安排，其中较受各界关注的有阶段性减免小规模纳税人增值税（对湖北省小规模纳税人在三个月内免征增值税，湖北省以外的小规模纳税人由现有的征收率 3% 减到 1%）、延长部分企业亏损结转年限、允许符合条件的公益捐赠支出全额扣除等。

这些政策当然对疫情后的创伤修复有所裨益，但其也表现出某些局限性。一是受益对象有限，主要针对企业，未及于自然人，而且也并非所有企业都能享受诸如小规模纳税人减征、延长亏损结转年限等优惠。二是适用范围狭窄，如个税等税种的已有优惠仅局限在取得政府规定标准的疫情防治临时性工作补助和奖金、以及单位发放的预防新型冠状病毒感染肺炎的医药防护用品等项目免征，同个税广阔的税基比较起来，范围实在有限。三是优惠方式间接，诸如延长亏损结转年限等手段的扶持效用呈现于中长期，而在疫情过后，对很多企业来讲，最直接的诉求是"活下来"，这需要的是直接、能短期见效的扶持。四是内容设计须进一步优化，如从 2020 年 3 月开始对湖北省的增值税小规模纳税人在 3 个月内免征增值税，但该省多地在 3 月中下旬才开始逐步恢复生产，而且即便已复工的企业，在一段时间内的产能和交易额也往往远低于正常水准，增值税是"通道税"，若无太多交易行为便不会发生较大数额的应纳税销售额，减税便也无太大意义。

（三）个税手段较之其他税收政策的优势

承前，站在更宏观的视角进一步审视，就税收政策而言，其有优势，但也存在制约其作用发挥的因素。这些因素的存在，不是让人们忽视税收手段在疫情后民生创伤修复阶段的作用，而是指引决策者妥善选择、扬长避短。某种意义上，也正是这些因素，凸显了个税较之已有各项税收手段的更优之处。

其一，财政收入增速放缓及由此衍生的可以预期的财政压力，制约减税力度。在我国经济由高速增长转为中高速增长后，因我国以间接税为主体的税制结构在组织收入时具有放大效应，使财政收入增速的跌幅要远大于 GDP 增速的跌幅，2019 年，全国税收收入同比仅增长 1%，这与过往动辄十几甚至二十几个百分点的增速，显然不能同日而语。为适应财政收入增速放缓的新格局，近年来一直在提倡过"紧日子"，用财政的术语表达便是压缩不必要的财政支出。但 2020 年受疫情影响，要刺激经济，难免增加财政支出，如此一来，财政压力本来在今年就将加大。故此，虽然各方均在探讨减税，但减税力度实在不能过高期待，这也启发我们，要从"向度"的角度去考量，尽量寻得一个杠杆率较高的减税方向，提纲挈领，纲举而目张。至于普适性、"大水漫灌"式的减税思路，显不可取。本书多次提及个税收入占整体财政收入比重不高的事实，由此出发，减税对财政收入基本面的影响相对有限。同时，较之被称为中性税种的增值税，个税本就承载突出的调节功能，对增值税实施减税比较推崇一视同仁，对个税实施减税则可有针对性地有的放矢，比如仅对特定区域的纳税人推行，这进一步使财政减收的压力小了许多。

其二，税权集中和税收法定语境下，框限了采取差异性、针对性减税政策的可能选项。前一点已经阐明，受财政压力制约，普遍减税不足取，故而差异性减税是较优路径，也即针对受疫情影响严重地区推行力度更大的减税方案。可问题在于，该思路要受到税权集中的既定格局和税收法定的基本原则框限。一方面，我国税权（尤其是其中的税收立法权或曰税收事项决定权）高度集中在中央层级，[①] 地方层面的挥洒余地有限，而从激励相容的角度看，中央层级比较缺乏动力出台定向针对特定区域的减税政策——相关政策主要有利于特定区域，财政减收却主要由自己承担（即便是共享税，中央在财政收入中也分到大头，而且有时还会以转移支付的方式弥补由减税引致的地方财力缺口）。另一方面，在税收法定约束下，如无法律授权，地方层级也难有出台减税政策的正当途径。该点启发我们，要善于"四两拨千斤"，也即找寻法律明确授权地方能动空间的税种。诸如增值税、企业所得税等税种，地方层级的能动空间皆极小，即便是车船税等地税，地方层级的能动空间也多仅限于在统一立法确定的幅度范围内具体确定辖区适用税率，而且决策主体一般也是省级人大。相较之下，《个人所得税法》明确赋予省级政府决定实施相关优惠的权限，其意味着更大的灵活性。

其三，税收政策刺激效果多于中长期呈现和短期应急需求间存在一定落差。有观点认为，税收政策在引导行为人预期进而达致经济调控目标时具有

---

① 侯卓、黄家强：《中国税权配置的内在逻辑与规范理路——控权论和授权论的融贯分析》，载《中共中央党校（国家行政学院）学报》2020 年第 2 期，第 14 页。

时滞，不如信贷投放、财政支出、社保缴费减免等手段见效快。此论诚为公允，但就调节功能来讲，税法和税收政策兼有直接扶助和间接促进二维功用，有些税种偏重前者而另一些税种则偏向后者，究竟以哪一层面的功用为主系由税种属性决定。比如，就增值税减征而言，鉴于其税负易转嫁，纳税人和负税人常不一致，故相关举措对纳税人的扶助效用有限，更主要的是遵循全社会整体税负降低——经济活力增加的间接促进之逻辑脉络。进一步剖析，因对一般纳税人实行销项税额减进项税额的计税方式，故而减税的直接扶助作用更小，而由于小规模纳税人直接适用征收率，所以降低征收率的做法较前者的直接扶助效果更突出一些。个税则不然，一旦减征，纳税人很快受益，将立即产生较强的扶助效果。所以，指称税收政策的效果多在中长期，是在"间接促进"的意义上而言的，且不能一概而论，要具体税种具体分析。这指引我们选择政策手段时更关注那些具有直接补助功能的税种。个税减征直接使纳税人受益，产生明确、即时可感知的扶助效果。与此同时，如果考虑到一般性扣除额的存在，那么不难知晓，从个税减征中获益者，其收入必定超过一般性扣除额，基本上至少属于中等收入群体，这部分人群正是消费的"主力军"，故而个税减征措施的间接促进效用同样不可小觑。受疫情影响，无论民生纾困，还是经济面的振衰起敝，皆要只争朝夕，就此而言，个税优惠堪当大任。

需要强调的是，上述分析不是说增值税、企业所得税等其他手段无助于疫情后的民生创伤修复，而只是强调个税的效用不可或缺。由此理想状态是，分别检视各类税收手段乃至财政、金融等其他手段的优势所在，在扬长避短的基础上实现功能协同。但本书主要关切个税减征，特此说明。

二、在局部地区推行个税减征的必要性

这里的必要性，包含法理层面的必要性和经济层面的必要性，法理层面主要是基于税法，尤其是所得税法的理论进行观照，经济层面则关注该举措的"有用性"。同时，通过和"非典"时期的情况作对比，也可凸显相关措施的合理性。

（一）法理视角：量能课税的要求

一方面，受疫情影响，湖北等地除少数特定行业外停工停产颇久，相当一部分工作方式较为灵活、收入来源相对多元的群体出现收入下降。此类人

群包括但不限于：农历年前辞职，预备在年后"春招"中觅得新岗位者；收入结构的主体为广义绩效工资，"做得多挣得多"的人，如装修等行业的从业者以及各行业的市场销售人员；受疫情影响不得不关张的私营企业主及其雇员；个体工商户；农民等。即便收入相对稳定的诸如高校教师、国企员工等群体，也因疫情影响造成一定幅度的收入下降，如年终绩效可以预期的缩水。此外，即便疫情初步得到控制，湖北居民外出务工甚至返工事实上也会遇到一些障碍，由此拉长了收入受到影响的时间轴。可见，湖北省大多数人群的收入皆受到影响。所得税法强调对具备税负能力的财富增量方能征税，收入的下降转化为税法语言，便是税负能力的弱化。

另一方面，受疫情影响严重地区的居民，在疫情期间的支出增加，且这部分支出大多未体现于个人所得税的税前扣除。姑且不论虽然国家财政承担了医疗费用，但新冠肺炎患者及其家庭还是会因患病而承受相当幅度的支出增加，如有些患者亲属会自行购买白蛋白、丙种球蛋白等送进医院注射，这些开支就颇为不非。对未患病的大多数人群来讲，也要面临开支增加的状况。虽有各方支援，但疫情期间相关地区仍然存在物资紧张的局面，部分生活必需品价格上涨不可避免，这也是市场供需规律作用的客观结果，无可厚非。然而，课税不能妨害人民群众基本生活需求的满足，是税法的基本原理和起码要求。个人所得税法理论强调只有净额所得始能征税，其有客观、主观两个层次，客观的净额所得指收入扣除成本、费用、损失后的余额，主观的净额所得则强调还要扣除个人及家庭的生活费用。[①] 税前扣除便是为实现净额所得而来。税前扣除有一般性扣除额、专项扣除、专项附加扣除三类，体现日常支出不可税的是一般性扣除额，我国于 2018 年将之调整为 1 年 6 万元(平均 1 个月 5000 元)。事实上，疫情期间物价上涨所必然导致的，是原先可被该一般性扣除额标准覆盖的支出，不再能被覆盖，于是纳税人同等数额的收入所表征的税负能力下降，若仍课以与日常无异之税收，便会降低人民群众的基本生活水平。

(二)经济视角：刺激经济增长的手段

根据经济学理论，减税能激发经济活力，受疫情影响，我国的经济增长

---

① 参见陈清秀：《税法各论·上》，台湾元照出版公司 2014 年版，第 104～116、177～188 页。

在短期内遇到严峻挑战。在拉动经济增长的"三驾马车"中,消费的作用不容小觑,所以才有学者提议给湖北居民发放现金消费券,[1] 但其可操作性方面稍显不足,主要是涵摄面过广,在较小区域内如此操作不难,但推至一省乃至一国的范围则有些难度。从实践情况看,武汉等地确实有分批次发放消费券,但其形式与学者的建议出入较多,主要采取"满减"形式,而且金额比较小,以超市购物消费券为例,有"满30减10"和"满60减20"两种,且在手机终端领券后一般要在一周内使用,否则即过期。

个税是较优的逆周期调控工具,个税减征增加了居民的可支配收入,也能间接达到刺激消费的作用,进而提振经济景气。同时,由于目前个税的征管已建立成熟且运行多年的代扣代缴体系,从今年开始,纳税年度终了后的纳税申报和汇算清缴工作也全面铺开,所以个税减征方案的推行无须增加额外的成本,操作起来也相对更加容易。当然,也有学者将上述两类手段结合了起来,即主张以个人所得税退税来拉动消费,退还的所得税款则以电子消费券形式发放。[2] 严格来讲,该建议指向的虽是个税退还,但究其实质已属于财政支出手段的范畴,同个税本身的调节作用关系不大。

进言之,因为个税减征而激发的经济活力,实际上具有扩充税源的功用,故而减税未必一定造成财政收入的减少。经典的"拉弗曲线"便揭示了最优税率的存在,随着税率的提高,税收收入"先增加、后减少",临界点即对应最优税率。[3] 所以,总是存在获得同样数额税收收入的两个税率,一个位于最优税率之下、另一个位于最优税率之上,如此一来,"一勺蜜要比一桶醋能抓住更多苍蝇",增加财政收入可以通过减税的方法实现。作为例证,2011年以减税为导向的个税修法后,我国个税收入由2011年的6054.11亿元降至2012年的5820.28亿元,但随即从2013年起开启反弹走势,2013—2016年的个税收

---

[1] 如北京大学光华管理学院院长刘俏便有这方面的建议,具体办法是以现金补助的形式发放1000元消费券。其中,对湖北就业人群全员发放,对其他地区的低收入就业人群发放。

[2] 该建议系由上海市法学会党组副书记、专职副会长、《东方法学》主编施伟东等三人提出。

[3] Peter A. Diamond and Emmanuel Saez, "The Case for a Progressive Tax: From Basic Research to Policy Recommendations", *CESifo Working Paper Series*, No. 3548, 2011.

入分别为 6531. 53 亿元、7376. 61 亿元、8617. 27 亿元、10088. 98 亿元。[①] 对于当前的政策选择，这或许也具有一定借鉴价值。

(三)比较视角：何以"今时不同往日"

在 2003 年"非典"肆虐下，除对卫生医疗工作者外，仅对北京市经营蔬菜的个体工商户等特定群体实施个税免征。但两相比较，"非典"时基本的经济秩序还能够得以维持，即便是重点地区如北京市、广东省，其居民的收入水平总体上未见明受显著影响，这一状况同当前是存在差异的。

事实上，对受灾严重地区采取个税减征政策有先例可循。2008 年汶川大地震后，四川省人民政府便印发《关于支持汶川地震灾后恢复重建政策措施的意见》(川府发〔2008〕20 号)，在"税收政策"的部分即明确规定，"省政府授权灾区县(市、区)政府批准，因灾造成重大损失的个人可在 3 年内减征五至九成个人所得税"。由于四川省内各地在该次地震中受灾程度不一，居民损失也有大小之别，一概在全省范围内推行个税减征稍显不合理，所以四川省在当时采取授权下级单位的做法，有其必要。横向比较，本次新冠肺炎疫情与汶川地震时的情形不同。故此，我们既要认识到彼时经验总体上的可借鉴性，也要体察二者时空条件的差异，进而在决策时有所回应。

三、在局部地区推行个税减征的可行性

本建议的可行性含法律上的可行性和经济上的可行性两个大的方面。法律上的可行性指相关建议的实践有无合法渠道，经济上的可行性包括给财政收入的冲击是否可控以及相应地方财力缺口能否得到弥补。

(一)法律层面可操作

根据现行《个人所得税法》第 5 条的规定，因自然灾害造成重大损失的，可以减征个人所得税。由该条文的表述即知，其适用条件有"自然灾害"和"重大损失"这两项。一方面，目前对"自然灾害"并未形成具有高度共识的统一认知，如果基于比较狭义的理解，新冠肺炎疫情不应被纳入"自然灾害"的范畴。比如，《突发事件应对法》在第 3 条规定，该法所谓突发事件包含"自然灾害、事故灾难、公共卫生事件和社会安全事件"，从这一表述来看，将自然灾害和

---

① 数据来源于国家统计局官网，www. stats, gov. cn，最后访问时间：2020 年 3 月 17 日。

公共卫生事件并列，二者便不具有包含与被包含的关系。但本书认为，囿于不同部门法乃至不同法律规范的法际差异，对同一概念赋予不同意涵的情形并不鲜见，如《个人所得税法》上的"个人"之语便有其异于其他法律规范的特殊指向。所以，《个人所得税法》第5条所谓"自然灾害"也不必对其他法律的概念界定亦步亦趋。事实上，新冠肺炎的流行，同地震、洪水、山体滑坡、泥石流等一样，并非纯粹由人为因素造成，从自然规律的角度，其也很难根本性地避免。要注意的是，"自然灾害"并非要求完全没有人力因素介入，在人类活动深深嵌入自然的语境下，任何可能想到的自然灾害皆难以完全同人类活动脱钩，山体滑坡、泥石流如此，地震、洪水亦是如此。所以应当认为，只要在自然力作用下该事件的发生具有高度盖然性，便可认定属于"自然灾害"。故从"自然"与"人为"相对应的角度出发，将新冠肺炎纳入"自然灾害"的范畴至少没有超出后者可能文义的最大范围。需要说明，本章认为属于"自然灾害"的并非简单的新冠肺炎，而是新冠肺炎大规模流行以致发展为重大疫情，即便目前尚未有充足的科学证据表明新冠肺炎的起源何在，但从其在各国已有警惕的条件下仍流行于多国便可知晓，其"自然"属性甚为明显。另一方面，其造成湖北省的重大损失，已如前述。因此，对该省居民实行个税减征于法有据。

更为关键的是，根据该条规定，省级单位在决定和实施该项个税减征的过程中，享有充分的自主权和决策权，也即由省政府决定减税完全符合税收法定原则。比如在汶川地震的灾后恢复重建过程中，国务院和四川省人民政府分别发文，其中在税收政策的部分，国务院的相关文件①主要推出扩大增值税抵扣范围、免征企业所得税等措施，至于个人所得税，仅提出"对受灾地区个人取得的各级政府发放的救灾款项、接受捐赠的款项；对抗震救灾一线人员，按照地方各级政府及其部门规定标准取得的与抗震救灾有关的补贴收入，免征个人所得税"②；而四川省人民政府发布的文件中，方才直接提出对受灾严重地区实施个税减征。这是符合《个人所得税法》要求的制度安排。由此也更清楚地反映出，本次疫情前期已推出的税收优惠未涉及普适性个税减征，是因为相关政策系由国务院、财税主管部门等制定，其并未掌握相关的减征

---

① 《国务院关于支持汶川地震灾后恢复重建政策措施的意见》（国发〔2008〕21号）。
② 横向对比，本次新冠肺炎疫情期间率先推出的关于个税的优惠举措与之如出一辙。

权限。

当然，这里可能需要回应的一种质疑是，《个人所得税法》第 5 条是否只是授予省级单位个案减免权，从而普适性减征的做法其实有违规范目的？毕竟，从我国税权高度集中在中央层级的实践出发，授予地方层级超越个案的税收减免权限似有些难以想象。根据一般法理，法律漏洞有公开的漏洞和隐藏的漏洞两种类别，后者指"法律所规定之构成要件过广，依其最狭义之文义理解，亦仍包含按法律目的所不应规范之事情"[①]，此时原则上要采取目的论缩减的漏洞填充方法，以使法律的适用同立法者意图相吻合。但本书认为，法律漏洞填充和法律解释不同，其操作结果存在"超越立法者"的风险，需要慎重。况且在法解释学上要区分解释目标和解释方法，解释目标也即规范目的，解释方法才有文义解释、体系解释、历史解释的区别，[②] 换言之，所有的解释都指向规范目的，目的本身也只得透过某一或某几种方法才能发现，而非凭空得来。故而在缺乏明确的相反证据的条件下，依循文义诚为不二法则。就此而言，该条明确使用由省级政府"规定"（而非"决定"）的表述，通常认为"规定"要包含"决定"，其既可直接针对个案、更可使其内容在一定范围内普遍适用。所以，应该认为，省级政府出台普适性个税减征方案，诚为法之所许。

另外，《个人所得税法》第 5 条在后面也有提到，国务院可以规定其他减税情形，报全国人民代表大会常务委员会备案即可。这实际上通过立法授权的方式明确赋予了国务院相继出台个税优惠政策的权力。为在疫情过后重振经济、修复民生创伤，国务院当然也可针对湖北等受灾严重地区定向出台阶段性个税优惠措施，但考虑到如前所述，省级单位本来就已被赋予更加直接、明确的出台优惠措施的权力，而且其对本省实情的了解要更为准确全面，故不宜舍近求远，由国务院出台相关优惠措施。

（二）财政减收可接受

在近年来财政收入增速放缓的背景下，考虑一项政策的可行性时不可避免地要关注其对财政收入的影响。就此而言，个人所得税并非我国税制结构中的主体税种，从组织收入的情况看，个税常年位列增值税、企业所得税之

---

① 陈敏：《税法总论》，台湾新学林出版有限公司 2019 年版，第 176 页。

② ［德］伯恩·魏德士：《法理学》，丁晓春、吴越译，法律出版社 2013 年版，第 310 页。

后，在"营改增"完成以前，其收入额还要低于营业税，而在 2019 年新《个人所得税法》正式实施后，其收入额又被消费税超过，退居第四位。具体来讲，根据财政部于 2020 年 2 月 10 日发布的数据显示，2019 年全国一般公共预算收入 190382 亿元，其中，税收收入 157992 亿元，而个税收入 10388 亿元，占比 6.58%。可见，在个税领域实施更大力度的减征优惠，不会根本性妨害足额财政收入的筹集，这是对其进行减征要优于对增值税实施减征的原因之一。更何况，本节所指涉的个税减征主要针对湖北省，覆盖面有限，故对整体财政收入的影响更小，应当是处在可以接受的范围之内。事实上，任何一项调控举措归根结底都会影响到财政收入或支出的某一方面，且减税优惠也可视为一种特殊形式的财政支出——税式支出，故就带来财政压力而言，个税扶持方案较之广为推行的"消费券"等其他方案，并无根本上的特殊性。

（三）地方财力缺口可弥补

进言之，经济上的可行性还须考量另一层次的问题，也即该举措会否造成难以弥补的地方财力缺口。个人所得税属于央地共享税，收入在中央和省以下按 60∶40 分配，个税减征会降低地方政府的财政收入，但这并非不可克服。一方面，个税收入的数额本就不高，地方分享部分未及半数，这还要进一步在省以下各级政府间分配，故而分到每一级政府的层面，个税在其本级财政收入中的占比通常较低，比如 2019 年武汉市本级财政收入中，个税仅占 3.8%。① 另一方面，我国已形成健全的政府间财政转移支付体系，完全可以借此补足财力缺口。事实上，受疫情影响，湖北特别是武汉在数个月的时间内近乎"停摆"，没有经济活动就无法产生很多税种的税源，所以财政收入的严重下跌可以预期，即便不采取个税减征手段，上述转移支付方案也很有必要加以推行。从公开资料可见，汶川地震之后，至少到 2013 年，还在下发汶川地震重灾区过渡期财力补助，这也为本次疫情应对提供了可借鉴的经验。

四、在湖北省推行自然灾害个税减征的方案与路径

基于上述分析，以个税手段助力疫情后的民生修复，需要考量多方因素，做到利益均衡。据此，本书尝试提炼一种阶梯式税额减征的方案。

---

① 本书在前文中已经提到，武汉市 2019 年的本级财政收入和个税收入分别约为 476 亿元和 18 亿元。

(一) 阶梯式税额减征方案

第一步，将现行《个人所得税法》所列税目区分为两个部分：一是综合所得和经营所得，二是除此二项外的其他税目。本次减征应置重心于前者，在具备条件、达成共识的情况下再兼顾后者如财产转让所得等。这是因为，综合所得和经营所得也即所谓"勤劳所得"，覆盖面广，将之作为减征的主要对象最能体现鼓励扶持的目标；同时，对此二者实施减税能补足其他政策手段的缺失，如增值税优惠和社保缴费减免未覆盖到个人纳税人，扩大信贷投放又不易使中小企业受益；此外，二者均以年度为纳税周期，较之以次为纳税周期的税目，在实施减征方案时更具可操作性。

在此基础上，兼顾需要与可能的做法是对湖北省纳税人在 2020 年取得的综合所得和经营所得实施税额减征。为免引致税收逆向调节的后果，即高收入群体获益较低收入群体更大，不妨设置阶梯式减征幅度。对综合所得适用 25% 以下（含）税率的应纳税所得额，经营所得适用 20% 以下（含）税率的应纳税所得额，减半征收个税；对超出部分的应纳税所得额，减按 75% 征收个税。如此设计的优点至少有三：综合所得 25% 以下（含）、经营所得 20% 以下（含）税率，通常被认为属于中低档税率，对这部分对应的收入实施更大幅度的减征，能使中低收入群体受益最大；对高档收入的减征力度相对小一些，体现税收纵向公平，即不同情况不同对待；不一概采取 50% 的减征幅度，进一步将财政收入的减少控制在可接受的区间内。

该方案的具体实施路径为：其一，决策层面，先由湖北省人民政府规定具体减征幅度和期限，报湖北省人民代表大会常务委员会备案，务必注意，纵使囿于税收议题的专业性，相关文件须由财税部门起草，也应由湖北省人民政府发布，否则即有违《个人所得税法》载明的减征权力行使方式，冠以"经湖北省人民政府同意（或批准）"的抬头后由财税部门发布的做法，也不可取。其二，操作层面，可以在取得收入时仍按现行预扣预缴办法扣税，待第二年办理汇算清缴时再行申报退税，也即综合所得在 2021 年 3 月 1 日至 6 月 30 日间办理，经营所得在 2021 年 3 月 31 日前办理，这实际上也留给决策者更长的考虑期限，甚至可迟至 2020 年年底下决心。

此外，"阶梯"还有一种可能的呈现方案，即仿效汶川地震后的做法，由省政府明确发文、授予地市州政府在一定减征幅度内具体决定或者批准的权力，基本思路则是受影响更严重的地区，减征力度相应更大。本书认为，对于这种做法需要从合法性与合理性两个方面切入分析。就合法性来讲，容易认为其存在为《立法法》所禁止的"转授权"情事，也即省政府将《个人所得税法》第 5 条授予自己的权限转授予下级政府，故不合法。但其实不存在这种问题，因为《立法法》所谓"转授权禁止"系有明确指向，以税收基本制度为例，是指该事项应实行法律保留，条件不成熟时方可授权国务院制定相关规则，国务院不得再将之授予他者；而此处关于个税减征的决定权限，并非税收立法权，《个人所得税法》的授权对象也不是国务院，所以并不适用相关规则。这种方案真正的问题在于合理性层面，省内不同地市州的受影响程度虽有差异，但大量的省内人员流动和密切的区域间关联意味着，有不少工作在武汉、生活在其他地市州，或是工作生活都在武汉、但春节期间回其他地市州老家的居民，故而分区分策的做法可能引致不公平。既然诚如前文所述，本次新冠肺炎疫情给省内各地市州都带来严重影响，那么，在全省范围内统一标准、径以收入额为标准实施阶梯式税额减征确实更优。

（二）作为备选的提高一般性扣除额等方案及其可行性

除阶梯式税额减征方案外，另有一方案也可供参考，而且单就合理性而言，其未必逊色于前案。概言之，提高湖北地区纳税人在 2020 年综合所得的费用扣除标准，比如可考虑将其由现行 6 万元一年提至 72000 元一年（即每月6000 元），如此一来，大体可回应因疫情影响而增加的生活费用支出。但该方案会遇到较大的合法性难题，也即费用扣除标准明定于《个人所得税法》中，而该法又未预留如此操作的空间，从而要是想改变，哪怕仅是针对特定区域的暂时性调整，原则上也只能采取修改法律的方法，这显然不合于修法的成本—收益考量。此外，也可研究阶段性地增设一个疫情相关的专项附加扣除项目，但在法律层面也较难操作，因为《个人所得税法》第 6 条对现有专项附加扣除作了完整列举，其后虽有"等"字，但宜认为此处的"等"是用在列举已尽的多项式后，国务院不得随意添附。相较之下，还是省级层面便有较大话语权的税额减征途径更为可行，故此，本书更为青睐前述阶梯式税额减征的方案。

此外，前文曾述及有关学者以消费券形式退还个税的建议，笔者已指出，这本质上是一种财政支出手段，故在本节中未过多铺陈，此处仅简要提及该方案较之阶梯式税额减征方案的三点劣势。第一，操作不便，事涉大范围的消费券发放，虽然其也提出了引入第三方线上平台，线上派发为主、线下手段为辅的方式，但较之直接减征的做法，耗费的各方面资源仍要更多。第二，公平性方面偏弱，其建议"不论收入多寡，只要是个人所得税的纳税人均可按照一定的比例享受税收返还"，这就会导向高收入者多获益、低收入者少获益的结果，不但有违纵向公平，而且同疫情过后的民生创伤修复要置重心于中低收入群体的意旨背道而驰。第三，启动不易，法治财税语境下，该方案既然关涉财政支出，便应经过预算程序，可细究之，预算制度为相关措施预留的可能途径不外乎预算调整、动用预备费、动用预算周转金。然而，预算调整和动用预备费的做法都要面对一个问题——究竟哪级政府进行预算调整，动用的又是哪级政府的预备费？如果明确由地方各级政府实施，中央统一规定具体做法显然不合适，可如果由中央政府本着"事权和支出责任相适应"的原则径行实施，有无足够财力便要打问号。动用预算周转金的做法也会遇到上述难题，除此之外，预算周转金是为调剂预算年度内季节性收支差额而设立，其制度预设的典型情形是因各大项目投产后要过段时间才有收益，故而预算年度内财政收支多存在季节性错配，① 可推行本方案带来的财政增支无直接对应的(后几个季度的)财政增收，易言之，此处不是季节性错配的问题，故而并不合于预算周转金的制度逻辑。

(三) 以财政转移支付为核心的配套措施

前文已提及，新冠肺炎疫情将造成湖北等地财政减收，推行个税减征及其他各类税收刺激手段也会进一步降低财政收入。从加快疫情过后湖北省社会经济恢复出发，以充实财力为目标的财政转移支付手段必不可少。

基于衡量标准的差异，财政转移支付有多种分类方法。其中，根据财政资金的流动方向，财政转移支付有纵向与横向之分。在我国国情下，对口支援是制度优越性的突出表现，其多采取一省对口支援一个县市的方式，有时也被类比为"斜向转移支付"，汶川地震后便有此类制度实践。但是，本次新冠肺炎疫情和汶川地震不同，其重在"恢复"，而非"重建"，相应地，其财力缺口并无当初那么大，传统的纵向转移支付应已足够。

进言之，对于纵向转移支付，可根据使用资金的灵活度将之区分为一般

---

① 即在预算年度内，因很多项目支出集中在年初，第一、二季度的财政支出数额一般较高，相应的财政收入则通常在年度中后期方才呈现，所以财政收入在年内有时存在"翘尾效应"。如此一来，收入和支出在时间上未能很好地匹配。

性转移支付和专项转移支付。前者以充实地方财力为目标，系中央政府调节各地区可支配财力、调剂余缺的政策手段，又被称为均衡性转移支付；后者则主要是为实现特定的社会、经济政策目标，也有"项目制"的称呼。疫情过后建议中央向湖北加大转移支付，是为了增加（准确说是"弥补"）其可支配财力从而尽快恢复社会经济"元气"，故以一般性转移支付手段更为适配。对此，笔者建议，在1~3年内对湖北省特别是武汉市给予过渡期财力补助。从公开资料可知，2020年5月22日，在财政部向第十三届全国人民代表大会第三次会议所作的《关于2019年中央和地方预算执行情况与2020年中央和地方预算草案的报告》中，明确提及在2020年的预算中新增中央对地方的特殊转移支付，作为一次性财力安排，用于支持地方落实"六保"任务，重点用于保基本民生、保基层运转、公共卫生体系建设、重大疫情防控救治体系建设、应急物资保障体系建设以及应对下半年不确定因素等，安排资金6050亿元。[1] 从报告的有关表述看，安排财力支持湖北省特别是武汉市落实"六保"任务，符合其设定的支出目标。[2]

至于专项转移支付，考虑到目前的大趋势是从严管控专项转移支付的新设，故在难做增量文章的条件下，可在现有转移支付项目评审时，适当向湖北倾斜，以体现一定程度的政策照顾。但客观来讲，我国目前的专项转移支付评审过程尚不充分公开，标准有时难以把握，距离规范化的目标还有一定距离。如何在规范的前提下适当倾斜，需要在制定标准时有周详考量。另外，税收上缴作为反方向的财政资金运动过程，在疫情过后的特殊时期也应有所观照。加大湖北省特别是武汉市的税收留成比例，是一个可考虑给予的优惠待遇。本书集中讨论的个人所得税，以及企业所得税、增值税等收入较丰沛的税种皆为央地共享税，疫情本就会影响收入，改革

---

① 财政部：《关于2019年中央和地方预算执行情况与2020年中央和地方预算草案的报告》，载中央人民政府网站，http：//www.gov.cn/xinwen/2020-05/30/content_5516231.htm，最后访问时间：2020年6月3日。

② 比如武汉市在基层财力本已捉襟见肘的情况下，仍然于2020年5月实施全民核酸检测，其费用由市区两级财政负担。这对于"让全国人民放心、让武汉人民安心"十分必要，也有利于加速经济社会全面复苏，但其给基层财力带来的负担也是显而易见的。无论从特殊转移支付保基本民生、保基层运转、公共卫生体系建设、重大疫情防控救治体系建设等哪一个方面的目标出发，由中央财力以转移支付的方式提供支援，都是题中应有之义。

举措又将加剧减收幅度，既如此，湖北省是有理由积极向中央争取加大相关税种地方分享比例的。

总之，财税联动是现代国家应当遵循的治理逻辑，个税减征改革同扩大财政转移支付等手段相衔接，方能扬长避短，兴利除弊。

五、个税减征方案的局限性及可能的缓释办法

鉴于社会经济实践的复杂性，任何一种调控方法都有自己的局限性，个税减征方案也不例外。有些问题不难解决，如怎样确定特定纳税人是湖北纳税人之类的都属于技术性问题，解决起来并无实质障碍。但麻烦的地方在于，根据该方案，只能对取得收入且收入额超过一般性扣除额的纳税人实施税收减征，换言之，对受疫情影响本就失去生活来源或是收入都未达到一般性扣除额的个人，个税减征方案缺乏着力点。而客观来讲，从国家的角度看，最需要扶持的正是这一群人。

这一问题在现行《个人所得税法》的制度框架内难以得到很好的解决，其原因在于以个人和年度为纳税单位和纳税周期①的做法，缺乏弹性空间。设想一下，若是改以家庭为纳税单位，则前述建议的惠及面显然要更广一些，譬如一个两口之家，若是一方有而另一方无工薪收入，在现行法的语境下，便只有取得收入的一方能享受利益，但若改以家庭作为纳税单位，则该家庭作为整体将获得利益，获益的数值也要较现行法条件下的获益更高。

同理，以年度作为"综合所得"的纳税周期，较之过去以月作为纳税周期的做法已经要合理许多，这尤其表现在纳税人于一年内某些月份收入较高时，其税负不再会仅因此便显著上升，但当纳税人的收入在年度之间分布不均衡时，其税负仍然可能畸重。在平常时期，这种状况还不普遍，更多存在于职业比较特殊的少数纳税人，如画家、作家等自由职业者以及从事生产经营活动的自然人纳税人，或是极其少见的情形，如因特殊情事致长年累积薪资一次发放。在其他国家或地区，不乏相应的缓和年度课税原则的实践，如我国台湾地区"所得税法"即在第14条第3项规定，数个年度的经济活动的成果，

---

① 以年度为纳税周期主要就"综合所得"而言，对于财产转让所得、财产租赁所得、资本利得、偶然所得等税目，则是以次为纳税周期。

集中在一个年度实现的变动所得时，只以二分之一作为所得总额，以资弥补。① 我国大陆尚无相关规定。如果说在过去，缺失相关规定的消极影响还不明显，那么该次疫情无疑使之凸显出来。受疫情影响，可能有更多的纳税人会面对这种状况。就以湖北省为例，2020 年 1—4 月，大多数纳税人没有"复工"，其中相当一部分群体并无收入或是仅能拿到"生活费"②，即便是到了 5 月以后，受市场萎缩的影响，许多纳税人的收入也会低于正常年份，比如"绩效收入"可能有较大幅度下降。如此一来，整个 2020 年度，很多纳税人的"综合所得"会较往年以及未来年度更低，在这种情形下，对其实施个税减征的扶持力度相应便要大打折扣。但若能在坚持以年度为纳税周期之基本原则的同时，适当容纳特定条件下的年度间调剂，无疑能在相当程度上改善前述不合理状况。年度间调剂的具体办法，则可考虑以 2~3 年为单位，在其中每一年度经过后先行汇算清缴应纳税额，待到整个期间经过后再进行一次汇算，适用的税率表同现行税率表可保持一致，只是将其中的"全年应纳税所得额"调整为"2~3 年应纳税所得额"，相应将现行税率表中各档的数额乘以 2 或 3，其他计税规则保持不变。据此便可测算出特定纳税人在这 2~3 年总体上的应纳税额，然后将之同其各年度已纳税额的加总作对比，退还多纳税额。③ 这种做法肯定是对于纳税人更为有利的，也能让特定时期的个税减征方案发挥更大效用。更为根本的解决思路可能还是引入"负所得税"的制度安排，若能如此，则国家相应要给收入未达到一般性扣除额的纳税人根据差额按比例提供补贴。在国家推行阶梯式税额减征方案时，可相应基于"镜像原则"对收入未达扣除标准的纳税人实施阶梯式税额返还/财政补贴。

　　但必须指出，前述构想的实践需要修改《个人所得税法》，并非单一省份所能自行决定，而且改变个税计征的无论是纳税单位、纳税周期还是引入"负所得税"制度，都导向整个《个人所得税法》的系统性变革，其可能在带来积极

---

① 陈清秀：《税法各论·上》，台湾元照出版公司 2014 年版，第 102~103 页。

② "生活费"按最低工资标准的一定比例测算，大概一个月仅有 1000 多元。

③ 该方案主要是弥平了不同年度的收入差距，避免收入分布不均衡的纳税人多缴税，所以该方案的推行，较之严格的年度纳税方案，不会产生某些纳税人税负上升从而应补税的情形。

影响的同时也会引致若干消极因素，而且从抽象设想到具体方案的过程道阻且长①，拿出具体方案后还需要在征管层面作出较大幅度的调整，所以付诸实践并不容易。这也说明，至少在当前语境下，个税减征方案的局限性，尚难从根本上加以克服。

此外，《个人所得税法》关于自然灾害减征路径的规定，一定程度上也阻滞了优惠政策的出台。本书第二章已就此有所阐发，简言之，出台优惠措施的决定权主要为省级政府所掌握，但其在税政方面专业知识积累的不足，也制约了主动运用税收手段的积极性；受制于以国家税务总局为主与省级人民政府双重领导体制，省级税务机关主动向省级政府提出倡议的动力也较为缺乏。而要想解决该问题，需要理顺相关管理体制，但这涉及整章建制，并非易事。

由上述分析不难看出，现行《个人所得税法》的若干制度设计，乃至整体上的税收管理体制，对于个税减征方案的功能发挥，事实上有所束缚，这从一个侧面彰显进一步优化个人所得税法律制度和税收管理体制的必要性。而在修法之前，则只能是在体认多种政策手段各擅胜场、也各有缺失的基础上，避免"单打一"，强调增加财政支出、减免税收、降低收费、扩大信贷支持等多样化的手段综合施治、协同发力，共同助力疫情后全国的民生创伤修复。当然，即便完善了个人所得税法律制度，修改了纳税单位，个税减征方案的作用还是会有局限性，也即不能给未达到应税标准从而无应纳税所得额的低收入群体带来好处。另外，即便是收入达到应税标准从而能够从个税减征方案中获益的纳税人，高收入者获益的绝对值也往往要高过中低收入者，这也是各类税收优惠手段均具有之"累退"特性的表现。这或许可以从根本上解释，为何截至目前，自然灾害个税减征规则的运用频次相当之低，也未将之作为后新冠肺炎疫情时代的政策选择。相较之下，对于扶持弱势群体，尤其是最弱势的一群人来讲，财政支出的手段更为直接，也更为精准，其正好能同税收手段发挥合力，形成较为严密的"保护网"。由此观之，强调财政和税收手

①　比如，适度缓和以年度为纳税周期的做法在理论上颇为可取，但若要设计具体方案则会遇到一系列难题：能够突破年度纳税的究竟应限定为特殊情形还是一般情形？突破年度纳税后，又应将多长的时间段设定为纳税周期？如果设定为 2 年，那么 3 年为何不行？其间要考虑哪些方面的具体问题？回答这些问题，均非易事。

段的协同，进而在理论研究①和制度实践中打通财政收支，无论是对疫情后的民生创伤修复，还是为解决其他各类问题，都甚为必要。对单一规则寄予过高期待，或将成为其不可承受之重。

---

① 近年来已有越来越多的学者认识到财税一体化研究的必要性，并对其学理基础展开论证。参见吕铖钢：《公共财产与私有财产分离下的财税法一体化》，载《财政研究》2018 年第 12 期，第 62 页；李大庆：《财税法治整体化的理论与制度研究》，中国检察出版社 2017 年版，第 49~50 页；〔日〕北野弘久：《日本税法学原论》(第五版)，郭美松、陈刚译，中国检察出版社 2008 年版，第 11~12 页。

第五章　个税反避税的逻辑构造与规则适用[①]

党的十九大报告将我国社会的主要矛盾概括为"人民日益增长的美好生活需要和不平衡不充分的发展之间的矛盾"。发展不平衡的表现是多方面的，收入分配的不平衡便是其中之一[②]，导致这一现象的重要原因是税收调节分配的效果不彰，尤其是《个人所得税法》未能发挥预期的分配规制功能。本书在第一章即已阐明，一定的收入规模是税收发挥调节功能的前提，仅以2017年为例，个税收入占一般公共预算收入的6.9%[③]，这使其调节分配的作用十分有限。

进一步分析，个税占比不高的一个重要原因是避税行为泛滥，导致实际平均税率偏低，税源流失严重。据测算，我国2013年的个税流失率达55.48%。[④]《个人所得税法》存在一定的制度漏洞，且相对而言，高收入纳税人拥有更强的避税能力[⑤]，导致个税负担偏离纵向公平，有违分配正义；此外，税收是国家存在的物质基础，避税行为侵蚀了税基，国家为维持正常的运作必然会通过其他途径获取税收收入，这意味着其他纳税人会承担更重的

[①]　本章部分内容曾发表于《武汉大学学报（哲学社会科学版）》2021年第6期，收录本书时做了相应修改。

[②]　我国2012—2017年的基尼系数分别为0.474、0.473、0.469、0.462、0.465、0.467，总体呈下降趋势。数据来源于《中国住户调查统计年鉴2018》，第523页。

[③]　参见《2017年财政收支情况》，载中华人民共和国财政部网站，http://gks.mof.gov.cn/zhengfuxinxi/tongjishuju/201801/t20180125_2800116.html，最后访问时间：2020年8月1日。

[④]　晏华等：《个人所得税收入流失率抽样调查》，载《税务研究》2016年第11期，第49页。

[⑤]　以瑞典为例，高收入纳税人在避税动机、避税机会、避税知识三个方面都更具优势。Annette Alstadsæter & Martin Jacob, "Who Participates in Tax Avoidance? Evidence from Swedish Microdata", *Applied Economics*, Vol. 49: 2779, pp. 2779-2795(2017).

税负，进一步加剧分配失衡。反避税规则具有一定的负向矫正作用，2018 年修改《个人所得税法》时，引入反避税规则①被寄予厚望。但真实世界并不遵循理论假设的单线条逻辑——过去无个税反避税规则，于是规制乏力；修法纳入相关规则，于是万事大吉。需要廓清一系列问题：《个人所得税法》层面的反避税规则为何长期付之阙如，②彼时的征纳实践如何规制避税行为？本次修法为何、以及如何纳入反避税规则，个税与反避税，在法律层面是否真的适合"牵手"？修法后，反避税规则在由文本到实践的迁移过程中，应注意哪些问题？

第一节　范　畴

一、避税的法律界定

税收是影响经济活动的重要因素，任何一个理性纳税人都会在力所能及的范围内降低自己的税收负担，故有必要在法律层面合理界定避税，以免干预乃至窒碍纳税人的经济自由权。

避税概念的外延宽泛，可从经济学和法学两种视角加以把握。经济学视角关注经济效果，如 Joseph E. Stiglitz 将所得税避税行为的一般准则归纳为三点：（1）延期缴税；（2）从不同个体的税率差异中获取税收利益；（3）从所得的不同课征方式中获取税收利益。③诚然，这有助于把握避税的经济效果，但其未触及避税的价值判断，因而还需从法学视角进行检视。

由法学视角观之，避税指纳税人以不缴或少缴税款为目的，滥用法律形成自由和税法漏洞而规避税收义务，符合税法文义但违背立法目的或意旨的行为。④其构成要件可分为客观要件和主观要件：前者指纳税人滥用法律形成自由和税法漏洞，经由与经济实质不相匹配的交易安排获取税收利益；后者

---

① 新《个人所得税法》第 8 条新增反避税规则，针对个人不按独立交易原则转让财产、在境外避税地避税、实施其他不合理商业安排获取税收利益，税务机关有权按合理方法进行纳税调整。

② 本章所称的"个税反避税规则"，是指以《个人所得税法》中的反避税条款为核心、辅以下位法规范的一系列规则束。

③ Joseph E. Stiglitz, "The General Theory of Tax Avoidance", *National Tax Journal*, Vol. 38: 325(1985).

④ 王宗涛：《一般反避税条款研究》，法律出版社 2016 年版，第 210 页。

指纳税人存在获取税收利益的主观目的。这也符合实然层面的制度界定，如我国《一般反避税管理办法（试行）》第 4 条将避税安排的特征归纳为"（1）以获取税收利益为唯一目的或者主要目的；（2）以形式符合税法规定但与其经济实质不符的方式获取税收利益"。从比较法视野看，《加拿大所得税法》、《印度1961 年所得税法》、OECD 的定义也基本涵盖类似要件。①

为阐明避税概念的法律属性及特征，有必要将其与逃税和节税进行区分。就避税与逃税的区别而言：一方面，虽然二者的目的和结果都是获取税收利益，但前者是形式上合法、实质上背离立法目的（也可理解为符合法律规则、但违背法律原则或法律理念）之脱法行为，后者则直接违反税法规则，系违法行为；另一方面，根据税收债务关系理论，纳税义务自满足法定税收构成要件时发生，避税行为发生在构成要件满足之前，此时税收债务尚未成立，而逃税行为发生在构成要件满足、税收债务成立之后。

就避税与节税的区别而言，由于避税概念的模糊性，二者界限并不清晰。其主要区别在于前者获得税收利益违背税法目的，而后者的获利为税法所期许。② 诚然，交易安排是否符合税法目的不易判断，以此为标准界分避税和节税，纳税人的行为预期不确定，似有违法安定性原则。但以下两方面因素需要考虑：其一，虑及社会生活繁复易变，为贯彻量能课税原则，某些情况下使用不确定概念并无不妥，只要行政机关及最高司法机关有能力阐明即可。③职是之故，界定和规制避税行为不仅是立法机关的职责，为应对日益复杂的避税形式，行政反避税和司法反避税亦不可或缺，但为免税务机关侵害纳税人的税收筹划权，有必要通过制度设计限制税务机关的避税界定权。其二，

---

① 《加拿大所得税法》第 245 条第 3 款对"避税交易的认定"，参见王宗涛：《一般反避税条款研究》，法律出版社 2016 年版，第 213 页。根据《印度 1961 年所得税法》第 96 节之规定，可归纳出"不被容许的避税安排"具备以下四个构成要件：（1）主要目的是获取税收利益，除非纳税人能提出反证；（2）以反常手法在正常交易的纳税人之间创设权利或义务；（3）使本法的条款被误用或滥用，无论直接或间接；（4）完全或部分缺乏商业实质，或根据第 97 节规定而被认定为如此；或者，该安排之设立或实行，乃以通常来说并非出于善意目的之手段为之。I. T. A. 1961. Sec. 96（2017）. OECD 的定义为："旨在减轻某纳税人纳税义务的交易安排，虽然该安排严格来说是合法的，但通常有悖法律意图。"

② 翁武耀：《避税概念的法律分析》，载《中外法学》2015 年第 3 期，第 792 页。

③ 葛克昌：《避税调整之宪法界限》，载熊伟主编：《税法解释与判例评注》（第四卷），法律出版社 2013 年版，第 67 页。

税法目的也非完全不可预见，如澳大利亚的一般反避税规则(《1936 年所得税评估法》第 IVA 部分)俗称"气味测验"，意为若某项交易安排闻起来"味道不对"，便很可能要受到规制，[1] 这犹如《皇帝的新衣》中那个小孩，揭示了一个并不难看到的事实——一项交易安排是否合乎立法目的，单从规则文义出发似乎难以把握，但回归"朴素法感情"，问题好像也没那么复杂。

二、个税典型避税形式爬梳

由于我国个税立法较为粗疏，迭经修法亦未根本改变这一状况，加之征管体制重企业税、轻个人税，更兼纳税人对避税极为热情且"创意"无穷，个税规避形式五花八门。把握这些形式，有两条进路：一是梳理制度规范，二是搜集现实案例(事例)。依循上述进路，本章归纳出六种典型避税形式。表 5-1 首先枚举相关制度规范，在此基础上逐项讨论之。需要指出，鉴于制度规范不断推陈出新、部分规范性文件也未精确区分避税与逃税，下文所述可能并非全系严格意义上的避税行为；当然，究其本质，区分避税与逃税的判准是纳税义务是否发生，但这在个人所得税法层面并不好判断，故有时一并讨论二者势所必然。

表 5-1　　　　　　　　　　个税反避税相关制度规范

避税形式		制 度 规 范
变换身份避税	选择不同税收管辖权下的纳税人身份	《关于外籍个人取得有关补贴征免个人所得税执行问题的通知》(国税发〔1997〕54 号)、《福州市地方税务局关于境外人员个人所得税征收管理试行办法的通知》(榕地税外〔2002〕16 号)、《福建省地方税务局关于开展 2004 年度反避税调查工作的通知》(闽地税函〔2004〕108 号)
	利用特定民事身份	《关于个人无偿受赠房屋有关个人所得税问题的通知》(财税〔2009〕78 号)
	利用个人所得税法上不同的纳税人形式	暂无
	利用企业组织形式	暂无

---

[1]　Greg Travers, *The Tax Adviser's Guideto Part IVA*, Sydney：The Tax Institute, p. 1.

避税形式		制 度 规 范
选择纳税地点避税		《个人所得税法》（2018 年修正）
利用受控个人独资企业、合伙企业避税	混同投资者生活费用与企业生产经营费用	《关于个人独资企业和合伙企业投资者征收个人所得税的规定》（财税〔2000〕91 号）、《关于切实加强高收入者个人所得税征管的通知》（国税发〔2011〕50 号）
	违反独立交易原则进行交易	《关于个人独资企业和合伙企业投资者征收个人所得税的规定》（财税〔2000〕91 号）、《云南省地方税务局关于加强个人独资企业、合伙企业投资者个人所得税征收管理的通知》（云地税二字〔2004〕92 号）
	虚增投资合伙人	《关于开展 2007 年税收专项检查工作的通知》（国税发〔2007〕22 号）
混同公司人格与股东、高管人格	个人费用公司化	《关于外商投资企业和外国企业以实物向雇员提供福利如何计征个人所得税问题的通知》（国税发〔1995〕115 号）、《关于未分配的投资者收益和个人人寿保险收入征收个人所得税问题的批复》（国税函〔1998〕546 号）、《关于王家强截留公司收入征收个人所得税问题的批复》（国税函〔1999〕192 号）、《关于规范个人投资者个人所得税征收管理的通知》（财税〔2003〕158 号）、《关于企业以免费旅游方式提供对营销人员个人奖励有关个人所得税政策的通知》（财税〔2004〕11 号）、《关于单位为员工支付有关保险缴纳个人所得税问题的批复》（国税函〔2005〕318 号）、《关于企业为股东个人购买汽车征收个人所得税的批复》（国税函〔2005〕364 号）、《云南省地方税务局关于加强个人独资企业、合伙企业投资者个人所得税征收管理的通知》（云地税二字〔2004〕92 号）
	向公司"借款"	《关于规范个人投资者个人所得税征收管理的通知》（财税〔2003〕158 号）、《关于开展 2007 年税收专项检查工作的通知》（国税发〔2007〕22 号）、《关于个人股东取得公司债权债务形式的股份分红计征个人所得税问题的批复》（国税函〔2008〕267 号）、《关于企业为个人购买房屋或其他财产征收个人所得税问题的批复》（财税〔2008〕83 号）
	不当利用股票期权	《关于完善股权激励和技术入股有关所得税政策的通知》（财税〔2016〕101 号）
	利用转让股票所得的税制差异	《关于个人转让股票所得继续暂免征收个人所得税的通知》（财税字〔1998〕61 号）、《关于个人转让上市公司限售股所得征收个人所得税有关问题的通知》（财税字〔2009〕167 号）、中国证券监督管理委员会〔2017〕9 号公告

续表

避税形式		制 度 规 范
利用收入安排避税	切换所得类型	《关于外商投资企业的董事担任直接管理职务征收个人所得税问题的通知》(国税发〔1996〕214 号)、《关于切实加强高收入者个人所得税征管的通知》(国税发〔2011〕50 号)、《大连市地方税务局关于进一步做好反避税工作的通知》(大地税函〔2008〕75 号)
	横向分解收入	《演出市场个人所得税征收管理暂行办法》(国税发〔1995〕171 号)、《关于开展 2007 年税收专项检查工作的通知》(国税发〔2007〕22 号)、《关于切实加强高收入者个人所得税征管的通知》(国税发〔2011〕50 号)
	纵向分解收入	《征收个人所得税若干问题的规定》(国税发〔1994〕089 号)、《关于认真执行个人所得税法的通告》(国税发〔1994〕112 号)、《广告市场个人所得税征收管理暂行办法》(国税发〔1995〕171 号)、《广告市场个人所得税征收管理暂行办法》(国税发〔1996〕148 号)、《关于进一步强化个人所得税征收管理的通知》(国税发〔1997〕62 号)、《关于进一步加强对高收入者个人所得税征收管理的通知》(国税发〔2001〕57 号)
低报计税依据避税		《关于加强出租房屋税收征管的通知》(国税发〔2005〕159 号)、《关于个人住房转让所得征收个人所得税有关问题的通知》(国税发〔2006〕108 号)、《关于个人无偿受赠房屋有关个人所得税问题的通知》(财税〔2009〕78 号)、《关于加强税种征管促进堵漏增收的若干意见》(国税发〔2009〕85 号)、《关于加强股权转让所得征收个人所得税管理的通知》(国税函〔2009〕285 号)、《关于推广应用房地产估价技术加强存量房交易税收征管工作的通知》(财税〔2011〕61 号)、《股权转让所得个人所得税管理办法(试行)》(国家税务总局公告 2014 年第 67 号)

(一)变换身份避税

1. 选择不同税收管辖权下的纳税人身份

所得税法兼采属地管辖与属人管辖,以属地管辖为主。故《个人所得税法》就境外个人来源于中国境内的收入仍有管辖权,但为免双重征税而会设置一定的税收优惠。修改前的《个人所得税法》以有无住所、境内连续或累计居住时间、所任职务等事项为标准，给予不同类别的外籍人员不同程度的税收优惠。正如所得税的双边或多边税收协定渐将重心由避免双重征税转为避免双重不征税，属人管辖与属地管辖的双重作用及其内国法因应也为纳税人创造了较大的个税规避空间。首先，部分外籍人员通过人为控制在华停留时间以维持或改变自己的纳税人身份，从而规避部分纳税义务①；其次，部分外籍人员同时在境内与境外(一般是避税港)两地任职，分别与境内公司及其境外投资方签订合同，但是与前者签订的合同中约定的工资总额远低于与境外投资方约定的工资总额，以达到避税效果；② 最后，外籍个人以非现金形式或实报实销形式取得的合理的住房补贴、伙食补贴和洗衣费免征个税，但实务中对于"合理"缺乏明确的判断标准，部分外籍个人的上述收入远高于工资薪金所得，存在避税嫌疑。③ 本次个税修法调整了对居民纳税人的认定标准④，降低居住时间门槛等举措阻遏了某些避税行为，但财税主管部门表示落实新税法时将考虑继续对境外人士给以税收优惠⑤，若无法对旧有的优惠规则进行系统性校正，反避税效果将大打折扣。

2. 利用特定民事身份

由于具备某些特定民事身份的纳税人之间有特别的利益关联，相互间的经济活动往往享受一定程度的税收优惠。譬如，依财税〔2009〕78 号文，将房屋产权无偿赠与具有特定民事身份的自然人(如配偶、父母、抚养人或赠养

---

① 一些外籍个人虽在境内居住时间超过 5 年，但 5 年中必有 1 年临时离境超过 30 天或累计离境超过 90 天，以维持居住不满 5 年的居民纳税人身份，从而规避境外所得纳税义务。参见张剀：《四类个人避税行为被重点关注》，载《中国税务报》2015 年 7 月 31 日，第 5 版。

② 《某公司境外发放工资少扣缴个税被查处》，载深圳市地税局网站，http：//www. szds. gov. cn/newszds/jcal/201404/6667b512aefd44ae9ec5e8283ec63834. shtml，最后访问时间：2020 年 8 月 9 日。

③ 白晓、颜洪立：《信息不对称：外籍人员个税管理的软肋》，载《中国税务报》2015 年 12 月 16 日，第 6 版。

④ 新《个人所得税法》第 1 条规定："在中国境内有住所，或者无住所而一个纳税年度内在中国境内居住累计满一百八十三天的个人，为居民个人。居民个人从中国境内和境外取得的所得，依照本法规定缴纳个人所得税。"

⑤ 《财政部税务总局有关负责人答记者问》，载中华人民共和国财政部税政司网站，http：//szs. mof. gov. cn/zhengwuxinxi/zhengcejiedu/201809/t20180930_3033266. html，最后访问时间：2020 年 9 月 30 日。

人、法定继承人），不征收个税。部分纳税人选择与受让方办理结婚登记，从而利用配偶身份免缴个税。① 对此类避税手法，税务机关应持谦抑立场，原因有三：一是因为亲密关系属于纳税人的私人领域，出于尊重私权的考虑，税务机关不宜过度干涉；二是纳税人与税务机关之间存在严重的信息不对称，欲准确识别进而规制前述避税行为，税务机关即便付出高昂的征管成本，也未必能精准施治，出于征管效率考量也应恪守自制；三是此类手法处于避税与节税的模糊地带，如个案中有纳税人为将房屋转让给旁系亲属，试图重复利用直系亲属关系进行房屋转让，② 此举是否合乎税法目的，难以简单定性。当然，并非不能针对此类避税手法制定反避税规则，如新西兰就制定了特别反避税规则以限制纳税人向配偶、民事关系伴侣或事实伴侣支付报酬，③ 但相关规则的合理定位应是"录以备考"的，当避税行为已甚明了并证据确凿，且有其他明显违法或显著不合理情事时，始可据以援用，不宜作为税务机关调整反避税的利器而四处挥洒。

3. 利用个人所得税法上不同的纳税人形式

我国个人所得税法框架内，包含自然人、个人独资企业与合伙企业三种纳税人形式，相互间的税负存在差异。对自然人课征的个税，最高税率出现在工资薪金所得中最高一档边际税率，为45%；对个人独资企业和合伙企业，则仅对投资者的经营所得适用5%~35%的五级超额累进税率。两相比较，特定行业从业者若收入甚巨以致适用的平均税率过高，则如能改经个人独资企业之通道课税，反能实现税负减轻。现实中，不乏影视明星设立个人独资企业性质的工作室以适用较低税率；这种行为处在模糊地带，有些教程将之归为节税方式，但准确来讲，其税负减轻有违量能课税，显然不合税法目的，当认定为避税为宜。

4. 利用企业组织形式

我国现行所得税法采个人所得税—企业所得税的二元结构，并非所有企业都缴纳企业所得税，公司与合伙企业/个人独资企业承担的税负在质与量上都有差异。其一，公司实行双重所得税制，对公司和股东分别征收企业所得

① 汪某与林某离婚纠纷案，〔2014〕三中民终字第07661号。

② 秦达三、甘枢莲等与梁爱群、龙珑房屋买卖合同纠纷二审民事判决书，〔2015〕南市民一终字第874号。

③ I. T. A. 2007. DC5(2018).

税和个人所得税，合伙企业和个人独资企业实行单一所得税制，只征收个人所得税从而避免了经济性重复征税；其二，部分税收优惠明确适用于公司，能否适用于合伙企业和个人独资企业较为暧昧。① 因而某些情况下前者的税负低于后者，某些情况下又高于后者，若再考虑到自然人承担的个税水平可能更高，便不难发现此间确实存在利用企业形式、并于精算后选择特定企业组织形式以避税的空间。现实中，个别地区对企业实行过于宽泛的税收优惠政策②，形成税收洼地，部分纳税人选择在此类洼地设立空壳企业以获得税收利益。③

(二)选择纳税地点避税

纳税人可在税制单一、税率偏低、政策宽松的避税地④设置离岸信托或设立离岸公司，通过对应归属于纳税人的利润不作分配或减少分配、利用非居民纳税人身份间接转让中国境内企业股权等方式避税。⑤ 这种避税手法通常借助企业形式，我国《企业所得税法》中也有受控外国公司条款，但其效力不及于自然人；本次个税修法将其视为典型避税形式加以规制⑥，且共同申报标准（Common Reporting Standard）也于9月落地，国税总局与其他国家（地区）税务主管当局首次交换金融账户涉税信息⑦，压缩了此种手法的避税空间。

---

① 叶金育：《税法的整体化研究——一个法际整合的视角》，北京大学出版社2016年版，第226~230页。

② 如霍尔果斯特殊经济开发区内符合政策要求的企业，自取得第一笔生产经营收入所属纳税年度起，4年内免征企业所得税。参见《关于新疆喀什霍尔果斯两个特殊经济开发区企业所得税优惠政策的通知》（财税〔2011〕112号）。

③ 田艳春、宋春辉：《完税凭证引出异地避税案》，载《新京报》2017年12月5日，第A14版。

④ 如荷兰、卢森堡、爱尔兰等国。截至2012年年底荷兰共吸引外资3.5万亿美元，但仅有5730亿美元流向"真"的荷兰公司。沈伟：《后金融危机时代的全球反避税措施：国别差异路径和全球有限合作》，载《比较法研究》2018年第1期，第123~124页。

⑤ 卢勋等：《深圳地税跨境追缴1368万元税款》，载《中国税务报》2011年6月8日，第1版；田艳春、宋春辉：《海淀地税局追征境外企业股权交易税款》，载《中国税务报》2015年9月22日，第6版。

⑥ 新《个人所得税法》第8条规定："有下列情形之一的，税务机关有权按照合理方法进行纳税调整……(二)居民个人控制的，或者居民个人和居民企业共同控制的设立在实际税负明显偏低的国家（地区）的企业，无合理经营需要，对应当归属于居民个人的利润不作分配或者减少分配；……"但应注意到，这只是利用避税地避税的其中一种情形。

⑦ 《金融账户涉税信息自动交换标准简介》，载国家税务总局网站，http://www.chinatax.gov.cn/aeoi_index.html，最后访问时间：2020年10月10日。

（三）利用受控个人独资企业、合伙企业避税

1. 混同投资者生活费用与企业生产经营费用

我国对个人独资企业和合伙企业不征企业所得税，只对其投资者的经营所得以5%～35%的五级超额累进税率征收个税，且投资者及其家庭的生活费用不得做税前扣除。由于上述企业受到少数投资者的控制，投资者可通过混同投资者生活费用与企业生产经营费用的方式以缩减税基，达到少缴个税的效果。

2. 违反独立交易原则进行交易

由于个人独资企业和合伙企业的投资者数量少，企业与投资者的人格未完全分立，投资者施加影响的空间较大。实践中，投资者可让企业不遵循独立交易原则收取或支付价款、费用，从而减少计税依据，少缴个税；还有投资者以借款形式从其控制的投资企业处取得收入，而任何一个非受控企业是不会发生此类交易的。本次个税修法将上述行为视为典型的避税形式加以规制①，税务机关可借鉴企业所得税反避税的执法经验以适用相关规则。

3. 虚增投资合伙人

通过虚增投资合伙人的方式，投资者可分解分配给自己的利润，并重复利用扣除额，以缩小税基。有我国台湾地区的学者认为此类"借名行为"属于逃税②，然而其发生于税收债务成立之前，应认定为避税为宜。

（四）混同公司人格与股东、高管人格

1. 个人费用公司化

大股东和高管往往具有便利条件，可利用自身影响力将个人费用公司化，由公司承担自己的消费性支出。如有的公司以职工福利费的名义支付投资者的消费性支出；③ 有的公司为雇员购买汽车、住房、保险，以工作考察等形式组织免费旅游；甚至还有公司的法人代表直接将公司收入存入个人账户。虽

---

① 新《个人所得税法》第8条规定："有下列情形之一的，税务机关有权按照合理方法进行纳税调整……（一）个人与其关联方之间的业务往来不符合独立交易原则而减少本人或者其关联方应纳税额，且无正当理由。"

② 柯格钟：《论税捐规避行为之立法与行为的类型化》，载《兴大法学》2014年第1期，第52～54页。

③ 温岭市地税局对台州万特汽车零部件有限公司的行政处罚决定书（温地税稽处-2014-48）。

然本次个税修法未直接触及此类情形，但相关规范性文件已提供为数不少的可适用规则，也即对此类避税手法，规制重心在严格征管、而非在立法中增设相关条款。

2. 向公司"借款"

股息、红利所得需缴纳 20% 的个税，有些大股东或高管为了避税，以借款为名从公司获得一笔资金，长期不归还，或是以非法票据甚至未付任何票据便违规冲销，实际上是从公司取得股息、红利。① 针对此种避税手法，财税〔2003〕158 号文、国税函〔2008〕267 号文等都已作出明确规定，但制度漏洞并未就此消弭，上述文件将"该纳税年度"或"借款年度"内未偿还借款作为避税认定的时间标准，纳税人仍可透过重复借款的方式获取税收利益。

3. 不当利用股票期权

根据财税〔2016〕101 号文，上市公司授予员工的股票期权在行权后方缴纳个税。借此操作以享受递延纳税的利益是符合立法目的之节税行为，但也有大股东和高管人员熟稔公司经营发展战略，能预判股价走势，便可精算确定行权日以缩小行权价与行权日股票市价之间的差距，从而少缴税款;② 其还可通过在行权日大量买进卖出本公司股票的方式缩小价差以获取税收利益，此时便有避税嫌疑。

4. 利用转让股票所得的税制差异

还有纳税人反向利用个人所得税法和其他税种法的差异避税。根据相关规定，个人转让上市公司股票所得暂免征收个税，故有纳税人将限售股由法人股票转为自然人股票后出售，从而免缴企业所得税和个人所得税，如著名的陈发树案。③ 有鉴于此，财政部、国税总局和证监会联合下发财税字〔2009〕167 号文，决定对个人转让限售股征收个税。然而，纳税人仍有操作

---

① 《企图以"借款"掩盖利润分配逃避个人所得税，南山某科技公司被补罚 500 多万元》，载深圳市地税局网站，http：//www.szds.gov.cn/newszds/jcal/201503/7ab62bafe6b64092b4a8a2983463f24a.shtml，最后访问时间：2020 年 8 月 11 日；《深圳某公司多手段少缴个税被查处》，载深圳市地税局网站，http：//www.szds.gov.cn/newszds/jcal/201503/c5b65f4655bb4e198477294056ebec59.shtml，最后访问时间：2020 年 8 月 11 日。

② 蔡昌、李为人：《税收筹划理论与实务》，中国财政经济出版社 2014 年版，第 135 页。

③ 翟继光、刘河英编著：《企业合理节税避税案例讲解》，立信会计出版社 2014 年版，第 267~268 页。

空间，如将法人股票转化为自然人股票后，待限售股解禁，于大盘低迷时卖出随后买入，涨价后再卖出。① 证监会〔2017〕9 号公告对上市公司股东、高管减持股份施以限制，如上市公司大股东在 3 个月内通过证券交易所集中竞价交易减持股份的总数，不得超过公司股份总数的 1%，虽主观目的非为反避税，但客观上对防杜前述避税行为确有助益。

(五) 利用收入安排避税

1. 切换所得类型

我国过去实行分类所得税制，各税目的税率存在差异，如工资薪金所得适用超额累进税率，劳动报酬所得、利息所得等适用比例税率，纳税人可在工资薪金与劳务报酬②、利息③间切换所得类型以降低税负。本次个税改革将工资薪金、劳务报酬等四类收入归并为综合所得项目，部分压缩了此类避税手段的运作空间。

2. 横向分解收入

横向分解收入指将一笔收入分解成适用个税部分和不适用个税部分，从而缩小税基。如将工薪收入分解为基本工资和报销工资，后者即个人消费时开具发票、由企业报销，报销所得不必扣缴个税，企业亦可利用这些发票进行税前扣除，还能减少社保费用支出，实现个人与企业的"双赢"。④ 但其税法风险在于，收入相同的纳税人承担不同税负水平，有违横向公平，且个人消费与企业所得之间缺乏关联，税前扣除于法无据。实践中，有税务机关将

---

① 翟继光、刘河英编著：《企业合理节税避税案例讲解》，立信会计出版社 2014 年版，第 269 页。

② 有些纳税人会利用董事费与工资薪金所得的税率差异避税，如部分外商投资企业的董事(长)同时担任企业的直接管理职务，但其从该企业仅以董事费名义或分红形式取得收入。

③ 可通过企业向个人借款并支付利息的方式。《国家税务总局关于切实加强高收入者个人所得税征管的通知》(国税发〔2011〕50 号)。

④ 相关案例较多，如张葳诉格拉慕可企业形象设计咨询(上海)有限公司、上海中企人力事务服务有限公司劳动合同纠纷案，〔2012〕沪二中民三(民)终字第 1032 号；智放(上海)营销管理有限公司与李佳劳动合同纠纷上诉案，〔2017〕沪 01 民终 15019 号；北京东方华脉工程设计有限公司与王虹卜劳动争议上诉案，〔2017〕京 01 民终 7217 号；苏州中氢能源科技有限公司与余巍追索劳动报酬纠纷案，〔2017〕苏 0583 民初 70037171 号；上海氩氪广告有限公司为与孙溯劳动合同纠纷一审民事判决书，〔2014〕徐民五(民)初字第 432 号。

此类行为认定为逃税，① 然而此时税收债务尚未成立，故应认定为避税。

此外，有纳税人将一笔收入分解为工资薪金和劳务报酬，重复扣除以缩小税基；② 还有纳税人通过在两处或两处以上取得工资薪金的方式重复扣除。国税发〔1995〕171 号文、国税发〔2011〕50 号文已提供相应的反避税规则，实务重心在准确辨识和强化征管。

3. 纵向分解收入

纵向分解收入有两种类型。一是分解一笔收入为多笔，在不同时点分别实现，多次扣除费用以缩小税基，稿酬、演出报酬、特许权使用费所得、财产租赁所得皆可如此分解；个税修法后，综合所得按纳税年度合并计算，一定程度上缩小该手法的操作空间。二是将一部分收入以技术手段延至其他纳税年度实现，从而获得延迟纳税的利益，如以股权激励形式替代部分工资薪金③，其究系节税抑或避税应具体分析，其一方面将员工利益与公司绩效挂钩，符合激励相容原则；另一方面也可能为公司高管滥用，以"一元年薪、余者全为股权激励"等极端形式获取税收利益，且此间税收考量远超合理商业目的，应认定为避税行为。

（六）低报计税依据避税

在实务中，许多纳税人通过低报房屋交易价格、出租价格和股权转让价格等方式缩小税基，尽可能少缴个税。④《税收征收管理法》第 35 条第 1 款第

---

① 《某公司未按规定扣缴个人所得税被罚》，载深圳市地税局网站，http：//www. szds. gov. cn/newszds/jcal/201603/8b0f389a9d8c455aab9a30169f305fc8. shtml，最后访问时间：2020 年 8 月 9 日；《深圳某公司以发票报销方式发放业务员提成少代扣代缴个人所得税被查处》，载深圳市地税局网站，http：//www. szds. gov. cn/newszds/jcal/201410/ac53370af879420395371f805b4d3c29. shtml，最后访问时间：2020 年 8 月 9 日。

② 郭少慧诉北京亿马先锋汽车科技有限公司公司劳务合同纠纷案，〔2017〕京 0115 民初 16008 号。本案中的纳税人使用的是逃税与避税相结合的手法。

③ 赵颖、张剀：《大企业高管：领 1 元年薪，防税务风险》，载《中国税务报》2017 年 4 月 7 日，第 9 版。

④ 杨双珍与上海市浦东新区地方税务局第二税务所、上海市浦东新区地方税务局行政复议一审行政判决书，〔2016〕沪 0115 行初 56 号；孙小兵与江苏省苏州工业园区地方税务局第一税务分局、江苏省苏州工业园区地方税务局行政征收、行政复议一审行政判决书，〔2016〕苏 0508 行初 374 号；杨月明诉李祖伦房屋租赁合同纠纷案，〔2016〕浙 0681 民初 07101 号；贺中桂与杨眉、闫祖艳房屋租赁合同纠纷案，〔2015〕鄂伍家岗民初字第 01649 号；柴煜胜与吴新为、姜生股权转让纠纷案，〔2017〕苏 04 民终 1798 号；黄有旗职务侵占罪刑事裁定书案，〔2016〕新 40 刑终 86 号。

6 项有计税依据明显偏低且无正当理由时、税务机关有权核定应纳税额的规定，实践中常援用该条款规制前述行为，且在个人所得税法上反避税规则付之阙如的时代，习惯于将其视为反避税手段之一种，潜台词即低报计税依据属于避税行为。但严格来讲，其处在节税、避税和逃税的交叉地带，要具体分析个案中纳税人低报幅度及主观动机，不可一概而论。节税与避税的区别在于是否符合立法目的，法律真实与客观真实间存在张力，以存量房交易为例，税基确定至少有成交价与评估价两种思路，目前各地普遍以评估价为基准，这是一种法律真实，其可能部分偏离客观真实（成交价）；出于信息不对称及征管效率之考量，《税收征收管理法》第 35 条使纳税人承担正当理由说明义务，但在税务机关严格限定正当理由的情势下，有实质上的举证责任倒置之嫌。[①] 为稍作缓和，该条就税务机关介入有"明显"偏低的程度限制，财税〔2011〕61 号也有交易价格估值下浮不得超过 20%的要求，具体比例由地方自定，这意味着纳税人在申报时有一定弹性空间，适当低于评估价申报或可视作节税行为。避税与逃税的分野在于税收债务是否已成立，关键节点在构成要件满足时刻，由此观之，存量房既已交易，税收债务便已成立，此时低报成交价当属逃税、而非避税。可见，虽通常将低报计税依据作为典型的避税手法，其准确定性却非简单明了。

正因为低报计税依据的行为处于模糊地带，若一概予以核定，易引致明显失当。如《安徽省城市房地产交易管理条例》第 8~9 条规定，只要管理部门认为申报价格过低，便可委托房地产评估机构进行评估，确认的评估价将直接成为计税依据。这显然不符合前述《税收征收管理法》的思路，有下位法违反上位法之嫌；某个案中，纳税人申报的房屋交易价格为 32.4 万元，市房产交易所确认价格为 34 万元，仅下浮 4.7%，显非"计税依据明显偏低"，却被核定调整。[②] 类似的逻辑，依国税发〔2005〕159 号文，房屋出租人申报的租金收入低于计税租金标准又无正当理由的，可按计税租金标准计算征税，但仅

---

① 提高纳税人的协力义务标准，事实上降低了纳税人履行协力义务的可能性，税务机关之职权调查义务随之降低（降低其证明标准），从而使纳税人在证据法上负担愈为不利（甚至得以推计课税）。葛克昌：《租税法发展专题回顾：近年来行政法院判决之分析》，载《台大法学论丛》2011 年第 4 期，第 1923 页。

② 李洪斌、张虹与蚌埠市地方税务局龙子湖区分局二审行政判决书，〔2011〕蚌行终字第 00010 号。

提及标准系税务机关通过调查及参考房地产管理部门有关资料分区域评估而得，未阐明计税租金标准在制定时是否考虑下浮值的因素。[1] 抽象的类型化标准难以周延覆盖，必须容许无法适当归入特定类型的情形存在[2]，故计税依据评估标准当有一定浮动空间，以免影响正常的市场交易。合理的计税依据评估标准，正是实然层面界分节税与避税的关键。本次个税修法虽加强了对个人转让不动产和股权的管理，[3] 但未规定计税依据的评估标准。在效力层次较低的规范性文件之间已出现冲突的情势下，评估标准应以法律明定为宜。法律未规定时，税务机关应适用较高位阶规范性文件的评估标准，若无则可类推适用相近标准。

综上所述，纳税人的避税手法多为综合性的，只是各有侧重。前两类避税手法分别对应主体和地点两个维度，倚重之逻辑脉络有二：一是"税收管辖权——税收负担"的异质性，二是"纳税人身份——税收负担"的异质性。后四类避税手法对应收入维度，操作空间存在三个方面：一是纳税人对企业的影响力，二是《个人所得税法》体系内及其与企业所得税法之间的税制差异，三是涉税信息偏在于纳税人而税务机关较难准确全面掌握的现实。

第二节　前　　世

一、反避税规则难以纳入《个人所得税法》的成因

2018 年修法前，我国《个人所得税法》在很长一段时间内缺乏反避税规则，究其根源，须从个税规避的特质入手加以提炼。

(一) 手段多元，难以类型化

企业所得税层面的避税手法较为定型化，我国《企业所得税法》纳入三项

---

① 下位规范性文件也未对此加以阐释，如《南京市地方税务局关于印发南京市出租房屋计税租金核定标准的通知》(宁地税发〔2006〕131 号)。

② 陈清秀：《现代财税法原理》，厦门大学出版社 2017 年版，第 97 页。

③ 新《个人所得税法》第 15 条第 2 款规定："个人转让不动产的，税务机关应当根据不动产登记等相关信息核验应缴的个人所得税，登记机构办理转移登记时，应当查验与该不动产转让相关的个人所得税的完税凭证。个人转让股权办理变更登记的，市场主体登记机关应当查验与该股权交易相关的个人所得税的完税凭证。"

特别反避税规则和一项一般反避税规则。特别反避税规则指向的三类避税行为较为典型，各国税法与此高度雷同，一般反避税规则作为兜底条款，虽有侧重当事人主观意图的英美法系范式和强调立法目的的大陆法系范式，但融合态势愈益凸显。个税层面的避税手法类型多样，不同手段间缺乏共通的核心意涵。上文虽从主体、地点、收入等角度切入，循不同的避税思路略作提炼，但不难发现每一项下仍可衍生无穷的细目，加之个税规避多采综合性手段，都使类型化工作殊为不易。我国受大陆法系影响较深，立法倾向于论理体，"依论理学上的分类法，加以排列法典中的条规"①，对抽象、提炼的要求颇高。故此，对内在逻辑要求不高的美国《国内收入法典》中可罗列各类避税手段并加以规制，我国的此项工作则较难在狭义法律层面开展。

（二）多借助企业实施，专门规制的紧迫性被认为有限

从前文对避税手法的梳理可发现，许多个税规避行为都依托企业展开。现实中，巨额的个税规避多借助企业作为通道。对此还可由以下两个维度加以审视。

从比较的视野看，即使是加拿大这样所得税制完备健全的国家，高收入纳税人也可轻松利用企业避税。其营业公司获取的收入可能只须缴纳 15.5% 的企业所得税（安大略省），而个税的最高税率为 49.5%②，差距高达 34%。由此不难理解，为何个税规避（特别是巨额的避税）在形式上通常会借助于企业，又为何加拿大收入前 0.01% 的纳税人有 80% 在至少一家私有公司拥有 10% 以上的股份。③

从历史的视野看，企业所得税和个人所得税的发展密切相关。美国最早于 1913 年开征个税时，富人是主要的纳税群体，于是其鼓动开征公司所得税以作为取代，由于垄断部门的企业控制了价格，资本家能轻易地将公司所得税负转嫁给消费者。④ 易言之，企业所得税甚至自创立之初便与个税规避存在

---

① ［日］穗积陈重：《法典论》，李求轶译，商务印书馆 2014 年版，第 64 页。

② Michael Wolfson et al，"Piercing the Veil — Private Corporations and the Income of the Affluent"，*Canadian Tax Journal*，Vol. 64：1，p. 4(2016)．

③ Michael Wolfson et al，"Piercing the Veil — Private Corporations and the Income of the Affluent"，*Canadian Tax Journal*，Vol. 64：1，p. 7(2016)．

④ ［美］詹姆斯·奥康纳：《国家的财政危机》，沈国华译，上海财经大学出版社 2017 年版，第 195~197 页。

密切联系。

个税规避行为与企业的强相关性,使相当一段时间内,《个人所得税法》上制定反避税规则的需求被认为并不迫切——做好企业反避税工作,问题似乎便能迎刃而解。但此种认识并不恰切,个税规避依附于企业同个税规避依附于企业所得税规避是两码事。一方面,企业所得税的特别反避税规则中,受控外国公司和关联交易只需更换规制对象便可适用于相应的个税规避行为,但税收法定意味着若法无明文规定,《企业所得税法》中的条文便不能越俎代庖;另一方面,前文梳理的其他多类个税规避行为无法借鉴《企业所得税法》上已有的特别反避税规则。本次个税修法移植企业所得税反避税规则,固然反映个税规避与企业、企业所得税的关联性;但与此同时,受控外国公司和关联交易这两项规则的规制对象未涵盖个税规避行为的主体部分,故更有价值的制度借鉴当为一般反避税规则。

(三)与逃税、节税的界限模糊,立法反避税的难度较大

避税概念具有一定模糊性,其与逃税、节税的界限并不清晰,上文述及的低报计税依据、不当利用股票期权即不易定性,这增加了法律层面枚举典型避税行为的难度。误将节税认作避税、误将避税认作逃税,都会给纳税人带来不利后果,在前者是加算利息的损失,在后者涉及法律责任之承担。毋庸讳言,我国税收领域无论在立法还是执法层面都存在不精细之处,前述风险皆具发生可能性,如前文所述某税务局将横向分解收入认作逃税施以处罚,便有违法之虞。相较之下,执法时定性偏误,一般只影响个案,尚可透过复议、诉讼等渠道救济,若立法时便界定失准,影响面广的同时,立法行为的不可诉也阻断了具体当事人的救济渠道。所以,在识别能力尚不敷需要时,立法抱持谦抑态度,未尝不是明智的选择。

二、税务机关的因应之策

即便是 2018 年以前,税务机关也未因《个人所得税法》层面反避税规则的缺位而放任避税行为,运用以下两种方法可间接起到规制避税行为的作用。

(一)经济观察法

经济观察法(实质课税)是在解释税法或认定课税事实时,由经济视角加以观察,探求经济过程或状态的实质,以平等把握税负能力,实现税收公平。① 经济观察法体现税法与私法在把握同一交易行为时同中有异的立场，是税法被视为民法特别法的关键。税务机关在征管实践中，一定程度上得略过外观形式，直接依据与经济实质相当的法律形式作纳税调整，该方法在判断纳税人身份②、所得来源③、所得类型④、应税所得额⑤、是否滥用税收优惠政策⑥等场合，均有适用。这对纳税人借非常规交易形式获取税收利益，具有制约和震慑作用。但须注意，经济观察法本身是中性的课税方法，其不仅是税务机关维护国家税款利益的利刃，也是纳税人维护自身权益的护盾⑦，不宜将之完全视为反避税工具之一种。

（二）类型化观察法

所谓类型化观察法，即依据一般生活经验，凝练类型化标准，对个案的事实关系进行评价。⑧ 类型化观察法主要用于拟制或推定事实关系、对税基的计算进行类型化或概算化。⑨ 前文枚举的避税手法中，类型化观察法对其中多项有规制作用：第一，若纳税人申报的股权转让收入明显偏低且无正当理由，税务机关可核定股权转让收入⑩，无须证明纳税人存在避税的主观意图；第二，纳税年度内个人投资者从其投资企业借款，在该纳税年度终了后既不归

---

① 黄茂荣：《法学方法与现代税法》，北京大学出版社 2011 年版，第 199 页。

② 参见林昭南不服厦门市地方税务局对外税务分局税务处理决定案。

③ 参见田艳春、宋春辉：《海淀地税局追征境外企业股权交易税款》，载《中国税务报》2015 年 9 月 22 日，第 6 版；史小军等：《剥开申报疑团，觅迹外籍高管境外千万分红收入》，载《中国税务》2017 年第 8 期，第 62 页。

④ 参见张平：《个人所得"董事费"收入，不全都是"劳务报酬"》，载《江苏经济报》2012 年 2 月 14 日，第 B01 版。

⑤ 参见张在岐、闫士亮：《外围取证查疑，阴阳合同现形》，载《中国税务报》2014 年 1 月 1 日，第 8 版。

⑥ 参见田艳春、宋春辉：《完税凭证引出异地避税案》，载《新京报》2017 年 12 月 5 日，第 A14 版。

⑦ 福建省龙岩中院曾运用实质课税否决税务机关的处理决定。苏潮滨与龙岩市新罗区地方税务局等处罚上诉案，〔2017〕闽 08 行终 59 号。

⑧ 陈清秀：《现代财税法原理》，厦门大学出版社 2017 年版，第 71 页。

⑨ 陈清秀：《现代财税法原理》，厦门大学出版社 2017 年版，第 72 页。

⑩ 《股权转让所得个人所得税管理办法（试行）》（国家税务总局公告 2014 年第 67 号）。

还，又未用于企业生产经营，税务机关可对其未归还的借款征收个税;[1] 第三，税务机关核定应税房屋计税价格时，并非针对每一套房屋单独评估，而是在一定区域范围内对房地产进行估价分区，使同一估价分区内的房地产具有相似性，然后在每个估价分区内设定标准房地产并求其价值，再利用楼幢、楼层、朝向等调整系数，最终得出应税价格。[2] 可见，类型化观察法压缩纳税人的操作空间，客观上能发挥一定的反避税功用;但也要指出，其本质上属于拟制性规范，扩大税基、增加财政收入是其工具性价值之一[3]，反避税只是同时产生的附带效果。

横向对比，经济观察法是法律适用之个别的、接近案件的方法，更有利于实现量能课税。类型化观察法则不考虑个别案件之特殊性，以公式化的整齐划一模式运作，以期提高征管效率。[4] 二者运作模式虽异，致力于维护税收公平则同，并从各自向度间接发挥反避税的功效。

三、因应之策的正当性检视

我国未在法律层面对税务机关运用经济观察法和类型化观察法作一般规定，国税总局颁布的规范性文件提供了部分实定法依据(见上文表 4-1)。然税务机关并非因此即能高枕无忧，其行为的正当性，仍取决于妥善处置以下四对关系。

其一，实质课税与税收法定。为实现分配正义，国家以人民负担税收的给付能力为标准，赋予给付能力不同的纳税人各异之税收负担，然部分纳税人利用税法漏洞避税，且避税能力与税负能力多成正相关，这导致事实上的税负不平等及国家税款流失，故有实质课税之必要。但实质课税具有一定不确定性，同税收法定之间时而存在紧张关系。对此问题需辩证看待:一方面，我国税收领域的法治化水平较低是长期存在的客观国情，这使税收法定的现实意义曾经并于今时今日仍特别突出，但归根结底，税收法定亦不过是实现

---

[1] 《财政部、国家税务总局关于规范个人投资者个人所得税征收管理的通知》(财税〔2003〕158 号)。

[2] 高骥、吴迪与江苏省苏州工业园区地方税务局案，〔2016〕苏 0508 行初 443 号。

[3] 叶金育:《回归法律之治:税法拟制性规范研究》，载《法商研究》2016 年第 1 期，第 23 页。

[4] 陈清秀:《现代财税法原理》，厦门大学出版社 2017 年版，第 73 页。

税收正义的形式手段，其与税收公平可谓一体两面，并无孰优孰劣之谓，而实质课税便被认为是实现税收公平的重要手段；另一方面，实质课税有可能、却远非必然引致税收公平，若税务机关滥用实质课税，即有规避税法适用及加重纳税人税负之虞，此时既背离税收法定，也与税收公平背道而驰，故税务机关进行实质课税时仍应受税法规范的涵摄，坚持法律的实质课税、而非经济的实质课税，否则便可能堕入恣意之境。我国当下缺乏对实质课税的总括性规定，税务机关一旦缺乏具体规范性文件作支撑，径以实质课税作特别纳税调整的做法，常会受到挑战，如某税务局试图运用实质课税认定隐名股东的股东身份，但为法院所否决。[①]

其二，私法调整与税法规制。纳税人的经济活动是其运用私人财产权的结果，一般情况下，税法肯定并尊重私法调整结果，然避税行为不自然地设计交易形式、让税收债务的构成要件不得成立，致使税法调整目标落空，故必于税法层面给出负面评价，此时私法与税法之间便存在法效果上的不一致。[②] 经济观察法与类型化观察法都体现税法对私法调整的部分偏移：前者无视不同民事行为在私法评价上的同一性，给予差异化的税法评价；后者更是选择性忽略不同民事行为在事实层面的差异，主观地作整齐划一处理。整体上，私法与税法的目的与价值取向虽异，致力于推动社会发展则同，故二者接轨时应秉持法际尊重、法际中立、法际安定的原则。[③] 我国私法虽茁壮发育成长，但全社会范围内私权保护的意识尚不足够强烈，在此语境下，税务机关过于频繁地运用经济观察法易过度干涉正常的调整结果；同时，由于当前仍然受到国库中心主义的影响，类型化观察法在税收立法和财税规范性文件制定过程中应用过频，易诱发税权自我扩张的风险。

其三，文义解释与目的解释。法律解释方法虽多，然而最基础的无疑是文义解释，避税行为正是着眼于文义解释所不能周延覆盖之盲区，利用税法漏洞行违背税法目的之事。经济观察法便以税法目的为依归，不排斥对税法文义作扩张解释以涵摄特定行为；但理论上，目的解释不应逾越"可能含义"

---

① 林昭南不服厦门市地方税务局对外税务分局税务处理决定案。

② 刘剑文：《私人财产权的双重保障——兼论税法与私法的承接与调整》，载《河北法学》2018 年第 12 期，第 10 页。

③ 叶金育：《税法与私法"接轨"的理念与技术配置——基于实质课税原则的反思与超越》，载《云南大学学报（法学版）》2014 年第 3 期，第 66 页。

之界限，否则便是在进行漏洞补充。鉴于税收立法的粗疏，我国税务机关实际上身兼规则的制定者与适用者双重身份，常以制发财税规范性文件的方式，溢出可能的文义范围"解释"上位法，据以施行，前文列举的为经济观察法提供依据的规范性文件，若从上位法的可能文义范围来审视，多少存在一些正当性瑕疵。

其四，税收公平与税收效率。税务机关运用经济观察法，是出于维护税收公平之考量；矛盾之处在于，若就不同个案均一体严格适用，对税务机关的成本支出是巨大考验，但选择性适用又不仅不能促进税收公平、反会加剧分配失衡。至于类型化观察法的采行，是为降低征管成本、增加征管收益；但该方法趋向于把握典型案件之"应然"，而非完全据实课税[1]，类型提炼不当，便有损税收公平。故而税务机关运用类型化观察法时，不得以非典型事实作为类型化基础，并应符合比例原则及合乎事理原则。[2] 从上文中相关规范性文件与案例(事例)高度重合的情况看，税务机关在避税行为的类型化上较为自制且取得一定成效，然而前文也已揭示，部分交易安排的计税依据评估标准不合理，削弱了行为的正当性。

综上所述，在《个人所得税法》层面未纳入反避税规则的时代，经济观察法和类型化观察法一定程度上扮演了替代性制度的角色。但此二者本意非反避税，实践中也暴露出不少问题，这也是 2018 年修法纳入反避税规则的动因之一。

第三节　今　　生

一、个人所得税法引入反避税规则之必要性

承接上述，除替代性方法不敷使用外，还可在以下两个层面加以检视。

由微观视角观之，虽然国税总局的规范性文件有不少涉及个税反避税，但也只能为税务机关的行为提供部分实定法依据，在文件未涵盖的场域，可能出现税务机关行为的正当性为纳税人和法院双重否定的情况，如上文的林

---

[1]　陈清秀：《现代财税法原理》，厦门大学出版社 2017 年版，第 73 页。
[2]　陈清秀：《现代财税法原理》，厦门大学出版社 2017 年版，第 86~87 页。

昭南不服厦门市地方税务局对外税务分局税务处理决定案。故而不难理解，为何税务机关喜欢采用一事一议的个案批复方式颁布反避税规范性文件，但这在事实上形成一个闭锁循环，进一步削弱了没有实定法依据时税务机关行为的正当性。而且，单靠下位规范性文件罗列枚举无法形成严密的反避税法网，遇一事新设一规则无益于个税反避税规则的体系化。理论上，个税一般反避税规则应涉及节税、逃税与避税范围之界定，特别纳税调整的实体与程序要件等事项，其存在可强化整个反避税规则体系的内在衔接。[①] 在此基础上，法律层面明定之特别反避税规则也能提炼典型避税行为的核心范畴，增强纳税人的行为预期和税务机关作特别纳税调整时的正当性供给。

由宏观视角观之，我国在 2013 年即出台《关于深化收入分配改革制度的若干意见》，税法手段在再分配中的重责大任亦早具共识，但分配优化的进程似不尽如人意，近年来基尼系数下降幅度极小，2016 年甚至略有反弹。原因固然多元，但直接税与间接税的比例失衡，确为窒碍分配调节的重要肇因。现行税制结构中，增值税居于绝对主体地位，个税占比偏低，由于增值税作为间接税，税负易转嫁，且根据"资本优越"[②]原理，税负转嫁多由经济强势主体转予弱势主体，故此种税制结构自然难以充分发挥分配调节功能。职是之故，十八届三中全会《关于全面深化改革若干重大问题的决定》提出要"逐步提高直接税比重"，十九大报告强调"调节过高收入"，也离不开个税调节。与普遍认知不同，我国并非自始就确立增值税一元主体税种的模式，20 世纪 80年代开启工商税制改革时，曾设想直接税、间接税并重的模式，是后来的实践背离了初衷；较为普遍又缺乏规制的个税规避行为，以及重企业、轻个人的征管制度，是引致个税占比低档徘徊的关键因素。故此，顶层设计文件中强调的提高直接税比重，并非要加税，毋宁说是适当降低间接税负担[③]的同时，强化直接税的征管力度；具体到个税层面，其反避税难点在于涉税信息联通及部门合作，在推行金税三期系统以及合并国地税的情势下，立法引入

① 侯卓：《法学视角下的一般反避税条款——以中国税法为切入点》，载《商丘师范学院学报》2014 年第 4 期，第 94 页。

② ［日］北野弘久：《日本税法学原论》（第五版），郭美松、陈刚译，中国检察出版社 2008 年版，第 132 页。

③ 这种观察符合税制改革实践，比如营改增后，增值税的税率便多次下调，最新进展是 2018 年将 17%、11% 两档税率分别调为 16%、10%。

个税反避税规则，正其时也。

二、新《个人所得税法》的反避税规则框架

前文曾提炼个税规避行为的三大特征，以阐明为何《个人所得税法》过去未设置反避税规则；实际上，其也为我们理解修法引入反避税规则的重心何在提供了线索。一方面，个税规避手法多元、形式复杂，类型化方法难以周延覆盖，而类型化正是特别反避税规则的基础，这也是许多国家或地区的特别反避税规则针对的对象主要不是、至少不单纯是个税规避行为的原因；如加拿大的特别反避税规则(转让定价、资本弱化、受控外国公司等)[1]、俄罗斯的特别反避税规则(转让定价、资本弱化、建筑工地计税期间计算等)[2]皆是如此。当然，这并不意味着个税规避行为不存在类型化的空间，已有部分国家或地区在这方面作了不少探索，如我国台湾地区针对利用投资公司转换所得类型和递延股利所得，以及股东、董事、监事无偿使用公司款项等个税规避行为设置特别反避税规定;[3] 新西兰则有限制向配偶、民事关系伴侣或事实伴侣支付报酬，以及涉及家庭税收优惠的交易安排规则等。[4] 但立法的类型化事实上减轻了税务机关的证明责任，若类型化失当，易侵犯纳税人权利。另一方面，由于部分避税形式与节税之间的界限并不清晰，出于保护纳税人税收筹划权利的考虑，立法时更应持谦抑的态度。一旦特别反避税规则明确规制某一行为，便失去回旋余地，一般反避税规则相应在立法环节回避了争议，而执法实践可以相对灵活的态度，本着有利于纳税人的立场，将不易判断的情形留待日后经验积聚、判断能力提升后再去解决。

---

① Reuven S. Avi-Yonah et al, *Global Perspectives on Income Taxation Law*, New York: Oxford University Press, p. 109.

② Reuven S. Avi-Yonah et al, *Global Perspectives on Income Taxation Law*, New York: Oxford University Press, p. 110. 建筑工地存在期间具有一定的避税空间，如依据《中华人民共和国政府和俄罗斯联邦政府关于对所得避免双重征税和防止偷漏税的协定》第5条之规定，存在期间达18个月以上的建筑工地可被视为外国企业在俄罗斯的常设机构，从而对其征收团体利润税。建筑工地计税期间计算规则的具体内容，参见 T. C. R. F. art. 308 (2017).

③ 黄士洲：《一般反避税立法实践的比较研究——以中国台湾地区、日本与德国税法相关规定与实例为主线》，载《交大法学》2015年第1期，第133~134页。

④ I. T. A. 2007. DC5, GB44(2018).

本次修法引入两条特别反避税规则及一般反避税规则。其中，新的特别反避税规则覆盖范围极小，且直接借鉴企业所得税的制度设计，缺乏个税底色。这反映了立法机关在避税行为类型化上所持的审慎态度，也揭示了当前个税反避税工作的难点并非特别反避税规则之缺乏，而在于征管能力的限制。当然，本次引入两条特别反避税规则仍有其意义：一方面，它们补足了《企业所得税法》相关反避税规则效力不及于自然人、个人独资企业与合伙企业的缺失；另一方面，在个人所得税法层面引入特别反避税规则，压缩税务机关的"造法"空间，有助于限制行政机关在反避税方面过大的权力。以发展的眼光看，本次修法只引入两条特别反避税规则，体现立法者的自制；日后可在提高税务机关对避税认识的基础上，逐步从实务中归纳典型个税规避行为，予以类型化，进而制定相应的特别反避税规则。

更应关注的还是引入一般反避税规则，其在制度文本上直接借鉴《企业所得税法》相关规定，强调"其他不具有合理商业目的"以及"获取不当税收利益"，分别指向主观和客观二元构成要件。就该条款之法律性质，须廓清两点：一是其属于宣示性条款抑或创设性条款，二是其属于授权条款还是限权条款。

针对第一个问题，宣示性条款与创设性条款的主要区别在于，前者认为税法得类推适用，而后者持否认立场。[①] 易言之，在遭遇特别反避税规则未涵摄之避税行为，前者认为纵无一般反避税规则，也可给予负面评价，后者则主张此时不得否认纳税人的避税安排。学界与实务界倾向于认为反避税本质上是在进行实质课税，而实质课税之基础是贯彻量能课税以维护分配公平、维护国家税收权益，纳税人若基于滥用之意图而规避税法适用，其信赖利益无特别保护之必要，故一般反避税规则仅系宣示性条款[②]，有无都不影响反避税。这作为理论定性是恰切的，但诚如前文述及，我国《个人所得税法》上无反避税规则时，也多有运用经济观察法反避税的实践，囿于税法环境的不健全，这种处理方式的正当性并不充分，且易诱发将经济观察法片面理解为反避税的趋势，故立法确立一般条款，仍很必要。

针对第二个问题，若将一般反避税规则界定为宣示性条款，在行政机关

---

① 王宗涛：《一般反避税条款研究》，法律出版社 2016 年版，第 38 页。

② 王宗涛：《一般反避税条款研究》，法律出版社 2016 年版，第 40 页。

主导反避税工作的情势下，更能凸显《个人所得税法》引入该规则的现实意义。既为宣示性条款，则是否立法确认原则上不影响税务机关的反避税实践，在这里，法律明定有更丰富的限权意蕴。一般反避税规则并非孤立条文，而是一套规则体系，为行政机关和司法机关提供标准化的认定思路、认定基准和认定程序，限缩实质课税的模糊性。是以孤立地看，引入一般反避税规则意义有限，更重要的是通过嗣后的细则制定以及征管实践中对标准的摸索、对程序的完善，逐步塑造健全的规则体系。

三、法内整合与法际融通

诚如前文所述，在过去，囿于《个人所得税法》层面反避税规则的缺位，税务机关往往借道经济观察法与类型化观察法规制个税规避行为。就价值取向言之，经济观察法与类型化观察法（如税收核定）属于课税事实要件的认定方法，具有中立性，其反避税功能乃税务机关赋能之结果。尤其是，《税收征收管理法》第35条第1款第6项本为中性条款，不属于反避税规则，然而无论学界认知、征管实践抑或司法立场，常赋予其反避税功能[①]，由该款衍生、涉及个税的诸多下位规范性文件也常被用于个税反避税，因而姑且将其纳入个税反避税规则的体系内。《个人所得税法》第8条属于特别纳税调整制度的一部分，是纯正的反避税规则，新旧规则如何接续转换、价值取向差异如何协调、外部制度规范如何衔接，考验制度设计者的智慧。

法内整合，即《个人所得税法》第8条要同一事一议的财税规范性文件做好功能分工。首先，根据顶层设计的部署，2020年要全面落实税收法定，大规模税收立法在可预期的将来即初见成效，依法征管将成为关注重心，先前的个税反避税工作多以规范性文件为依据，而规范性文件严格说来并非正式的法律渊源，新《个人所得税法》明确纳入反避税规则、特别是纳入一般反避税规则，能起到统领个税领域反避税规则体系的作用。其次，《个人所得税法》第8条的规定较为原则，后续出台的实施条例也仅在第23条就加算利息如何操作有所细化，针对行为认定未作阐发。两项特别反避税规则尚可借鉴相对成熟之企业所得税反避税工作经验，但基于避税手法的区别，《个人所得

---

① 汤洁茵：《不可承受之重：税收核定的反避税功能之反思——以〈税收征管法〉第35条第(6)项为起点的探讨》，载《中外法学》2017年第6期，第1547页。

税法》与《企业所得税法》上的一般反避税规则在适用时应有重心差异，修法时基本照搬《企业所得税法》上的一般反避税规则，决定了后续执法过程中必然产生问题，这有待下位规范性文件解决。再次，《个人所得税法》第 8 条罗列之两项特别反避税规则的代表性有限，不足以覆盖真实世界中层出不穷的个税规避行为，故规范性文件仍可提炼典型避税行为施以针对性规制。最后，前文述及，个案批复模式在《个人所得税法》层面反避税规则付之阙如的语境下，削弱了税务机关部分行为的正当性，但现在既已修法引入反避税条款，前述问题便迎刃而解，反避税执法某些方面具有"准司法"属性，同司法裁判追求"同案同判"一样，做到"相同行为相同定性"也是反避税执法的要务，税收立法普遍存在"空筐结构"，承担该项任务力有未逮，此时，国税总局主导之个案批复的作用便显现出来。

法际融通，即在税法体系内与做好与《企业所得税法》《税收征收管理法》的衔接。在前者，个税修法基本移植《企业所得税法》的相关规定，对此须一分为二看待：一方面，《企业所得税法》上的反避税规则确立较早，历多年运行已较为成熟，对核心范畴的认定形成一套体系化方法，故移植相关规则，无论从立法技术还是便于执法角度皆有合理性，此外，我国税制结构中，企业中的个人独资企业、合伙企业不缴纳企业所得税，而由其投资人缴纳个人所得税，规则设计和运行时的相对统一是税收公平的题中之意；另一方面，同企业所得税的反避税行为多存在于商业领域、且有一定共性可提炼不同，个税规避量小面广、异质性强，照搬企业所得税法的相关规定，存在扞格不入的风险。这里有一个悖论，个税规避种类多元，难以类型化，借鉴《企业所得税法》的规则易水土不服，不借鉴似又无他法可寻。在后者，《个人所得税法》与《税收征收管理法》在反避税议题的勾连有过去与未来两个向度：其一，《税收征收管理法》第 35 条第 1 款第 6 项在立法层面缺乏个税反避税规则时，曾部分发挥反避税功能，但其作为核定征收规则，不过是纳税人违反协力义务时特殊的税基确认方式，难以达致认定经济实质的反避税目标[①]，而且在缺乏程序性规制的语境下，易造成随意增加应纳税额的后果，故个税修法纳入反避税规则后，应于理论层面廓清该规则的性质，并于制度层面检视其继续

---

① 汤洁茵：《不可承受之重：税收核定的反避税功能之反思——以〈税收征管法〉第 35 条第（6）项为起点的探讨》，载《中外法学》2017 年第 6 期，第 1564 页。

存在的合理性；其二，前述个人所得税法是否借鉴企业所得税法上反避税规则之两难，归根结底，源于反避税立法的统合度不够，在我国税收基本法缺位的前提下，可考虑在税收征管法层面引入一般反避税规则，再于各税种法上有针对性地设计特别反避税规则，如此既能周延覆盖各税种，又节省立法资源、减少重复立法，以"问题导向"促进相关领域法律规范的体系化。①

第四节　适　　用

一、基本原则

个税修法引入反避税规则后，如何适用成为亟待解决的问题。论述具体适用方法之前，应先予廓清若干基本原则，以收积基树本之效。

其一，须秉持谦抑原则。一方面，节税、避税与逃税之间的界限并非总是泾渭分明，如低报计税依据的行为便处在模糊地带，实践中税务机关在个案中的定性也曾存在偏误；另一方面，从功能性视角出发，个税反避税的目标是贯彻量能课税以维护分配正义，且于此过程中须兼顾税收效率，而非过于宽泛地将所有形式合法的降低税负的行为一概纳入税基，这决定了税务机关对那些虽有避税嫌疑，但对分配正义扰动较小、存在于纯粹的私人空间或严格规制不符合税收效率原则的行为持审慎干预的立场，比如对纳税人通过形成婚姻关系以取得新的民事身份、进而获取税收优惠的行为就不宜过多干涉。当然，谦抑不等于放纵，要在分配正义、国家税收权益与经济自由、税收效率、私人财产权益之间妥适划定界限，缓释能动性与谦抑性的张力，需在认定避税行为时遵循下述第二项原则。

其二，须秉持主客观相统一的原则。在实务中，避税行为的认定多以客观方面为主标准，只要纳税人从事非常规交易行为并获税收利益，税务机关便倾向于将之认定为避税行为②，而主观避税目的则成为纳税人自证清白的排除标准。由于主观意图内嵌于纳税人意识，税务机关不易准确把握，而透过

① 参见尹亚军：《"问题导向式立法"：一个经济法立法趋势》，载《法制与社会发展》2017年第1期，第76~79页。

② 如上文所述之李洪斌、张虹诉蚌埠市地方税务局龙子湖区分局案。

外在之交易形式确能在相当程度上推测纳税人的主观意图，故如此处理在操作层面有其合理性。但在新《个人所得税法》语境下，应注意防杜两类常见误区：一是对纳税人能够主张的"正当理由"提出过高要求，或在缺乏明确规则指引的前提下不认可纳税人的主张①，或是虽以规范性文件枚举特定行为得不被认定为避税的"正当理由"并设有兜底条款（如针对"股权转让收入明显偏低"和低价转让房屋②），但执法时倾向于将列举未尽的枚举事项视为列举已尽、进而将凡不属于相关情形的理由一概否认，反而对纳税人更不利；二是对主观排除标准须达到的程度提出过高要求，无论《企业所得税法》还是《个人所得税法》，从条文语义看，只需行为"具有合理商业目的"便可，但在认知层面已演绎为"合理商业目的须为主要目的"，税务机关在执法时甚至只要发现某交易安排获得税收利益、便倾向于认定为"不具有合理商业目的"，这实为概念偷换。因此，主观标准在认定避税时虽为辅助标准，但也不能缺位，个税反避税执法可考虑在现有基础上适当放宽正当理由的认定标准。

其三，须明确特别反避税规则优先、一般反避税规则兜底的适用思路。修法后一个无可回避的议题是如何理解特别反避税规则和一般反避税规则的关系，尤其当避税安排属于特别反避税规则覆盖类型（定性）、但未满足具体要件（定量）时，比如确有在低税率国家设立企业且无正当理由不分配利润情事、该地税率却未低于规定税率的50%，能否转而适用一般反避税规则？"其他不具有合理商业目的"之表述在《企业所得税法》第47条便已出现，基于文义解释，既可将这里的"其他"理解为其他类型③，故前述情形不可兜底适用一般反避税规则，也可将之理解为"不符合特别反避税规则构成要件之情况"，从而得出相反答案。《一般反避税管理办法（试行）》解答了该问题，其第6条规定，企业的安排属于转让定价、成本分摊、受控外国企业、资本弱化等其他特别纳税调整范围的，首先适用其他特别纳税调整相关规定；"首先"意味

---

①　如新疆瑞成房地产开发有限公司不服新疆维吾尔自治区地方税务局稽查局税务行政处罚案，〔2013〕乌中行终字第95号。虽然税务机关在本案中针对的是营业税，但此种情形（以明显偏低价格转让房屋产权）同样涉及个税反避税问题，特别是本次个税改革引入了关联交易特别反避税规则。

②　《股权转让所得个人所得税管理办法（试行）》第13条和《河南省地方税务局关于存量房评估工作有关问题的通知》（豫地发〔2014〕64号）。

③　葛克昌：《避税调整之宪法界限》，载熊伟主编：《税法解释与判例评注（第四卷）》，法律出版社2013年版，第77页。

着特别条款和一般条款在相关情形中可重叠辐射，只是前者优先而已。以比较视野观之，新西兰之判例同样认为特别反避税规则不排除一般反避税规则之适用。① 新《个人所得税法》照搬《企业所得税法》的表述，同样蕴含多种可能的文义解释，前述试行办法的思路应该一体贯彻于个税层面，惟其条文明确对"企业"适用，扩至自然人尚须做表述调校。

二、核心问题

在明确基本原则的基础上，准确适用个税反避税规则，需处理好认定标准、认定程序、举证责任与证明标准三项议题。由于本次修法较多借鉴《企业所得税法》相关规则，企业所得税反避税工作的经验在多大程度上能够借鉴，值得思考。

就认定标准而言，前已述及，以客观认定要件为主、主观排除要件为辅是基本思路。然归根结底，关键是准确理解规则的核心意涵。新引入之特别反避税规则，其核心术语，如"关联方""独立交易原则""控制"等，可参照《企业所得税法实施条例》相关规定加以把握。新引入之一般反避税规则照搬《企业所得税法》规定，以"具有合理商业目的"为主观排除要件，而根据《企业所得税法实施条例》第120条，若纳税人的主要目的并非减少、免除或推迟缴纳税款，则排除一般反避税规则之适用；但"商业"一词实际上限定了得作为排除事由的交易目的之范围，比如，某公司关联企业的退休职工集体上访，为缓和矛盾，该公司以明显偏低的价格向其出售自己开发的房产，但税务机关否认该理由的正当性。② 由于企业系纯经济性之纳税人，能否实现利润最大化是其进行交易安排的主要考量，故"商业"之限定在实践中引发的困惑相对较少。譬如依国外判例，除满足监管义务外，纳税人缔结合伙协议筹集资金，以向投资者、信用评级机构及其高管证明自身的资金筹集能力，虽非直接关系生产经营，但也未逾越"商业"范畴，故仍被法院认定构成"合理商业目的"。③ 不过自然人纳税人之交易安排，并非总以利润最大化为首要考量，也非局限于"商业"场域，比如纳税人将股权以明显偏低的价格转让给具有特定

① C. I. R. v. Challenge Corpn., A. C. 155(1987).

② 如新疆瑞成案，法院最终认定瑞成公司低价售房具有正当理由。

③ 汤洁茵：《〈企业所得税法〉一般反避税条款适用要件的审思与确立——基于国外的经验与借鉴》，载《现代法学》2012年第5期，第167页。

民事关系之相对人，特定民事关系之存在便被视为正当理由。[①] 由此可见，个税修法完全照搬《企业所得税法》，仍将"合理商业目的"作为主观排除要件，有限缩纳税人权利之嫌，且可能造成个税反避税规则体系的内部冲突。[②] 对此，最优的补正之道是以立法解释扩张其内涵，而较可行的权宜之策是在下位法规、规章中进行补充阐明，并由规范性文件明示典型情形为合理事由。在这方面可参考企业所得税法之处理，其基于《企业所得税法实施条例》第120条对"合理商业目的"做了扩充解释。

就认定程序而言，以往的个税反避税工作过于注重交易安排的经济效果，一旦纳税人取得一定标准以上的税收利益，税务机关便可直接采取反避税措施，再加上主观排除要件的标准相当严格，事实上简化了税务机关的认定程序。而企业所得税反避税有相对完善的配套实施细则与操作程序，如《特别纳税调整实施办法(试行)》《特别纳税调整内部工作规程(试行)》《特别纳税调整重大案件会审工作规程(试行)》《一般反避税管理办法(试行)》等。在借鉴相关经验的基础上，个税反避税认定程序之完善主要有两个方向：一是做实主观排除标准在行为认定时的角色担当，构造一套"纳税人说明理由—税务机关反馈意见—商谈与论辩"的流程，核心是保障纳税人参与到反避税认定过程并表达意见的权利；二是，对于形式复杂、经济实质模糊的交易安排，可参考企业所得税反避税的程序设计，设立层报制度与专家会审制度，并提升专家会审程序的独立性与外部性，以期更好地维护纳税人权利。

就举证责任而言，现行立法未对应税事实的举证责任作明确规定，故应遵循一般行政行为之举证责任规则，由税务机关主动依职权查明纳税人的交易安排是否违反常规并获得税收利益。然而由于税务行政的大量性及涉税信息在税务机关与纳税人之间分布的严重不对称，出于贯彻量能课税原则与维护国家税收利益之考虑，纳税人应承担提供资料等协力义务，但协力义务不

[①] 参见《股权转让所得个人所得税管理办法(试行)》第13条之规定。虽然《河南省地方税务局关于存量房评估工作有关问题的通知》(豫地发〔2014〕64号)列明了低价转让房屋的六条正当理由(如交易双方为父母与子女，祖父母、外祖父母与孙子女、外孙子女，兄弟姐妹关系)，但仅系地方之规范性文件。

[②] 比较视野观之，正由于"合理商业目的"规则存在缺陷，近年来西方国家有以经济实质规则取代其的趋势。欧阳天健：《比较法视阈下的一般反避税规则再造》，载《法律科学》2018年第1期，第151~153页。

等于举证责任,[1] 不履行协力义务虽会导致不利后果, 但只是对等范围内部分降低, 而非完全豁免税务机关的举证责任,[2] 正因如此,《税收征收管理法》第 35 条第 1 款第 6 项的合理性才备受质疑。需要指出, 鉴于主观目的系避税行为认定的排除事由, 故根据证明责任分配的一般原理, 纳税人应就交易安排是否具有合理商业目的负"限定事案解明义务";[3] 同时, 其也可针对税务机关的主张, 提出反证证明自身行为未违反常规交易形式、不构成避税安排。与举证责任相关的是证明标准问题, 同样考虑到税务行政中信息偏在的严重性, 一般行政之高度盖然性标准过于严苛, 除某些只有税务机关可以取得的必要证据, 应以介于优势盖然性标准与高度盖然性标准之间为宜[4], 这也合乎最高院的态度。[5] 至于纳税人之反证, 仅需合乎优势盖然性标准即可, 因纳税人并不负举证责任, 其提出的反证只要能够令法官不致确信税务机关之本证便达举证目的, 由负举证责任之税务机关承担败诉风险。

第五节 反思与展望

个税本应是调节收入分配、促进均衡发展的利器, 然而现实并非总能契合立法者的美好期许, 避税之流行窒碍了个税预期功能的发挥。避税是一种介于合法与违法之间的脱法行为, 个税规避手段多元、形式复杂且各有侧重,

---

① 汤洁茵:《反避税调查程序的举证责任: 现行法的厘清与建构》, 载《税务与经济》2018 年第 5 期, 第 64 页; 叶姗:《税收利益的分配法则》, 法律出版社 2018 年版, 第 263 页。

② 参见陈清秀:《现代财税法原理》, 厦门大学出版社 2017 年版, 第 288~292 页。

③ 汤洁茵:《反避税调查程序的举证责任: 现行法的厘清与建构》, 载《税务与经济》2018 年第 5 期, 第 69 页。我国台湾地区"遗产与赠与税法"第 5 条第 6 款有令纳税人负举证责任之规定, 然仅系例外情形。陈清秀:《现代财税法原理》, 厦门大学出版社 2017 年版, 第 181 页。

④ 参见我国台湾地区之"判例": "纳税义务人协力义务之违反……仅能容许稽征机关原本应负担的证明程度, 予以合理减轻而已, 惟最低程度仍不得低于优势盖然性(超过 50% 之盖然性或较强的盖然性)。"

⑤ 上诉人儿童主基金提出一审判决证据未达"排除合理怀疑"证明标准, 最高人民法院则以税务机关证据之证明力具备"相对优势"为由对其予以认可, 可见最高人民法院也认为税务行政之证明标准不宜过高。参见儿童投资主基金诉中华人民共和国杭州市西湖区国家税务局征收案,〔2016〕最高法行申 1867 号。

可从主体、地点、收入三个维度对其加以归纳。由于个税规避行为的复杂性、与企业避税行为的交叉性、与逃税和节税边界的模糊性，我国《个人所得税法》在相当长一段时间内都没有引入反避税规则，但个人所得税法层面反避税规则的缺失并未让税务机关望而却步，其应用经济观察法和类型化观察法遏制个税规避行为，但此类做法的合理正当性在多个面向上存在争议。在这样的情况下，于《个人所得税法》层面引入反避税规则，既能强化税务机关反避税的合法性认证，又能促进个税反避税规则的体系化，限缩税务机关的自由裁量空间，对提高直接税比重、改善税制结构，进而强化分配调节力度，也有助益。当然，也不宜过分夸大反避税规则的预期功能，涉税信息之获取与联通，以及在此基础上的加强征管仍是个税反避税工作的重点。本次个税修法引入两项特别反避税规则和一项一般反避税规则，很大程度上借鉴了《企业所得税法》的相关制度，但企业所得税避税与个税规避在是否易于类型化上差异迥然，所以两项特别规则的覆盖面有限，一般规则的适用空间更广，其作为宣示性条款与限权条款的定性，为其适用指明方向。在《个人所得税法》上引入反避税规则后，要妥善处理其与下位规范性文件在个税反避税领域的功能分工，并同《企业所得税法》《税收征收管理法》做好制度协同。税务机关在认定避税行为时应本着谦抑立场，坚持主客观相统一的标准，适当放宽主观排除标准的认定尺度，并明确特别反避税规则优先、一般反避税规则兜底的适用思路，进而从认定标准、认定程序、举证责任与证明标准三个方面着手，弥合制度文本与征管实践之间的罅隙。

第六章　目标融通、利益均衡与个税征税模式①

第一节　问题的提出

2018 年的个税修法引入综合与分类相结合的征税模式，工资薪金所得、劳务报酬所得、稿酬所得和特许权使用费所得四项合并为综合所得，按年度计算应纳税额，且可适用子女教育、继续教育、大病医疗六项专项附加扣除。这意味着，很早即已提出的征税模式革新，② 在迁延多时后终于得以落地。客观地讲，正是征税模式的变化，方才使得 2018 年的修法"鹤立鸡群"，在历次个税修法的行列中脱颖而出，成为一次堪称"系统性""根本性"的重大制度变革。然而令人稍感遗憾的是，修法完成后，学界和实务部门似乎都更加关注相关规则如何适用，对其本身的变与不变、应变与未变反倒缺乏足够关切。关注规则如何适用自然有其必要性，但探讨规则本身的合理性同样很有价值。

事实上，《个人所得税法》兼具组织收入与调节分配的二元目标，③ 意欲准确理解此番征税模式变革的基点，臧否其得失，进而勾勒下阶段进一步完善的方向，皆不得不依循组织收入和调节分配这两条脉络展开。有鉴于此，本章拟先揭示贯穿修法前后的组织收入之考量，继而从调节分配的角度廓清

---

① 本章部分内容曾发表于《经济体制改革》2022 年第 1 期，原文第二作者为吴东蔚，收入本书时做了相应修改。

② 参见李秦鼎：《关于完善我国所得税体系的探讨》，载《计划经济研究》1986 年第 1 期，第 41 页。

③ 侯卓：《二元目标下的个人所得税法制度演进》，载《华中科技大学学报(社会科学版)》2020 年第 3 期，第 97 页。

2018 年修法的进步与不足。在此基础上，本章也试图考察征税模式改革对部分人群利益的不当贬损，并尝试提出因应之策，兼顾多维目标，同时调谐多元利益。

第二节 保财政收入：从分类到混合的不变基调

个人所得税的征税客体是个人纳税人的财富增量，其基本原理是虽然财富增长从表面上看是个人积极参与市场竞争的结果，但市场本身就是被造物，若没有国家制定规则、解决纠纷、提供良好的公共服务，运行良好的市场便无从产生更难以维系。① 国家为个人的财富增长提供助力，自然有权从中分一杯羹，但初次分配主要是按劳分配和按生产要素分配，国家的贡献未得体现，只能于再分配环节藉个人所得税的征取来参与分配。我国个税体量不大，根据国家统计局的数据，自 2000 年以来，个税收入占税收收入的比重在 5%～8%徘徊，较之美国等国家的情状并不为高。但如果将同期居民部门收入占国民总收入的比重纳入考量范围，便可知其在组织收入方面的表现并非不佳。居民、企业和国家三大部门获得的收入在国民收入中的占比情况是衡量一国宏观分配格局的重要指标，从今世诸国的通例看，居民收入占比一般要显著高于其余二者。② 在我国，居民收入占国民收入的比重虽也居于第一位，但较之域外主要国家仍然偏低。③ 理论上讲，居民收入是个人所得税的税源，其占比有限的事实决定了个税收入的占比也很难被投注过高期许。况且在实践中，个税收入的占比虽难与增值税、企业所得税等量齐观，但在我国税制结构中

---

① ［美］斯蒂文·K. 沃格尔：《市场治理术：政府如何让市场运作》，毛海栋译，北京大学出版社 2020 年版，第 12～13 页。

② OECD 数据库提供了四十余国的分部门资金流量信息，其中绝大多数国家的居民部门收入占比都在 60%以上，美国甚至高达 79.66%。周慧、岳希明：《中国国民收入分配格局的现状与国际比较》，载《国际税收》2019 年第 10 期，第 33 页。

③ 2000—2008 年，我国居民部门收入占国民总收入的比重由 65.71%下降到 57.55%，此后虽略有回升，但到 2016 年，该比重也仅恢复到 61.28%。观之域外，我国的该项数据相对低于美国、加拿大、英国、法国、德国、日本等主要国家。周慧、岳希明：《中国国民收入分配格局的现状与国际比较》，载《国际税收》2019 年第 10 期，第 32～33 页。

也不可小视。① 应当说，个人所得税法建制之初对组织收入的重视，是我国个人所得税在有限条件下仍能贡献可观收入的重要原因。而要理解该点，必从分类征收模式的选取谈起。

一、分类征收的"保收"初衷

1980 年，我国颁布《个人所得税法》，此举虽普遍被视为促进分配公平之举，但必须意识到其适用对象的有限性。该法设定 800 元/月的一般性扣除额，鉴于彼时我国公民的收入水平很难达到该门槛，故该法主要适用于外籍个人。② 1986 年，真正适用于我国公民的个人收入调节税和城乡个体工商业户所得税开征，由"调节"之谓不难看出立法者以该税种调节分配的意图，但这不意味着组织财政收入的考量在创制之时完全缺位。首先，在各国的制度实践中，个人所得税稳定筹集收入的功用备受认可，以致享有"财政上收入最多之租税"的美誉③，我国在开征个人所得税时亦不可能不考虑这方面的因素。其次，置身当时的历史背景，个人所得税法建制的重要语境是我国在 20世纪 80 年代正处在由"所有权者国家"向"税收国家"转型的进程之中④，这意味着获取财政收入方式的重大变化，即由改革开放前主要依赖国有企业上缴利润转变为更多依靠税收收入。由此出发，彼时无论工商税制改革还是所得税制度的确立，都不可避免地要将能否足额获取收入作为考量因素之一。再次，与今日流转税为主体的税制结构不同，我国在 20 世纪 80 年代开启税制改革之初的设想是，建立所得税和流转税的双主体税制结构，只是在后来，流转税的收入功能日益凸显而所得税在这方面的表现相形见绌，方才逐渐演

---

① 根据国家统计局数据，2019 年的个税收入（10388 亿元）虽仅占税收收入的6.58%，但体量位居第四，位居其后的诸税种，收入基本上在 5000 亿元以下。

② 侯卓：《二元目标下的个人所得税法制度演进》，载《华中科技大学学报（社会科学版）》2020 年第 3 期，第 98 页。

③ 英国、美国、德国、法国、意大利、俄国、日本等国的情形，参见朱偰：《所得税发达史》，商务印书馆 2020 年版，第 109~118 页。

④ "所有权者国家"和"税收国家"的界分，是从财政收入来源的角度观察所得出的结论。"所有权者国家"是指这样一种国家类型，即国家以经济所有权主体的身份从事活动以获取财政收入。而在"税收国家"，国家的财政收入主要是间接取之于税收。葛克昌：《租税国的危机》，厦门大学出版社 2016 年版，第 130 页。

化为现时的样貌。[1] 为了能支撑起"主体税种"之一的构想，如何能够保证财政收入是个人所得税法必须要面对的问题。最后，意欲高效发挥个人所得税调节分配的功能，须有相当规模的财政收入作为前提，否则所谓"调节"难免无的放矢。

由上述可知，我国《个人所得税法》建制之初便须将组织收入作为重要的考量因素。事实上，之所以于当时选择采行分类所得税制，便是出于快捷、稳定汲取财政收入的缘由。个税征税模式可分为综合征收、分类征收以及综合与分类相结合（混合征收）三类。[2] 在综合征收模式下，纳税人的各类所得汇总后适用统一的扣除标准和税率。此种征税模式最为契合量能课税原则，调节分配的效果最佳，但对税务机关的管理水平有较高要求，征税成本较高，故而很容易造成财政收入的流失。分类征收模式下，纳税人的所得被分为若干类别，适用不同的扣除标准和税率，且其较多采用源泉扣缴的做法，纳税人在有所得之际便常被代扣个税。此种征税模式的优点是征税成本较低，易于组织收入，缺点是不利于全面反映纳税人的担税力，容易在收入相当但来源不同的纳税人之间产生税收不公平的现象。混合征收模式属于折中方案，兼顾组织收入与调节分配的二元目标。从选择分类征收的征税模式看，诚可见制度背后的"保收"意蕴。进言之，为与分类征收的做法相适应从而更好服务于组织收入的目标，个人所得税甫一开征便广泛推行代扣代缴，纳税人取得各类各项收入时原则上均有相应的扣缴义务人，由其代纳税人履行申报和纳税义务，税务机关只需管理数量相对较少的扣缴义务人，征管难度大大降低，财政收入的获取更为及时、稳定。综上所述，"分类征收+代扣代缴"的框架，从一开始便为个税组织收入功能的发挥奠定了坚实的制度基础，在居民收入占国民收入的比重有限、对高收入纳税人个税征取不力等多重消极因素的制约下，个税收入仍能保有一席之地，该框架贡献颇巨。

时移世易，2018 年的个税修法扬弃了分类所得税制，改采混合征收模式，但这不意味着组织收入的考量从个税建制中被剔除。虽然混合征收模式较之分类征收模式呈现更强的调节分配之导向，但我国在多种混合方式中的取舍，

---

① 参见刘心一：《论税收结构与税制改革》，载《财政研究》1996 年第 8 期，第 19~21 页。

② 施正文：《分配正义与个人所得税法改革》，载《中国法学》2011 年第 5 期，第 36 页。

仍然彰显组织收入目标对制度设计的规训。

二、收入目标对混合模式选择的影响

所谓"混合征收"，意即将综合征收和分类征收的因素混合在一起，根据混合方法的不同，其有三种具体的形式：其一是交叉模式，即先对纳税人的各类所得进行源泉扣缴，待纳税年度终了后将各类所得综合起来再予以汇算清缴，采纳国主要有英国、日本；其二是并立模式，即将纳税人的所得分为勤劳所得与资本所得，对勤劳所得以累进税率实行综合计征，对资本所得则基于分类征收的思路，在取得所得的当期即以比例税率计征个税，这里的资本所得包括但不限于资本利得、财产转让所得、财产租赁所得，该模式的采纳国主要包括北欧四国和奥地利、意大利；其三是附加税模式，即在分类征收的基础上，再对纳税人的总所得额外征一道税，从形式上看，额外征取者可称之为附加税，采纳国主要有突尼斯、阿尔及利亚等原法属殖民地。[①]

前文已述及，混合模式试图兼顾组织收入和调节分配的二元目标，这正是其"混合"的缘由所在。具体如何"混合"，则在相当程度上反映出制度设计者对二元目标各自赋予权重的情况。如果将组织收入和调节分配置于光谱两端，上述三种模式即分别位于光谱的四个区间。附加税模式较为偏向分类征收模式，只是以额外征一道税的方式稍微弥补有失公平的缺憾；并立模式较为中立，对勤劳所得综合计税，契合量能课税，对资本所得分类计税，契合税收中性从而不至于侵蚀税基；交叉模式更加接近综合征收，强调税收公平，只是透过保留源泉扣缴的做法，使财政收入不致迟至年度终了后方才获取。

我国很早便已提出要将个税分类征收改为综合与分类相结合的征税模式，[②] 但直到2018年修法方才真正迈出这一步。依据上文介绍的三种混合征收模式，可认为我国兼采交叉模式和并立模式。一方面，工资薪金、劳务报

---

① 李波：《公平分配视角下的个人所得税模式选择》，载《税务研究》2009年第3期，第36页。北欧四国的实践，参见 Bernd Genser & Andreas Reutter, *Moving Towards Dual Income Taxation in Europe*, 63(3) Public Finance Analysis 444-448 (2007). 日本的实践，参见金子宏『租税法』(弘文堂，2011年)，第177页。

② 根据《财政部对九届全国人民代表大会一次会议第2709号建议的答复》(财税政字〔1998〕117号)，我国自1995年起就着手研究如何将分类征收改为综合与分类相结合。2001年的《国民经济和社会发展第十个五年计划纲要》正式提出"建立综合与分类相结合的个人所得税制度"。

酬、稿酬、特许权使用费四项勤劳所得被合并为综合所得，综合计征个税，经营所得本质上也属于勤劳所得，故其同样采用综合计征的方法，其余所得类别则仍然实行分类计征。从这一做法看，显然类似于并立模式，但不同之处在于综合计征的范围较纯正并立模式下综合计征的范围更窄。瑞典实行的并立模式较具典型性，可将其作为比较对象。该国的个税应税收入分为雇佣所得、营业所得和投资所得，对前二者以累进税率实行综合计征，对投资所得适用比例税率，并依所得类别设定不同的扣除标准。① 从大体上看，瑞典的雇佣所得对应我国的工资薪金所得、劳务报酬所得、稿酬所得，营业所得对应我国的特许权使用费所得、经营所得和财产租赁所得，投资所得对应我国的资本利得②、财产转让所得和偶然所得。此外，瑞典还基于特定标准将股息所得部分纳入雇佣所得中，并将雇佣所得视为兜底所得类别，所有不符合营业所得与投资所得定义的所得都被归入雇佣所得。由此可见，瑞典适用综合计征的范围显然广于我国。另一方面，即便是综合所得，纳税人在取得各项所得时仍会被扣缴税款，只不过此间扣缴税款的性质不再是修法前的代扣代缴，而是预扣预缴，纳税年度终了后还须另行汇算清缴，因为直到此时纳税人各项所得的纳税义务方才真正确定。在这层意义上，我国的制度变革又有吸纳前述交叉模式的因素。

进言之，正是较纯正并立模式下综合计征范围更窄和借鉴交叉模式推行预扣预缴这两点，充分彰显组织收入目标对我国个税制度设计的影响。就前者言之，窄化综合计征的范围能够降低征管成本，毕竟，综合计征对征管能力的要求远较分类计征为高。同时，窄化综合计征的范围，意味着将更多收入作为分类计征的项目，事实上，对于财产转让所得、财产租赁所得等资本所得实施比例征收，能起到涵养税源的作用，鼓励相关交易进而达致"以较轻税负获得较高收入"的目标。就后者言之，预扣预缴对于组织财政收入的积极作用则至少有四方面：其一，有利于收入流在纳税年度内相对稳定，避免过

① 国家税务总局国际税务司国别投资税收指南课题组：《中国居民赴瑞典投资税收指南》，http：//www.chinatax.gov.cn/chinatax//n810219/n810744/n1671176/n1671206/c5140118/5140118/files/40b5925906884f428921bd56576e6131.pdf，最后访问时间：2020 年10 月2 日。

② 必须强调指出，正文中资本利得也即股息利息红利所得，外延远小于"资本所得"。

于集中在某一或某几个月份；其二，预扣预缴施加给扣缴义务人信息呈报义务，较之无预扣预缴的状态，更能督促相关主体及时上报相关涉税信息，便于税务机关利用大数据手段汇集纳税人的涉税信息，进而在年度终了的汇算清缴环节不致处在相对于纳税人的信息劣势地位；其三，根据《个人所得税代扣代缴暂行办法》(国税发〔1995〕65 号)第 17 条，扣缴义务人可获得相当于其所扣缴税款 2% 的手续费，又根据《财政部、国家税务总局关于个人所得税若干政策问题的通知》(财税字〔1994〕20 号)第二点第(五)项，个人取得的前述手续费免纳个税，该政策延续至今，激励扣缴义务人及时足额扣缴税款；其四，从税务机关和纳税人之间一定程度上处在博弈关系的角度出发，站在纳税人的立场，在已经被扣缴一笔税款的条件下，其更可能善尽纳税义务而较无动力实施逃避税的博弈行为。①

一定程度上，正是这种"不放弃组织收入考量"的征税模式设计，使个税修法后仍能在收入方面保持较大弹性。这由如下数据或可见一斑：基于提高宽免额等方面的影响，2019 年的个税收入明显减少，由 2018 年的 13872 亿元降至 10388 亿元，但在受疫情冲击影响的 2020 年，个人所得税对财政收入的贡献反倒凸显出来，以上半年为例，在增值税、消费税、企业所得税等主要税种的收入剧减，增值税收入甚至同比下降 19.1% 的背景下，个税收入逆势上扬，同比增长 2.5%，② 发挥"稳定财政收入"的重要作用，为疫情后重振提供财力保障。

综合上述，确保财政收入是贯穿我国个税征税模式变迁前后的"不变"基调。相较之下，调节分配被认为是分类征收模式的较弱一环，强化分配调节的力度则是推动征税模式"变"的直接动因。故此，2018 年的征税模式改革在多大程度上有助于强化分配调节，颇有必要加以审视。

第三节　强化分配调节：2018 年改革的进步与不足

已如前述，我国长期推行的分类所得税制妨害个人所得税对收入分配的

---

① 假设纳税人就一笔所得须负担 1000 元的纳税义务，在其已预缴 500 元和未作任何预缴这两种情形下，纳税人的遵从动力存在较大差别。

② 正文所述数据源自国家统计局官网，以及财政部发布的《2020 年上半年财政收支情况》。

调节力度，在 2018 年以前的历次修法也多置重心于因应物价上涨而提高宽免额，在强化调节分配方面乏善可陈。① 由此导致的结果是，我国的《个人所得税法》仅能发挥有限的调节分配作用。基尼系数是衡量收入差距的通用指标，实证研究表明，个税调节虽能在一定程度上降低基尼系数，但成效不彰，2011 年的修法甚至削弱了个税的再分配效应。② 2018 年的个税修法幅度颇大，远甚于以往的改革，其改分类征收为综合与分类相结合、调整部分所得的纳税周期、提高综合所得的费用扣除标准、增设专项附加扣除、拓宽低档税率级距、增设反避税条款，均有调节分配的目标指向。其中，征税模式的改革最能凸显强化分配调节的意旨。

一、"综合所得"对税收公平的彰显

强化分配调节的目标是落实税收公平，而税收公平有横向与纵向两个维度，对其具体内涵则有不同解读。一种观点将横向公平理解为纳税人之间的税负配置合理均衡，相应将纵向公平理解为国家和纳税人之间的公平，也即强调国家公共财政和纳税人私人财产之间的边界划分应适当；另一种观点则将横向公平与纵向公平都作为纳税人之间税负配置所应当遵循的原则，前者要求"相同情况相同对待"，后者指向"不同情况不同对待"。本章在前述第二种意义上界定税收公平，由此出发，评判征税模式规则是否契合税收公平便须在两个层面展开：其一，收入相当的纳税人，税负原则上也应相同，此乃横向公平的要求；其二，鉴于不同性质的所得反映的担税力不同，故此，还应对所得做类型化区分，予以不同对待，这是纵向公平的题中之义。从中不难发现，这两方面要求之间存在一定张力，如何妥善处置考验制度设计者的智慧，也在很大程度上决定了税制设计的公平度。

为实现横向公平，应尽量以纳税人的总所得作为分配税负的标准，这便要求淡化所得种类对税负的影响而力求一视同仁，由此观之，综合征收模式最契合上述理念。为实现纵向公平，则强调须对不同种类所得的异质性特别是其所反映之担税力的差别有所观照，从而以所得类型和所得额作为分配税

① 侯卓：《二元目标下的个人所得税法制度演进》，载《华中科技大学学报（社会科学版）》2020 年第 3 期，第 99 页。

② 岳希明、张玄：《强化我国税制的收入分配功能：途径、效果与对策》，载《税务研究》2020 年第 3 期，第 16~17 页。

负的标准，分类征收模式与之若合符节。不难发现，横向公平与纵向公平对征税模式的建制提出不同的要求，看似难以兼顾，但亦有方法可以融合此二者。

概言之，所得反映的担税力依类型而异，且具体类型繁多，如我国《个人所得法》规定了九类所得，日本则规定有十类所得，但是大体上可将之划分为勤劳所得、资本所得、勤劳资本结合所得三大类。基于以下三方面考虑，通常认为资本所得的担税力最大，勤劳资本结合所得次之，勤劳所得担税力最小：第一，勤劳所得通常系纳税人维持基本生活的必需来源，而资本所得一般属于纯财富增量，非维持生计所必需；第二，纳税人为获取勤劳所得须付出艰辛努力，但为获取资本所得而承担的身体负荷较轻；第三，勤劳所得的安定性较弱，资本所得的安定性较强，且会伴随资本规模的扩张而强化。① 而在同一大类项下，各具体所得类型之间的担税力虽非完全一致，但总体上较为接近。实践中，制度设计者有时会出于政策性考量而赋予某些具体所得类别优惠待遇，如我国个人所得税法向来对稿酬所得减按70%计入税基，2018年个税修法后仍然保留这一做法。但需要指出，这主要是出于鼓励创作、繁荣文艺等方面的考量，并非稿酬所得在担税力上弱于其他勤劳所得。

承前，基于三大类所得在担税力方面存在差异，而各自项下具体所得类别间的担税力又无明显区别，所以兼顾横向公平和纵向公平的建制路径是：一方面，将所得依来源区分为不同大类，分别设定不同的税率、扣除标准乃至征税模式，如此可实现"不同情况不同对待"；另一方面，对属于同一大类的所得，适用统一的税率、扣除标准和征税模式，如此可实现"相同情况相同对待"。

我国于2018年修法之前实行分类征收模式，公平性先天不足。分类征收模式天然地偏重于纵向公平，几乎未彰显横向公平理念，由此导致的结果是，即便纳税人的所有收入都属于勤劳所得且总额相等，也可能仅因收入形式的差异便承担不同税负。此外，分类征收模式下，高收入纳税人易通过转换收入形式规避税负，② 进一步削弱个人所得税法调节分配的功能。与此同时，在

① 参见北野弘久：《现代税法讲义（三订版）》，法律文化社2000年版，第45~46页。
② 吴东蔚：《新个税法背景下税收核定规则的适用困境及进路》，载《税收经济研究》2019年第6期，第88页。

旧法的制度框架下，由于不同所得类别税率设定的不尽合理，如工资薪金所得累进征收后的税收负担可能会不合理地超过劳务报酬所得，使得分类征收在纵向公平意义上本应具有的优势未得发挥。2018 年个税修法后，工资薪金、劳务报酬、稿酬和特许权使用费等四项勤劳所得合并作为综合所得，适用统一的税率和扣除标准。性质上属于勤劳资本结合所得的经营所得也实行综合计征，只不过税率和扣除标准不同于综合所得。余下的资本利得、财产租赁所得、财产转让所得和偶然所得则以 20%的比例税率实行分类计征。结合前述，易知 2018 年的修法很好地平衡了"相同情况相同对待"和"不同情况不同对待"，更加趋近税收公平的理想目标。

进言之，征税模式由分类征收改为混合模式，特别是将四类所得形式合并为综合所得，也为专项附加扣除规则的确立创造了条件，而这是实现纵向公平所不可或缺的一环。分类征收模式更关注所得的客观税负能力，对纳税人的主观税负能力重视不足。[①] 收入相同并且收入来源也完全一致，并不意味着税负能力便必然相当。这是因为不同纳税人可能承担不同的支出压力，如部分纳税人须赡养父母、抚养子女，其真正可支配的收入以及建基其上的税负能力都将因之下降。所得税法理论认为，所得税的客体是财富增量，故此，不但要扣除相应客观支出，还要扣除主观费用，由此得出的净额所得方才属于计税依据，这与纵向公平的理念正相契合。[②] 一方面，勤劳所得通常是纳税人维持生计的必需来源，而资本所得一般属于纯财富增量；另一方面，基于税收中性原则，征税不应干扰市场机制而扭曲资源配置，对市场主体一视同仁，避免身份性的税收歧视。[③] 故此，应以勤劳所得为考量纳税人主观给付能力的重点场域。但在 2018 年修法前的分类征收模式下，因其肢解勤劳所得，致使在制度层面充分关切纳税人主观给付能力存在技术性难题：到底在工资薪金、劳务报酬、稿酬抑或特许权使用费的哪一项下作专项附加扣除？因为此四者分别适用不同的计税规则，在不同所得类别项下作扣除给纳税人带来

---

① 叶姗：《个人所得税纳税义务的法律建构》，载《中国法学》2020 年第 1 期，第 237 页。

② 侯卓：《个人所得税法的空筐结构与规范续造》，载《法学家》2020 年第 3 期，第 93 页。

③ 侯卓：《重识税收中性原则及其治理价值》，载《财政研究》2020 年第 9 期，第 95 页。

的"实惠"存在差异。如果只能在工资薪金项下作相应扣除，对那些仅有劳务报酬、稿酬或特许权使用费所得的纳税人显然不公平；如果允许这四类所得均可享受扣除，则当纳税人同时有多种形式的收入时，是否允许其自行选择扣除场域呢？这些问题并非不能解决，但任何一种解决方案都会诱发某些不公情事。而在修法之后，前述问题可谓迎刃而解，既然新法已将四项勤劳所得统合为综合所得，那么直接在综合所得项下扣除相关生计费用即可。故此，只有在征税模式修改的语境下，引入子女教育、继续教育、大病医疗、普通住房贷款利息、住房租金、赡养老人等专项附加扣除，方有可能纵向公平于此间得以更好地呈现出来。进言之，这也为后续引入灾害附加扣除等新的扣除规则、进一步优化个人所得税制奠定基础。[①]

二、集分界限之惑与"相对税率"之憾

诚如前述，"综合所得"的确立提升了个人所得税制调节分配的功用，但对我国而言，较之长期践行的分类所得税制，综合与分类相结合的征税模式毕竟是个新生事物，这决定了其规则设计不可能一蹴而就地达致完美境地，而是仍存若干待完善之处。唯有将相关制度罅隙补足，方能更好地发挥个人所得税调节分配的功能。概言之，综合与分类的界限划于何处、综合征收部分和分类征收部分所适用税率的相对关系，尚待进一步检视。

（一）优化综合所得与分类所得的边界

综合所得与分类所得的边界尚待持续优化，这包括但不限于如下两方面。其一，股息红利所得不宜一概视作资本所得，其在特定情形下也应被纳入综合所得中工资薪金所得的范畴。纳税人获取股息红利所得主要是资本增值的结果，但纳税人的劳动也可能起到助力之效。重要股东的劳动可能影响公司运营，将股息红利所得一概视作资本所得，既可能导致部分勤劳所得被不当地归入资本所得，又可能诱发纳税人避税，实务中不乏企业高管领取一元年薪，将工资薪金所得转换为股息红利所得以降低税负的案例。[②] 瑞典针对该问题的做法可资借鉴：其针对过去五年内在显著程度上为公司工作的股东，若

---

① 参见吴东蔚：《个税灾害减免常态机制的构建》，载《税务与经济》2020 年第 5 期，第 80 页。

② 赵颖、张凯：《大企业高管：领 1 元年薪 防税务风险》，载《中国税务报》2017 年 4 月 7 日，第 9 版。

其股息红利所得未超过政府设定的预设值，则将该笔所得的三分之二认定为投资所得，三分之一认定为雇佣所得，若超出，超出部分被认定为雇佣所得。[①] 其二，特许权使用费被错误地视为勤劳所得而并入综合所得。特许权使用费是纳税人授权他人使用知识产权而取得的收入，系基于财产[②]而发生，即使认为知识产权在形成过程中混入了劳动因素，知识产权所有人和开发人也并非总是同一主体，故而宜将特许权使用费视为资本所得而适用分类计征。[③]域外不乏采纳此种思路者，如挪威、奥地利和法国便将特许权使用费视作投资所得。[④]

申言之，分类所得各项目之间的划分也有不甚合理之处。比如，现行法将财产租赁所得、财产转让所得和资本利得分置，在当前形势下日渐暴露其妨碍法律准确适用之处。纳税人利用自有房产经营民宿获取的收入，应归属于经营所得还是属于财产租赁所得？纳税人在民宿上设置广告牌或太阳能发电板而获取的附随收入，又应归属于何种所得？答案不同，相关收入适用的征税模式和税率便不同，所须承担的税负水平也就有很大的差异。现行立法未明确财产租赁所得的资本所得性质，可能会导致适用上的分歧，诱发纳税

_____

① 国家税务总局国际税务司国别投资税收指南课题组：《中国居民赴瑞典投资税收指南》，载国家税务总局网站，http：//www. chinatax. gov. cn/chinatax//n810219/n810744/n1671176/n1671206/c5140118/5140118/files/40b5925906884f428921bd56576e6131. pdf，最后访问时间：2020 年 10 月 2 日。

② 知识产权被认为是无形财产权的重要组成部分，在我国台湾地区等地也将之称作"智慧财产权"。

③ 刘剑文：《个税改革的法治成果与优化路径》，载《现代法学》2019 年第 2 期，第27 页。

④ 国家税务总局国际税务司国别投资税收指南课题组：《中国居民赴挪威投资税收指南》，载国家税务总局网站，http：//www. chinatax. gov. cn/chinatax/n810219/n810744/n1671176/n1671206/c2581359/5116180/files/285472802fdf4da6b70aafa7e87dfbb7. pdf，最后访问时间：2020 年 10 月 4 日；国家税务总局国际税务司国别投资税收指南课题组：《中国居民赴奥地利投资税收指南》，载国家税务总局网站，http：//www. chinatax. gov. cn/chinatax//n810219/n810744/n1671176/n1671206/c2352675/5116159/files/81ee1436e7764313bb197ca823f1e1b2. pdf，最后访问时间：2020 年 10 月 4 日；国家税务总局国际税务司国别投资税收指南课题组：《中国居民赴法国投资税收指南》，载国家税务总局网站，http://www. chinatax. gov. cn/chinatax//n810219/n810744/n1671176/n1671206/c2581097/5116171/files/15b299d55412423a91d0a8dfec490a95. pdf，最后访问时间：2020 年 10 月 4 日。

人利用两种所得的不同征税模式和税率以避税。[①] 财产转让所得和资本利得的分立也存在类似情形。故此，立法应明确财产租赁所得和财产转让所得属于资本所得。在具体方案的设计方面则可借鉴挪威的做法，该国《财产与所得税法》第 5 章采取"总—分"结构，先概述所得的基本类型与规则，后对勤劳所得、资本所得、营业所得与偶然所得进行分类详述，[②] 此种规定方式兼具统合引导与详细指引功能，循此路径即可明确财产租赁所得和财产转让所得的资本所得属性。我国《个人所得税法》第 2 条第 1 款列举了各类所得，第 2 款规定了综合所得与其他所得的区别处理，为最小化立法成本，不妨在第 2 款末增补"前款第 6 项至第 8 项所得，属于资本所得"一句。

（二）适度降低综合所得的税率，优化勤劳所得—资本所得的相对税率关系

虽然特许权使用费是否属于勤劳所得尚存争议，但大体上还是可以认为，现行法上的综合所得基本都可归入勤劳所得的范畴。修改后的《个人所得税法》对其课以 3%~45% 的超额累进税率，一旦纳税人这部分收入数额较多，则较之实行 20% 单一比例税率的资本所得，税负显然要更重。总体观之，勤劳所得的税负重于资本所得，且差距呈扩大趋势：2003—2017 年，勤劳所得贡献的收入占比由 48.4% 攀升至 70.4%，资本所得的贡献占比则稳中有降，由 32.1% 降至 22.3%，但同期劳动收入在国民生产总值中的占比下降，资本收入的占比上升。[③] 从税收中性原则出发，对资本所得适用比例税率而非累进税率是合理的，但问题的关键在于，锚定资本所得的税率后，综合所得较高几档的税率水平也不宜超出其过多，这是基于以下四点理由。

第一，综合所得的勤劳所得属性意味着，该部分收入通常被用于维持生计，而资本所得一般属于纯财富增量，所以就担税力而言，综合所得相较资本所得为低。此外，尽管《个人所得税法》出于避免侵及税本的考虑，规定综合所得可适用一般性扣除、专项扣除和专项附加扣除，但上述项目多为概算扣除而非据实扣除，难以完整覆盖勤劳所得较高之纳税人的相应支出，高勤劳收入纳税人本就因此而承担额外税负，还要被课以超过资本所得两倍有余

①　李貌：《日本所得税中"不动产所得"的政策分析与借鉴》，载《国际税收》2020 年第 7 期，第 45 页。

②　Lov om skatt av formue og inntekt 26 March 1999 nr. 14 § 5.

③　汪永福：《论我国个人资本所得税的一般性目的回归》，载《江汉论坛》2019 年第 3 期，第 138~139 页。

的最高边际税率，难谓公平。

第二，累进税率旨在调节过高收入，但高收入纳税人的主要收入形式是资本所得，[①] 以高累进税率加诸勤劳所得性质的综合所得，有方向偏误之嫌。实践中，通常情况下，工资薪金等勤劳所得的数额再高，也有其限度，很难超过大额资本所得，如大笔的股票交易或升值颇巨之房产交易所得。故此，对综合所得实行累进征税且设定较高的税率水平，能否真正达致调节过高收入的制度目标是存在疑问的。

第三，综合所得的获取主要源于人的劳动，其有体力劳动和脑力劳动等不同方式，资本所得则更多基于生产要素而产生。站在社会公共利益的角度考察，社会财富的创造虽仰赖生产要素的投入，但人的劳动才是价值的源泉，在税制设计上使综合所得处在过于不利的地位，可能会降低国民勤劳致富的热情，乃至鼓励过度投机。[②]

第四，我国勤劳所得较之资本所得的相对税率水平过高，可能诱发人才外流、阻遏人才引进，降低我国国际竞争力。一方面，专业人才（如企业高管和工程师）虽然属于高收入纳税人，但从收入构成看，"工资和福利"是其主要收入来源之一，据调研，2011—2018 年，"工资和福利"占我国高收入人群收入来源的比重由 9% 升至 13%[③]，这间接反映专业人才的人数和收入有所增长；但另一方面，不少专业人才选择移民发达经济体，且数量呈增长趋势。以接收移民数最高的美国为例，申请美国 H-1B 签证的中国人数量由 2010 年

[①]　据 2018 年的调研，"工资和福利"仅占高收入人群收入来源的 13%，而"经营公司获利"占 66%，对比之下，依据 2018 年的数据，工资性收入占我国居民可支配收入的 56.1%，财产净收入（即资本所得）仅占 8.4%。可见，对高收入人群而言，资本所得在收入结构中的占比确实远较中低收入人群为高。中国建设银行、波士顿咨询公司：《中国私人银行 2019》，https：//image-src. bcg. com/Images/china-wealth-2019-cn_tcm55-217778. pdf，最后访问时间：2020 年 10 月 6 日；刘维彬、黄凤羽：《我国个人所得税的税收负担及其优化》，载《税务研究》2020 年第 9 期，第 33 页。

[②]　刘剑文：《个税改革的法治成果与优化路径》，载《现代法学》2019 年第 2 期，第 27 页。

[③]　中国建设银行、波士顿咨询公司：《中国私人银行 2019》，https：//image-src. bcg. com/Images/china-wealth-2019-cn_tcm55-217778. pdf，最后访问时间：2020 年 10 月 6 日。

的 21119 人攀升至 2017 年的 36362 人，人数仅次于印度。[①] 这一状况甚至促使许多人提出应开征弃籍税以抑制高收入人群移民。[②] 视野放诸实行并立模式的国家，瑞典对勤劳所得课以 25% 的最高边际税率，对投资所得课以 30% 的比例税率；挪威先对所有所得课以 23% 的普通所得税，再对勤劳所得征收最高边际税率为 15.4% 的个人收入税；荷兰对勤劳所得课以 49.5% 的最高边际税率，对资本利得和储蓄投资收益分别课以 26.25% 和 30% 的比例税率；奥地利对勤劳所得课以 55% 的最高边际税率，对资本所得课以 25%~30% 的比例税率。[③] 除奥地利外，其余各国勤劳所得最高边际税率和资本所得税率的落差都小于我国的情状。而且即便是奥地利，其个人所得税法上有较我国更为完备的费用扣除和抵免体系，[④] 这实际上降低了勤劳所得的税负水平。荷兰的相对

---

① H-1B 签证是美国用于招揽专业人才的临时工作签证，许多 H-1B 签证的获得者之后成为美国公民。数据源自 USCIS："Trend of H-1B Petitions Filed FY 2007 Through 2017"，https：//www. uscis. gov/sites/default/files/document/data/h-1b-2007-2017-trend-tables. pdf，最后访问时间：2020 年 10 月 8 日。

② 参见饶立新、黄浩荣：《关于"弃籍税"的几点思考》，载《税务研究》2017 年第 11 期，第 79 页。

③ 国家税务总局国际税务司国别投资税收指南课题组：《中国居民赴瑞典投资税收指南》，载国家税务总局网站，http：//www. chinatax. gov. cn/chinatax//n810219/n810744/n 1671176/n1671206/c5140118/5140118/files/40b5925906884f428921bd56576e6131. pdf，最后访问时间：2020 年 10 月 7 日；国家税务总局国际税务司国别投资税收指南课题组：《中国居民赴挪威投资税收指南》，载国家税务总局网站，http：//www. chinatax. gov. cn/chinatax/n810219/n810744/n1671176/n1671206/c2581359/5116180/files/285472802fdf4da6b70aafa7e8 7dfbb7. pdf，最后访问时间：2020 年 10 月 7 日；国家税务总局国际税务司国别投资税收指南课题组：《中国居民赴荷兰投资税收指南》，载国家税务总局网站，http：//www. chinatax. gov. cn/chinatax//n810219/n810744/n1671176/n1671206/c5140117/5140117/files/7a 6ece1887a147ac9604c0244cf97599. pdf，最后访问时间：2020 年 10 月 7 日；国家税务总局国际税务司国别投资税收指南课题组：《中国居民赴奥地利投资税收指南》，载国家税务总局网站，http：//www. chinatax. gov. cn/chinatax//n810219/n810744/n1671176/n1671206/c2352 675/5116159/files/81ee1436e7764313bb197ca823f1e1b2. pdf，最后访问时间：2020 年 10 月 7 日。

④ 例如，奥地利纳税人因事实、法规或道德原因而不可避免要支付的费用（如为修复遭意外损害的资产而支付的费用、残疾儿童的照料费用）可享受税前扣除，即便纳税人的费用超出了与其担税力相似之其他纳税人的平均水平，仍可享受扣除，只是超过部分的一定比例不可扣除。此外，纳税人还享受家庭单一收入者抵免、独自教育者抵免、员工交通费抵免等多项税收抵免。

税率格局与我国也比较接近，但其同样有更多元的费用扣除和抵免项目，[①] 故勤劳所得和资本所得的税赋差距也要比表面上呈现出来的更小。由此观之，我国勤劳所得较之资本所得的相对税率水平，在国际上处于较高水准。

这种情况应该如何破局？一种思路是适度下调我国综合所得的最高边际税率，另一种思路是适度提高资本所得的税率，比如有学者即建议将资本所得的税率提升至 25%，以缩小两类所得之间的税负差异。[②] 基于以下四点理由，后者应为优选方案。第一，该做法符合"逐步提高直接税比重"的税制结构变革导向。《中共中央关于全面深化改革若干重大问题的决定》提出"逐步提高直接税比重"，我国于近年推行"营改增"、接连下调增值税税率，在降低间接税负担的同时也为直接税负担的适当增加创造了空间。个人所得税位列企业所得税之后，是直接税的第二大税种，通常认为，目前企业所得税的负担整体上已比较重，个人所得税的情形则不同，虽工资薪金、劳务报酬等综合所得的税负被认为较重，资本所得相对较低的税率和其对个税收入贡献较少的现状，都意味着这部分仍有"加税"的空间。第二，该做法契合个人所得税法在新时代的功能重心也即强化分配调节。前已述及，高收入纳税人以资本所得为主要收入形式，中低收入纳税人的主要收入来源则通常是勤劳所得性质的综合所得，适度提高资本所得的税率，有助于调节过高收入。第三，就吸引外资与人才而言，该做法造成的负面影响有限。较之发达经济体，我国的资本所得税率偏低，即便提高到 25%，也仍然具有一定竞争性。第四，综合所得税负过重的问题，应遵循完善费用扣除体系的路径解决。径直降低最高边际税率，与 2018 年以前历次修法常仅关注提高宽免额一样，都犯了未能充分观照不同纳税人之间个性化差异的弊病，很容易诱致个税逆调节的消极效果。故此，降低综合所得的税负水平，应从增设费用扣除项目、建立费用扣除标准的年度自动调整机制与区域差异化机制、增设据实扣除选项等方面着手。

---

① 在计算勤劳所得和资本利得的应纳税额时，荷兰纳税人为取得、获取和维持收入所需开支的全部费用均可扣除。此外，住房贷款利息、特定养老金和年金保险费、慢性病患者和残疾人的特定医疗费、继续教育费用、特定捐款支出也可于税前扣除。荷兰纳税人还享受一般抵免、就业抵免、综合抵免、老年人抵免等多项税收抵免。

② 杜爽、孙琳：《资本所得课税的模式选择》，载《国际税收》2019 年第 3 期，第 71 页。

第四节 混合征税的另一面：特定人群的 利益贬损及其缓释

承前，综合所得较高几档的边际税率较之资本所得的比例税率过高，还衍生出另一问题：征税模式发生变革后，稿酬所得等原本适用比例税率的税目转而适用累进税率，此类勤劳收入较高纳税人的税负将因此骤增。强化收入分配调节，必然导致部分高勤劳收入纳税人的利益受损，但是，骤然增加其税负是否合理？若不合理，又应如何缓释？前述问题的答案关系到个人所得税法调节分配的合意性，故此，下文便转由微观视角省察个税修法对特定人群的影响。

一、征税模式改革潜在的"抑中"效应

国民收入分配格局以"橄榄型"为最佳，即低收入者和高收入者占比较少，中等收入者占比最多。但目前，我国收入分配格局呈双峰长尾形状的"葫芦型"，这意味着低收入者数量最多且平均收入增长较慢，中等收入者数量次多且平均收入增长同样较慢，高收入者数量最少，但群体内部的收入差距颇大[1]。为完善收入分配格局，我国应提低、扩中、控高。

通常认为，2018 年的个税修法在提低方面贡献颇巨。其提高综合所得的费用扣除标准并拓宽低档税率级距，使最低的三档税率级距拓宽了二至三倍。受此影响，绝大多数低收入者都无须再缴纳个人所得税，据财政部测算，修法后个人所得税纳税人占城镇就业人员的比例由 44% 下降至 15%[2]，足见本轮个税修法的提低决心和显著成效。相较之下，本次修法在控高方面的力度比较有限，正如前文所述，许多高收入纳税人的主要收入形式是资本所得，而本次修法几未提高资本所得税负。[3]

---

[1] 陈宗胜、康健：《中国居民收入分配"葫芦型"格局的理论解释》，载《经济学动态》2019 年第 1 期，第 5~6 页。

[2] 张璁：《个税纳税人占比将从 44% 降至 15%》，载《人民日报》2018 年 9 月 1 日，第 4 版。

[3] 当然，如果将特许权使用费视为资本所得，那么本轮修法还是在一定程度上提高了资本所得的税率水平。

更重要的是，本轮个税修法一定程度上发挥了"抑中"而非"扩中"作用，部分中等收入者的税负并未因修法而显著下降，反有上升之可能，其中征税模式规则在其中扮演了一定角色。概言之，勤劳所得皆被纳入综合所得、统一适用累进税率，部分中等收入纳税人的劳务报酬所得和稿酬所得原本只需适用比例税率，如今却可能要适用更高的边际税率。修法后，综合所得的一般性扣除额有显著提高，且低档税率级距拓宽，如果直接比较特定纳税人在修法前后的总税负水平，难以充分察知修法全貌。税负水平有绝对和相对两层含义，从调节分配的角度看，相对意义上的税负水平更为重要，提高一般性扣除额与拓宽低档税率级距带来的税负减轻，不同收入水平的纳税人都可享受，如果中等收入纳税人针对特定劳务报酬所得或是稿酬所得支付的税款增加，则其税负水平仍可谓在相对意义上有所增加。事实上，征税模式规则的修改在有些场合将使特定人群的利益受损，较为典型者包括但不限于如下两种情形。

第一种情形指向工资薪金较高又兼有劳务报酬或稿酬所得的专业技术人员，如高校教师、科研机构研究员、期刊编辑、医生等，由于此类人群的工资收入较高，将劳务报酬和稿酬所得并入后很可能要适用较高几档的边际税率，如30%、35%等。在原先分类征收的模式下，劳务报酬和稿酬所得皆按次征收，一般适用20%的比例税率，虽也有一次收入畸高须加成征收的规则存在，也很少真正满足适用的门槛条件。如此一来，前述专业技术人员就其所取得之劳务报酬、稿酬所得等，在征税模式变更后所要承担的税负常要较先前更高。

举例言之，假设某高校教师的月均工资薪金为税前3万元，年稿酬所得为10万元(单笔)，且每月举办一次讲座，每次获酬3000元。为计算简便，同时假定其在修法前后均无专项扣除费用与专项附加扣除费用。据此，在修法之前，其就稿酬所得和劳务报酬所得应承担16480元的个税款额，修法之后则须承担22440元的个税款额。

第二种情形指向主要收入形式是劳务报酬所得或稿酬所得的某些自由职业者，如设计师、职业画家、职业作家等①，此类人群的工作成果往往具有

①　特别要强调此处系"职业"画家、"职业"作家，而非同时在高校或其他科研机构任职的画家、作家。后者可归入正文所述第一种情形。

"十年磨一剑"的特点，故而其收入在不同年度间多为非均衡分布，即便某一年度收入颇丰，也未必就真已成为高收入纳税人而须"享受"税收重课的待遇。征税模式改革之前，劳务报酬所得、稿酬所得均适用比例税率，尤其是稿酬所得，无论收入多寡俱按照 20% 的税率计征个税。征税模式改革后，无论劳务报酬所得还是稿酬所得均可能适用最高达 45% 的边际税率，相关人群的税收负担有不降反增之虞。

高校教师、科研机构研究员等专业技术人员，职业画家、职业作家等自由职业者，均为中等收入人群的典型代表，由前述分析可知，征税模式改革后，其税负水平在相对甚至绝对意义上存在升高的风险，这制约了个人所得税法调节分配特别是"扩中"功能的发挥。在混合征税模式本身较之分类征收更为合理的背景下，宜从基础性规则的角度来思索缓释乃至消除前述消极因素的策略。

二、完善费用扣除体系以缓释部分中等收入纳税人的税负困境

究其根源，部分中等收入纳税人在征税模式改革后陷入税负不降反增的困境，并非征税模式改革本身思路有误，而是肇因于基础性规则的缺失。将工资薪金、劳务报酬等四类所得项目合并为综合所得统一计税，合乎其皆属勤劳所得的事务本质属性，也适应税收公平特别是其中横向公平的要求，从而也就顺应了强化分配调节的总体方向。但问题在于征税模式规则合理并不必定导向分配调节的结果正当，如果在最初的测算税基环节即未能准确反映量能课税的基本原理，则正确的方向同样可能引致错误的结果。

具言之，费用扣除是测算税基时不可或缺的一环，现行费用扣除体系的不完备，或许正是引发前述部分中等收入纳税人利益不当贬损的根源。新《个人所得税法》试图以 6 万元/年的一般性扣除额覆盖纳税人为取得收入而支付的客观支出与部分主观费用，并以专项附加扣除补足主观费用扣除不尽之缺失。但该一般性扣除额一身无法二任，其更加接近于主观费用扣除的性质，从而意味着工资薪金所得对应的成本扣除处在缺位状态。事实上，就劳务报酬、稿酬等所得分别扣除收入额的 20%，方才具有成本扣除的性质。但对于某些中等收入纳税人而言，扣除收入额的 20% 无法使其真正仅就净额所得纳税，诸如下列为取得收入而不得不支出的项目在计征个税时即未得充分扣除。

首先是部分中等收入纳税人为完成业务而支出的高额工具费用。比如，

高校教师为进一步拓掘研究深度，可能需要花费不菲资金购买境外图书，此类图书，一册数百元乃至数千元都不鲜见。职业画家购置绘画工具、设计师购买高端电脑与优质触控笔，亦可能耗资数万元。其次是部分中等收入纳税人为完成业务而支出的较高的交通和食宿费用。比如，为参与学术交流活动或开展调研，高校教师、科研机构研究员、期刊编辑、医生等人群可能要频繁长距离出行，作家、画家为寻得创作灵感而外出"采风"甚至"长住"的情形也不鲜见。在这些情形中，都将发生不菲的交通和食宿费用支出。再次是部分中等收入纳税人为完成业务而支出的较高服装费用。例如，企业管理人员、医生、高校教师、科研机构研究员、期刊编辑等人群都经常要出席各种正式场合，故而其对于昂贵的正式服装有较高需求。最后是部分中等收入纳税人为完成业务而支出的较高研修费用。例如，医生、高校教师、科研机构研究员等人群时常基于业务需要而出国交流、访学，由此将产生不菲的研修费用。此外，诸如职业画家为卖出画作而自费开办画展等情形，同样意味着大额支出，类似情形还有许多，兹不一一赘述。但从中不难发现，上述种种费用在现行费用扣除体系中并无对应项目，其他纳税人在这些方面支出一般较少但特定纳税人在这方面则开支不菲，这就使相关纳税人较其他纳税人处在天然的弱势地位，很容易因各种普遍或特殊的因素而使自身的税负不当上升，征税模式规则的变革作为一个外部诱因，也只是刚好而已。

　　基于此，完善费用扣除体系应当成为缓释部分中等收入纳税人税负困境的关键举措。该问题甚为复杂，此处不作过多铺陈，仅就本章论题相关者略作阐述。概言之，应将客观支出与主观费用区分开来，分别遵行不同的制度设计原则。一方面，在客观支出场域，应尽量落实量能课税原则。现行《个人所得税法》试图以一般性扣除额涵盖客观支出与部分主观费用，致使客观支出与主观费用发生混淆。客观支出是纳税人为取得收入而必须支付的费用，绝对不具担税力，并且对于提高纳税人的生活品质助力不大，故只要满足业务关联性、业务必要性、金额相当性以及由所得者负担等四要件，[①]便应允许扣除。就此而言，不具有普遍性、但对部分纳税人来讲必须支出的项目，如前文述及种种，应当允许相关纳税人列支据实扣除。另一方面，在主观费用场域，可以适度强化分配调节。其原因在于，主观费用极具主观性，其数额往

---

① 参见陈清秀：《税法各论》，法律出版社 2016 年版，第 105~114 页。

往与纳税人的财力直接相关，且此部分费用直接影响纳税人的生活品质，而强化分配调节的目的正是矫正纳税人收入差距——生活品质的过大落差。今后的个税修法，应着力于区分客观支出与主观费用，为此，可在《个人所得税法》中引入表征客观支出的"必要费用"概念，以据实扣除为原则；对于主观费用，可以在设定扣除标准时采取累退的做法。如此这般，特定中等收入纳税人的税负困境，有望在很大程度上得以缓解。

第五节　反思与展望

之于《个人所得税法》而言，征税模式规则处在枢纽地位，整部《个人所得税法》能否以及在多大程度上能达致组织财政收入和调节收入分配的二元目标，征税模式规则的影响不容小觑。然而，前述两大目标对制度设计方向的指引并非完全一致，理解征税模式规则必须要同特定时空环境联系起来，唯有将当时当地的制度目标纳入考量，方可知晓相关规则如此设计的个中奥妙。

我国《个人所得税法》的征税模式经历了由分类征收到综合与分类相结合的转变过程，确保财政收入是贯穿始终的不变基调。分类征收以及与之相伴生的源泉扣缴，使得该种模式最易获取财政收入；即便是2018年修法后改采混合模式，我国在诸多具体方案中最终择定现行方案，同样有确保财政收入稳定、及时获取的动因。但是，鉴于收入分配体制改革向纵深推进的时代背景，以及《个人所得税法》调节分配功能不显的客观现实，新时代的《个人所得税法》不得不投注更多目光到调节分配之上，征税模式规则的整体转换便肇因于此。将工资薪金、劳务报酬等四类项目合并为综合所得后，同时有助于横向公平和纵向公平目标的达致，其还为专项附加扣除规则的确立创造了条件，而后者是调节分配不可或缺的一环。

但以更高标准检视，则2018年的征税模式革新仍有未尽完善之处，这集中表现在综合征收与分类征收的界限不尽合理，以及勤劳所得较之资本所得的相对税率过高，这在很大程度上制约了调节分配功能的发挥。为求改善，宜将部分股息红利所得归入综合所得的范畴，将特许权使用费作为资本所得而适用分类征收的办法，并且明确财产租赁所得和财产转让所得的资本所得属性，以避免规则适用的不统一、不准确。同时，可考虑适度提高资本所得的税率，优化勤劳所得——资本所得的相对税率关系。

实践中，因征税模式革新而使部分中等收入纳税人的税负在相对甚至绝对意义上增加的情形值得关注。此类情形所涉群体主要是专业技术人员和某些自由职业者。究其根源，是费用扣除体系的不完备诱致前述现象，相应也须从完善费用扣除规则的角度缓释部分中等收入纳税人的税负困境。由此也可见个人所得税法诸规则间存在强烈的关联性，无论制度设计还是制度变革俱应秉持整章建制的立场，而避免"就事论事"。

第七章　个人所得税纳税单位规则的再思考

个人所得税的纳税人主要是自然人，业已成为理论及实践中的共识，但关于纳（课）税单位①应为个人抑或家庭，历来聚讼纷纭。以个人作为纳税单位便于税收征管，在组织财政收入方面有天然的优势。但与此同时，现代社会中经济活动的主体通常为家庭而非个人，税负设计以个人为锚，当加总形成家庭整体的税负时，容易产生合成谬误，偏离税收公平的价值取向，亦无助于甚至有害于调节分配目标的达致。有鉴于此，今世诸国在该议题上的抉择并非完全一致。我国 2018 年修改《个人所得税法》时，将工资薪金、劳务报酬等四种类别的收入合并为"综合所得"税目，又增设六项专项附加扣除项目，在揭示立法者优化个税调节分配功能的考量。修法同时保留了以个人作为纳税单位的做法，通常认为，其对分配调节的弱化、对税收公平的妨害，可借前述专项附加扣除的引入等手段得以缓释。但是否确乎如此，仍须从纳税单位规则本身入手，详加检视。本章拟提炼世界各国在该议题上形成的两种模式，进而探究我国制度选择的缘由及其存在的弊端，并考察引进家庭课税制的可行性，并尝试提出制度优化的建议。

第一节　世界范围内个人所得税纳税单位的两种主要模式

一、个人课税制

英国、加拿大、日本、澳大利亚、韩国、奥地利等国均以个人作为纳税单位，但通常在扣除项目或税收减免规则的部分考量家庭因素。在英国，纳税单位经历了从家庭到个人的转变，但扣除项目或税收减免规则相应强化对

---

① 纳税单位和课税单位属于一体两面，下文均采用纳税单位的表述。

家庭因素的关切，以此对冲纳税单位改变对税制公平性的妨害。历史上，妻子收入曾被归入丈夫名下，已婚夫妇被视为一个纳税主体，并设有已婚男子津贴①（MMA）。随着社会对男女平等议题的关注，单独征税制度于 1990 年起开始推行。纳税人的所得被区分为财产所得和资本利得：对于财产所得，若属于夫妻双方共有，则除非双方可证明所有权关系特殊并选择依据不同性质分别缴税，否则便将之平分；对于资本利得，由获取所得的人分别缴税。② 新体系另设有以夫妻收入为衡量基础的已婚夫妇津贴（MCA），此举观照了个人课税制下家庭税负平等的问题，但以婚姻关系作为认定基础有婚姻奖励之嫌，故其于 2000 年被废止，但若夫妻一方出生于 1935 年 4 月 6 日之前，则该政策仍得适用。21 世纪以来，英国的税制改革在坚持个人课税制的同时，愈发强调对家庭因素的考量，多项涉及家庭因素的抵免政策陆续出台，如儿童税收抵免政策（Children's Tax Credit，2003 年更名为 Child Tax Credit）、工薪家庭税收抵免政策（Working Families's Tax Credit，2003 年更名为 Working Tax Credit）。③ 现行英国所得税法重拾对婚姻关系的关切，如已婚夫妇和同性伴侣（适用"民事合伙"的概念）均享有可转让的婚姻津贴（Marriage Allowance）。④

日本以个人为纳税单位，对综合所得设定了基本扣除和杂项扣除。基本扣除适用于年度总收入低于 2500 万日元的纳税人，扣除额度最高可达 16 万日元。杂项扣除有医疗费扣除、地震保险扣除、配偶扣除、配偶特别扣除、抚养扣除、残疾人扣除等，其中诸多项目涉及家庭因素，如在抚养扣除中纳税人依据抚养亲属年龄的大小享有不同的扣除额度。⑤ 依据扣除项目的差异，家庭的范畴有所不同，如配偶扣除、特别配偶扣除及寡妇（夫）扣除均针对已婚夫妇，但抚养扣除涵盖老人、小孩等家庭主要成员。

与日本的情形类似，加拿大也采取个人课税制，纳税人需同时缴纳联邦和各省的个人所得税。针对综合所得，联邦层面设置了配偶抵免、非独立个

---

① 英国的扣除项目一般用津贴（Allowance）表述，下文均采用津贴的表述。

② 参见[加]布赖恩·阿诺德、[美]休·奥尔特等：《比较所得税法—结构性分析》，丁一、崔威译，北京大学出版社 2013 年版，第 321 页。

③ Thomas Pope & Tom Waters, *A Survey of the UK Tax System*, London：Institute for Fiscal Studies, 2016, pp. 11-12. Tax Credit Act. 2002. Sec. 8-12（2019）. 现今这两类政策基本被通用抵免政策替代。

④ Income Tax Act. 2007. Sec. 45-46、55A-55E（2019）.

⑤ 参见《日本所得税法》（昭和四十年法律第三十三号）第 72~86 条。

人抵免、抚养抵免等税收扣除项目，各省还设有各自的扣除项目。值得一提的是，加拿大对家庭因素的考量较为全面，既关注到从婚姻关系衍生的同居伴侣关系（Common-law Partnership Status）和完全依赖关系（Wholly Dependent Person），也从子女和老人的角度规定了体弱儿童照顾者支出等扣除项目。[1]

二、家庭课税制与个人课税制并行

选择家庭课税制的国家通常允许在某些情形中以个人作为纳税单位，具体呈现三种模式（详见表7-1）。

（一）家庭课税为原则，个人课税为例外

该模式下，通常以家庭作为纳税单位，在特殊情形中可由纳税人单独缴税。实行该模式的代表国家是法国，其一般以家庭收入作为应税收入，实行家庭商制度。家庭商是指将应税收入分为一定份额的系统。家庭商数依据纳税人的婚姻状况和受抚养人的数量设置，[2] 家庭成员各自的家庭商数加总后得到总份额。在纳税家庭的应税收入及总份额确定后便可计算每个份额的应税收入（QF），其等于应税收入除以总份额。在确定 QF 后，用其乘以适用的所得税率[3]，便能得到每个份额的应纳税额，再用每个份额的应纳税额乘以总份额即为家庭应税额。该体系对"家庭"的界定综合考量了配偶、同性伴侣、未婚人士及儿童等因素，针对单身、已婚、离婚等婚姻状况及抚养子女数量设定不同系数。同时法国《通用税法》规定了纳税人可单独缴税的特殊情形，如配偶双方各自财产独立且未同居、配偶双方处于合法分居或离婚状态（双方可以有各自的住所）、因配偶一方或双方抛弃婚姻住所导致各自有单独的收入等。[4]

（二）将家庭与个人均作为纳税单位，适用同一税率表

印度将印度教不分身份家庭（Hindu Undivided Family，HUF）与个人均视为所得税法上的纳税人。HUF 是指一个家庭选择注册为一个纳税单位，一般

---

① R. S. C. 1985. c. 1 (5th Supp.). Sec. 118(2020).

② 份额的分配主要考量两大因素：一是是否结婚，分为已婚或缔结公民互助公约的合伙人（包括同性伴侣）和单身、离婚或丧偶两类；二是儿童的数量。详见 CGI. 1950. Article 194-196(2020).

③ 法国税率表划分档次的依据乃是每个份额的收入而非家庭总收入。

④ CGI. 1950. Article 6(2020).

由一个共同祖先及其所有直系后代组成，包括其妻子。[①] HUF 与 60 岁以下的个人适用同一税率表，60 岁以上 80 岁以下，以及 80 岁以上的个人分别适用不同税率表。[②] 与此同时，纳税人可享受诸多涉及家庭因素的扣除项目，如医疗保险费扣除、抚养费扣除等。[③]

(三) 同时实行个人课税制与家庭课税制，将选择权交予纳税人

美国、德国、爱尔兰等国家均属此类。美国在 1948 年以前实行个人课税制，1948 年以后允许夫妻联合申报，但限于满足民法上婚姻认定标准的夫妻，适用级距的幅度是未婚纳税人所适用之相应税率级距幅度的两倍，此举造成同等收入的夫妻所缴税款明显小于单身人士需缴税款，[④] 存在婚姻奖励的嫌疑。对此，美国政府于 1969 年颁布《税收改革法案》，针对已婚联合申报、已婚分别申报、单身人士申报和户主申报分别设置不同的税率表。单身人士适用的税率偏低，且新法规定单身人士的个人所得税税负和总收入与其相同之夫妇的税负差异不可超过 20%，这便又从原先的婚姻奖励走向了婚姻惩罚。[⑤] 为解决该问题，美国围绕扣除项目及税率进行了一系列改革。如 1981 年颁布的《经济复兴税收法案》及 1986 年颁布的《税收改革法案》均增添了家庭申报的扣除项目，国会则在 2001 年和 2003 年扩大了适用 15% 税率级距的已婚纳税人范畴。[⑥] 通过这一系列举措，试图在单身和已婚纳税人之间做到不偏不倚，实现税收公平。

现今美国税法将纳税人分为居民纳税人和非居民纳税人，前者可在个人

---

① I. T. A. 1961. Sec. 2(31)(2020). 另可见印度税务局官网解释，https：//www. incometaxindia. gov. in/Pages/i-am/huf. aspx，最后访问时间：2020 年 8 月 17 日。需要注意的是，在 2005 年以前，《印度继承法》未认可女儿作为共同继承人(直系后代)，但将女儿视为 HUF 的一员。自 2005 年《印度继承法(修正案)》生效后，女儿被纳入共同继承人(直系后代)的范畴。The Hindu Succession Act. 1956. Sec. 6(2005).

② Income Tax Slab for FinancialYear 2020-2021、Income Tax Slab for FinancialYear 2019-2020.

③ I. T. A. 1961. Sec. 80(2020).

④ 若是夫妻收入相当，夫妇选择联合申报或个人申报缴纳的税款差别不大，但由于税率的累进性，夫妻收入差距较大时，选择联合申报比选择个人申报缴纳税款明显较少。

⑤ 马君、詹卉：《美国个人所得税课税单位的演变及其对我国的启示》，载《外国税收与借鉴》2010 年第 1 期，第 95 页。

⑥ 参见[加]布赖恩·阿诺德、[美]休·奥尔特等：《比较所得税法——结构性分析》，丁一、崔威译，北京大学出版社 2013 年版，第 319 页。

单独申报、家庭联合申报、家庭分别申报、户主申报及丧偶者申报等方式之间自由选择,① 后者仅可以个人身份单独申报。选择家庭联合申报或家庭分别申报方式的纳税人需处于已婚状态,具体包括四种类型:已婚且共同居住、共同居住在认可同性伴侣州的同性伴侣、已婚未共同居住但没有在法律上离婚或获得单独抚养令、因为一项临时离婚法令而分居。② 夫妻双方选择适用联合申报后对税款缴纳等事项承担连带责任,合并双方收入进而在此基础上计算扣除费用并适用单独的税率表。与此对应,美国的扣除制度较为繁杂。本书曾在第二章有介绍过,美国的扣除项目包括两类:第一类为线上扣除项目,主要是与收入直接相关的支出扣除;第二类为线下扣除项目,主要是个人生计扣除。个人生计扣除在 2018 年前包括个人宽免及费用扣除,2017 年"特朗普税改"暂时取消了个人宽免,而将费用扣除中分项扣除的额度翻倍。③ 就费用扣除而言,非居民纳税人仅可适用分项扣除项目,居民纳税人可选择适用标准扣除或分项扣除。标准扣除包括基本扣除和附加扣除,基本扣除依据通货膨胀的情况进行年度调整,并区分纳税人单身与否、是夫妻共同申报抑或夫妻分别申报、是否以户主身份申报以及是否为盲人等不同情形,作出差异化制度安排。附加扣除则仅适用于 65 岁以上的老人和盲人。分项扣除包括个人灾难性损失、医疗费用、慈善捐赠、教育贷款利息等项目。④

德国的做法与美国相似,配偶可选择单独申报或联合申报。如果选择前者则依各自收入分别申报,相应的特殊费用、特殊负担和减税则分配至经济上实质负担该类项目费用的一方,但若双方同意则可折半分配。如果选择后者则双方收入合并计算,在扣除费用后成为应税收入,折半适用税率表后将得到的结果乘以二算出最终税额。相较于配偶单独申报,适用此种方式所缴税款一般更少。需要注意的是,该规定不适用于异性同居伴侣;至于同性伴

① 户主申报及丧偶者申报属于家庭申报和个人申报的衍生情形,所缴税款一般较低。

② 除却四种类型,美国税法还规定了特殊情形下夫妻的申报方式,如配偶死亡、离婚、废止的婚姻。Internal Revenue Service, *Tax Guide* 2019 *for Individuals*, Washington D. C.: Internal Revenue Service. 2019, p. 21.

③ 梁季:《美国联邦个人所得税:分析、借鉴与思考》,载《河北大学学报(哲学社会科学版)》2019 年第 1 期,第 42 页。

④ Internal Revenue Service, *Tax Guide* 2019 *for Individuals*, Washington D. C.: Internal Revenue Service, 2019.

侣,此前需注册为民事合伙方可与配偶享受同等待遇,但在 2017 年 10 月 1 日之后其也被纳入配偶范畴。[1]

表 7-1　　　　　　　　家庭课税制与个人课税制并行的主要模式

模式	代表国家	家庭的界定	税款计算方式	税收征管模式
家庭课税为原则 个人课税为例外	法国	配偶 同性伴侣 未婚人士 儿童	家庭商制度	纳税人申报+ 预扣预缴
同等对待 家庭与个人	印度	一个共同祖先及其所有直系后代(HUF)	完全合并制	纳税人申报+ 预扣预缴
两种模式并行 纳税人选择适用	美国	夫妻 同性伴侣 特殊配偶	联合申报制	纳税人申报+ 预扣税款+ 预估税款
	德国	异性配偶 同性配偶	折半乘二制	纳税人申报+ 预扣预缴

第二节　我国的制度选择及其问题

一、围绕纳税单位的争议及现行制度安排的理由

自 1980 年开征个人所得税以来,我国一直个人作为纳税单位,2018 年修法之前,学界有观点主张改采家庭课税制,但最终未获立法者采纳。总体来看,支持采行家庭课税制的学者通常遵循两条进路论述其理由:一是从组织收入的角度出发,认为实行家庭课税制有助于拓宽税基,并可改善夫妻间通过转移财产进行避税造成的税款流失问题;[2] 二是从调节分配的角度切入,

---

[1]　EStG. 1934. § 26、26a、26b、26c(2020).

[2]　参见赵惠敏:《家庭课税——我国个人所得税课税单位的另一种选择》,载《税务与经济》2004 年第 6 期,第 59~60 页;汤洁茵:《个人所得税课税单位的选择:个人还是家庭——以婚姻家庭的保障为核心》,载《当代法学》2012 年第 2 期,第 113~114 页。

认为采用家庭课税制方才契合量能课税原则，且家庭之间的收入差距较个人之间的收入差距更大，改采家庭课税制在强化个税累进性的同时提高了税制的调节功效。① 对此，持反对意见的学者分别予以回应。在组织收入的维度，其指出自 1995 年至 2009 年我国官方统计的家庭户②数基本维持在 300 万~500 万，平均家庭人口约为 3 人，两者相乘得到的家庭人口数占全国总人口数比重过低，改采家庭课税制可能致使税基萎缩。近些年来各国税率的扁平化趋势削弱了纳税人的避税动机，家庭课税制所具备的防止成员分摊税款的优势弱化。退一步讲，即便此种优势尚存，避税问题亦可通过特殊费用扣除制度予以改善。③ 在调节分配的维度，其认为改采家庭课税制并不必然促使税负公平化，家庭结构的差异可能诱发新的不公平。且引入家庭课税制会导致税制

---

① 比如有学者认为家庭应为量能课税的单位，践行个人课税制会导致家庭间税负横向与纵向的不公平。参见马君、詹卉：《美国个人所得税课税单位的演变及其对我国的启示》，载《外国税收与借鉴》2010 年第 1 期，第 96 页；施正文：《分配正义与个人所得税法改革》，载《中国法学》2011 年第 5 期，第 42 页；陈茂国、袁希：《我国个人所得税课税单位改革研究》，载《法学评论》2013 年第 1 期，第 133 页；刘扬、冉美丽、王忠丽：《个人所得税、居民收入分配与公平——基于中美个人所得税实证比较》，载《经济学动态》2014 年第 1 期，第 16 页；俞杰：《个人所得税课税单位的选择与评析》，载《税务研究》2015 年第 2 期，第 95 页；张敬石、胡雍：《美国个人所得税制度及对我国的启示》，载《税务与经济》2016 年第 1 期，第 101 页。又如有学者认为个人收入的差距最终需体现在家庭收入差距之上，我国现今家庭间收入差距比个人收入差距更大，改采家庭课税制更有利于增强税率的累进性。参见陈业宏、曹胜亮：《个人所得税法实质正义的缺失考量——以纳税人家庭经济负担为视角》，载《法学杂志》2010 年第 5 期，第 31 页；李华：《家庭还是个人：论我国个人所得税纳税单位选择》，载《财政研究》2011 年第 2 期，第 33 页；俞杰：《个人所得税课税单位的选择与评析》，载《税务研究》2015 年第 2 期，第 95~96 页；李林君：《家庭规模和结构的标准化设计——个人所得税按家庭课征的突破口》，载《税务研究》2016 年第 11 期，第 53 页。

② 根据国家统计局的解释，"城镇居民户"是指"居住在城镇区范围内的常住户。包括单身和一些具有固定住宅的流动人口"，"农村居民户"是指"农村常住户……有本地户口但举家外出谋生一年以上的住户，无论是否保留承包耕地都不包括在本地农村住户范围内"。由此可知，是否为常住户属于官方认定家庭户的重要标准，换言之，大量流动人口未被纳入统计范畴。

③ 参见郑春荣：《个人所得税纳税单位选择：基于婚姻中性的视角》，载《社会科学家》2008 年第 2 期，第 57 页；卜祥来、夏宏伟：《从 OECD 国家个人所得税改革趋势看我国税制改革》，载《税务研究》2009 年第 1 期，第 95 页；范哲远、刘强：《基于中外对比谈我国个人所得税课税单位的选择》，载《商业时代》2011 年第 24 期，第 71 页。

复杂化，个税的调节功效随之消减。①

2018 年的个税修法维持以个人作为纳税单位的制度安排。从官方表述看，其缘由主要是家庭成员的界定较为困难，诸如家庭收入、赡养人口、家庭成员就业等家庭信息不够透明。在民众纳税遵从度不高的背景下，现有的征管能力及监管体制难以确保精准课税。② 由此可见，现行制度安排如此取舍主要是基于技术层面的考量。

二、个人课税制对二元目标的妨碍

个人所得税具备组织收入和调节分配两大功能，前者在不同国家的实际效果可通过个税收入占税收收入的比重（以下简称"个税贡献率"）加以体现，

---

① 比如有学者基于数据分析，得出由于我国实际纳税人占比过低，改采家庭课税制并不利于促进税负公平的结论。参见余宜珂、袁建国：《基于微观数据模拟的个人所得税纳税单位问题研究》，载《税务研究》2016 年第 7 期，第 38 页。又如有学者提出改采家庭课税制后可能产生因家庭结构差异、我国家庭规模等因素所导致的新的不公平。参见郑春荣：《个人所得税纳税单位选择：基于婚姻中性的视角》，载《社会科学家》2008 年第 2 期，第 57 页；范哲远、刘强：《基于中外对比谈我国个人所得税课税单位的选择》，载《商业时代》2011 年第 24 期，第 71 页。值得关注的是，即便是支持引入家庭课税制的学者亦在行文中肯定此点问题。参见汤洁茵：《个人所得税课税单位的选择：个人还是家庭——以婚姻家庭的保障为核心》，载《当代法学》2012 年第 2 期，第 115 页；李林君：《家庭规模和结构的标准化设计——个人所得税按家庭课征的突破口》，载《税务研究》2016 年第 11 期，第 53 页。还如较多学者分别从费用扣除和税制的复杂性角度切入，认为采用个人课税制下的税负不公问题可通过费用扣除制度解决，而在家庭课税制下的费用扣除制并不一定利于实现税负公平，引进家庭课税制在复杂化税制之后削弱了个税的调节功效。参见刘尚希：《按家庭征个人所得税会更公平吗——兼论我国个人所得税改革的方向》，载《涉外税务》2012 年第 10 期，第 25~28 页；薛钢、李炜光、赵瑞：《关于我国个人所得税课税单位的选择问题》，载《南方经济》2015 年第 7 期，第 119~120 页；刘鹏：《家庭课税：我国个人所得税改革的应然之举?》，载《经济体制改革》2016 年第 4 期，第 192~195 页。

② 早在 2017 年十二届全国人大召开之际，时任国家财政部部长肖捷就个税改革方案答记者问时便谈及"我国的社会信用体系还不够完善，民众诚信道德水平与发达国家存在差距，税务部门缺乏完善的监管体制……家庭成员就业、教育等具体情况不够透明。在城乡二元结构尚未完全打破的语境下，家庭成员的界定还不能单纯以户口本来判断……按家庭为单位征收个税，还存在一定的技术障碍"，载现代教育网站，http://www. xiandaiyuwen. com/wenshu/lianghui/699006. html，最后访问时间：2020 年 8 月 17 日。

后者实效可通过个税税后基尼系数下降值(以下称"RE值"①)来衡量。纳税单位作为个税制度的重要一环,同前述两大功能的发挥休戚相关。以10个实行个人课税制的国家为考察对象,统计各国从2008年至2018年的个税贡献率和RE值,形成图7-1和图7-2。不难发现,推行个人课税制的国家,其个税贡献率差异颇大,贡献率最高者为丹麦,维持在50%以上,最低者为我国,基本处于10%以下的低位,剩余国家多集中在20%~40%。同时,推行个人课税制的国家,RE值的差距也较大,芬兰的RE值最高,达到0.043,我国最低,仅0.004,剩余国家基本分布在0.02~0.04。由此或可形成两点判断:第一,个人课税制不必然导致更高的个税贡献率,但总体上看,推行个人课税制的国家确实在相当程度上保证了较为充足的个税收入;第二,个人课税制也未必一定削弱个税的调节功能,相当部分的国家较为成功地使个税在对个人征取的同时发挥了较强的调节分配功能。

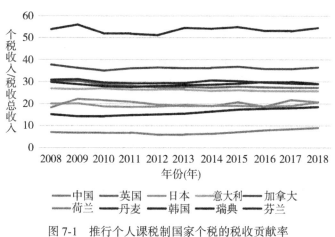

图7-1　推行个人课税制国家个税的税收贡献率

根据前述可知,我国个人所得税制的运行实效无论在组织收入还是调节分配的维度,都难让人满意。公允地讲,这种状况的发生,有采行个人课税制的原因,但也不能全部归咎于此。

---

①　个税对基尼系数的影响通过个税RE指数反映,RE值即税后基尼系数与税前基尼系数之差。

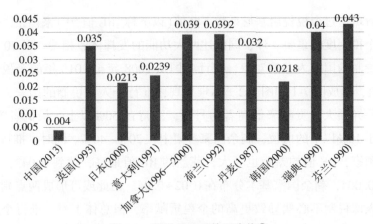

图 7-2　税后基尼系数下降值①

　　就个税调节分配的功效言之，个人课税制确未完美地契合量能课税原则。税法一般通过三条途径调节收入：依据量能课税原则分配税负、实行累进税率及针对中低收入群体实行扶助性税收优惠。② 在这三条途径中，基于量能课税原则建构并持续优化个税建制，之于调节分配而言具有基础性地位。由此观之，个人课税制恰在契合量能课税的程度上，弱于家庭课税制。纵是近年来个人主义勃兴，以"家庭共同体"为基本单位构成的社会形态尚未改变。既然是"家庭共同体"，便可谓"财产共同体"，此即表明，包含税款在内的资产在家庭内部呈现"共有状态"③，进言之，纳税人实质上的税负能力在相当程

_____

　　① 数据源来自《中国统计年鉴》系列、https：//data. oecd. org/tax/tax-on-personal-income. htm、https：//www. sars. gov. za/About/SATaxSystem/Pages/Tax-Statistics. aspx，最后访问时间：2020 年 8 月 17 日。另参见岳希明、张玄：《强化我国税制的收入分配功能：途径、效果与对策》，载《税务研究》2020 年第 3 期，第 19 页；万莹：《缩小我国居民收入差距的税收政策研究》，中国社会科学出版社 2013 年版，第 129 页；徐建炜、马光荣、李实：《个人所得税改善中国收入分配了吗——基于对 1997—2011 微观数据的动态评估》，载《中国社会科学》2013 年第 6 期，第 67 页。

　　② 侯卓：《二元目标下的个人所得税法制度演进》，载《华中科技大学学报（社会科学版）》2020 年第 3 期，第 103 页。

　　③ 这里的"财产共同体"及资产的"共有状态"并非指法律上的财产共有，更多强调家庭资产的共同计算与统一调配，与"同居共财"类似。日本学者滋贺秀三将"同居共财"理解为"收入、消费以及保有资产等等涉及各方面的共同计算关系，即以每个人的勤劳所得和由共同资产所得的收益为收入、支出每个人的生活百端……那样一种维持共同会计的关系"。参见安宗林、肖立梅、潘志玉：《比较法视野下的现代家庭财产关系规制与重构》，北京大学出版社 2014 年版，第 19 页。

度上取决于家庭整体收入。采行个人课税制可能导致家庭之间税负的不公平。假定两个年收入均为 50 万元的核心家庭（也即无未婚子女），其中 A 家庭夫妻的年工薪收入分别为 3 万元和 47 万元，B 家庭夫妻的年工薪收入均为 25 万元，不考虑其他因素，适用新个人所得税法后 A 家庭须缴个税 88080 元，B 家庭须缴个税 66160 元，若将两个家庭分别视为一个整体，则二者并无税负能力上的差异，可实际承担的税负却因个人课税制而呈现显著差异，此间存在较为明显的税负横向不公平。进言之，贝克尔曾指出，家庭中不同成员通过调配商品、时间、货币等因素组建一个有效率的家庭。[1] 据此，在效率最大化的驱使下，只要条件许可，前例所呈现的税法评价差异很可能诱使纳税人在家庭内部调配收入，这又会进一步在诚实纳税人和非诚实纳税人之间形成新的税负横向不公平。与此同时，无论从规模效应导致婚后夫妻的生活成本降低[2]，抑或从支出增加导致婚后的生活成本上升来看，婚后夫妻双方的税负能力俱应有所变动，个人课税制仍就夫妻各自原本的收入征税，这便产生税负纵向不公平的问题。

与调节分配时天然存在劣势的状况不同，个人课税制在组织收入方面具备制度性优势。若以个人作为纳税单位，税务机关可通过支付方提供的信息径直从源头处扣除税款。[3] 家庭课税制的推行则需要更加充分全面地掌握纳税人的家庭情况，径直施以源泉扣缴很难确保信息准确，又有侵犯纳税人隐私之嫌。故若采行家庭课税制，税务机关一般要遵循"接受纳税人的自行申报——对税款和费用等相关信息予以核实——汇算清缴"的顺序进行征管。[4] 在税务机关获取、甄别、处理涉税信息的能力还较为不足，以及大多数纳税

[1] 参见[美]加里·斯坦利·贝克尔：《家庭论》，王献生、王宇译，商务印书馆2005 年版，第 3~4 页。另，马斯格雷夫将企业与家庭并立为市场上的两大私人部门。参见[美]马斯格雷夫等：《财政理论与实践》，邓子基、邓力平译，中国财政经济出版社2003 年版，第 16~18 页。

[2] Rosen, Harvey, "Is It Time to Abandon Joint Filing?", *National Tax Journal*, Vol. 4: 423(1997).

[3] 参见卜祥来、夏宏伟：《从 OECD 国家个人所得税改革趋势看我国税制改革》，载《税务研究》2009 年第 1 期，第 95 页。

[4] 郑春荣、张麟琳：《我国实施家庭课税制的改革前景——基于世界主要纳税单位模式的讨论》，载《税务研究》2018 年第 10 期，第 62 页。有采用家庭课税制的国家均需以纳税人的自行申报为基础。

人的税法知识和纳税意识还十分有限的条件下，个人课税制更有利于税务机关便捷地汲取资金。以 6 个有采用家庭课税制的国家为例，其从 2008 年至 2018 年的个税税收贡献率如图 7-3 所示，通过与图 7-1 对比可知，采行个人课税制的国家(图 7-1 中各国)组织个税收入的能力总体上要更强于有采用家庭课税制的国家(图 7-2 中各国)。由此可知，我国个税税收贡献率偏低，同个人课税制本身应无关联，而须从税收要素设计、征管力量等方面寻找原因。

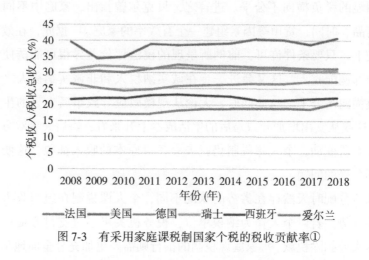

图 7-3 有采用家庭课税制国家个税的税收贡献率①

第三节 兼顾需要与可能的制度优化进路

诚如前述，现行个人课税制确实制约了个税调节分配的力度，组织收入的长处也未能得到充分彰显。在"非此即彼"的思维定式下，此时很容易将引入家庭课税制作为振衰起敝之策。然而，立足本土语境，该做法未必可行。实际上，若能通过制度设计使个人课税制在组织收入方面的制度优势得以发挥，同时借鉴域外经验将家庭因素更多纳入税制视野从而强化其调节分配的能力，维持个人课税制或为更优选择。

---

① 数据源自 https：//data. oecd. org/tax/tax-on-personal-income. htm，最后访问时间：2020 年 8 月 17 日。

一、不宜贸然改采家庭课税制

首先，我国现今家庭类型的复杂性决定了难以施行家庭课税制。通过表7-1可知，有采行家庭课税制的国家一般基于婚姻关系认定家庭收入，部分国家兼顾了未婚子女及老人。依据《中华人民共和国户口登记条例》和《全国人口普查条例》，我国以婚姻、血缘及收养关系为基准确定家庭户。从《中国家庭发展报告2015》来看，除却核心家庭，单人家庭、空巢家庭、留守或独居老人家庭等非以婚姻为纽带组成的家庭类型繁多。可见，若是仅以婚姻关系作为认定标准难以涵盖所有家庭，随着社会的发展，新的家庭类型层出不穷，采取列举法又易挂一漏万。另外，在世界范围内，同性伴侣的结合可否被认定为"家庭"也有较大争议，该问题在我国当下并不突出，但不能保证今后依然如此。

其次，承接前一点，即便假定税法条文可以无遗漏地罗列全部家庭类型，税务机关对家庭信息的核对能力可否与家庭课税制的要求相匹配也不无疑问。当前，税务机关仍以个人为主要对象实施信息管理，难以在短时间内与民政局、市场监督管理局、国土资源局等部门建立信息共享机制，进而将信息管理的基点由个人扩展到家庭。[①] 事实上，本书在第三章便曾经指出，推行个税专项附加扣除制度后，税务机关尚无法基于子女信息倒查纳税人情况及亲子关系，这侧面体现出税务机关以个人信息作为管理基点的现况及其对个税征管的框限。

再次，较之个人课税制，以家庭作为纳税单位确实更加关注税负的实质公平，但其在缓释某些方面不公平状况的同时，因家庭结构的差异也可能衍生新的不公平。如年收入相同的两个家庭，C家庭中仅丈夫一人工作，妻子为全职太太，D家庭中夫妻均工作，但须雇佣人员处理家务。两个家庭看似收入相同因而税负能力相同，但C家庭中妻子承担家务、照料小孩等具有隐性经济价值的劳动处于课税范围之外，而D家庭中的雇佣费用却不可扣除。据此，C家庭的税负能力实质上高于D家庭，但D家庭的税负却重于C家庭，这同样是税负不公平的表现。

---

① 闫晴：《家庭财富差距的税法调节——理念转型与制度优化》，载《广东财经大学学报》2018年第3期，第107页。

最后，家庭课税制难以契合税收中性原则，对纳税人在婚姻、工作等方面的决策行为均有所扭曲。就婚姻而言，此种税制难免诱致婚姻奖励或婚姻惩罚的后果，因之影响纳税人的结婚意愿。由表 7-1 可知，采行家庭课税制有四种税款计算方式。其中，折半乘二制及家庭商制度可能产生婚姻奖励的效果①，完全合并制可能产生婚姻惩罚的后果，联合申报制依据夫妻收入结构的不同而分别导向婚姻奖励或惩罚。② 在域外实践中，美国联邦政府频繁修改税法以调节婚姻奖励或惩罚的程度③，从中可窥见家庭课税制对婚姻决策的扭曲程度确实不容小觑。虽有研究表明我国平均初婚年龄的推迟与税收并无关联④，但缺乏中立性的税制却有可能造成假离婚等混乱的婚姻关系，如带有限购目的"国五条"⑤出台后，大量夫妻通过"假离婚"来规避 20% 的个人所得税便是前车之鉴。就工作而言，家庭课税制可能会扭曲已婚妇女的劳动供给。基于生物学上的比较优势，已婚女性在家庭中承担更重的责任，已婚男性则更致力于在工作中获得更高收益。⑥ 因此，丈夫的收入普遍高于妻子，婚后女

---

① 家庭商制度是将家庭收入依据家庭系数予以平摊，由表 7-1 可知已婚家庭的系数是单身人士的两倍，原理相当于折半乘二制。

② 具体说理参见郑春荣、张麟琳：《我国实施家庭课税制的改革前景——基于世界主要纳税单位模式的讨论》，载《税务研究》2018 年第 10 期，第 60 页。

③ 参见马君、詹卉：《美国个人所得税课税单位的演变及其对我国的启示》，载《外国税收与借鉴》2010 年第 1 期。

④ 李林君认为，个体婚姻决策的表象就是早婚、晚婚，具体可通过平均初婚年龄来反映。其进一步指出，我国初婚年龄的推迟更多受到经济发展程度、就业市场压力、婚姻挤压等因素影响，纳税对此作用甚微。参见李林君：《家庭规模和结构的标准化设计——个人所得税按家庭课征的突破口》，载《税务研究》2016 年第 11 期，第 53 页。

⑤ "国五条"是指《国务院办公厅关于继续做好房地产市场调控工作的通知》（国办发〔2013〕17 号），其中规定"对出售自有住房按规定应征收的个人所得税，通过税收征管、房屋登记等历史信息能核实房屋原值的，应依法严格按转让所得的 20% 计征"。对此，北京、厦门等地补充规定："个人转让自用 5 年以上的唯一生活住房，继续免征个人所得税。"故不少拥有多套房产的夫妻通过"假离婚"来规避 20% 的个税。如 AB 夫妻欲将一套房产出售给 C，AB 先通过离婚将房产划分给 B（使房屋成为 B 自用 5 年以上的唯一生活住房），然后再将房产出售给 C，随即 AB 复婚。循此流程，AB 成功规避掉税率达 20% 的个人所得税。

⑥ 参见［美］加里·斯坦利·贝克尔：《家庭论》，王献生、王宇译，商务印书馆2005 年版，第 50~60 页。

性的劳动供给弹性大于男性。[①] 在家庭课税制下，若双方均工作，合并纳税实际上提高了妻子收入所适用的边际税率，妻子的税负增加。若女性回归家庭则可以承担更多家务和照顾子女的事务，这部分具有隐性经济价值的劳动未被纳入课税范围，[②] 妻子的实质税负减轻。故已婚女性更倾向于回归家庭。

二、应在个人课税制的前提下，审慎但积极地考量更多的家庭因素

由上述可知，改采家庭课税制既难确保税制公允高效，又易衍生新的问题。实际上，从域外经验看，个人课税制导致的税负不公问题可借由扣除规则的妥善设计和征管能力的加强予以缓解。其中，完善扣除规则至为重要，这要求在现有基础上更为细致地考量家庭因素；通过制度设计强化税收征管能力，则是使良好的制度预期得以实现的重要保障。有鉴于此，在个人课税制的框架下，于税法中更积极地回应家庭因素对税负能力的影响，同时强化税收征管，应当成为我国在当下和今后一个时期的理想选择。

第一，可适当增加体现家庭因素的专项附加扣除项目。除却大病医疗、子女教育等已被纳入专项附加扣除范围的项目外，配偶收入状况、家属中有残障人士等关涉家庭间税负公平的重大因素亦应引起关注并在制度层面有所回应。

就配偶收入状况而言，我国可针对配偶收入未达到个税起征点的纳税人设置配偶扣除项目。在这方面，域外实践多有着墨。如《加拿大所得税法》便规定，对于需要扶养配偶的纳税人，若纳税人的净所得低于 11635 加元即可享受配偶扣除。[③] 与此类似，日本对需承维持家庭生计但收入较低的纳税人设置不同额度的扣除标准。[④] 英国的做法较为特别，其规定若夫妻一方无须支付

---

① 两性劳动供给弹性的研究可参见岳树民、卢艺：《个人所得税纳税单位的选择：家庭还是个人》，载《税收经济研究》2013 年第 3 期，第 6 页。

② 汤洁茵：《个人所得税课税单位的选择：个人还是家庭——以婚姻家庭的保障为核心》，载《当代法学》2012 年第 2 期，第 115 页。

③ 参见 http://qiaoyi.org/canadagerensuodeshui.html，2020 年 8 月 17 日最后访问。

④ 《日本所得税法》（昭和二十二年法律第二十七号）第八十三条。

所得税或税收低于个人津贴，则夫妻间可转让个人津贴以降低家庭整体税负，[①] 但囿于当前征管能力和纳税人的税法意识、纳税遵从度的局限，该模式未必适合我国。

就家属中有残障人士而言，我国可对需要照料残障家属的纳税人设置年度扣除。当前，大病医疗支出专项附加扣除项目仅适用于在医保范围内的医药费用支出，就医保范围言之，慢性疾病、病前预防及愈后康复类的参保项目甚少。残障人士的照料费用未被大病医疗支出专项附加扣除项目所完全涵盖。以天津市在 2014 年的调查为例，在基本医疗报销之后，绝大部分非重度残障人士仍要承担年均 5500~10000 元的医疗费[②]，可以想见的是，这笔费用在 2020 年显然会大大超过该数额。同时，残障人士的工作能力乃至生活自理能力通常会比较低，而为照顾他们，其家庭成员的收入水平也会受到影响，比如不得不牺牲某些职业上的发展机会。由此便不难理解，根据《2006 年第二次全国残疾人抽样调查主要数据公报》显示，有残疾人的城镇家庭户 2005 年人均收入为 4864 元，农村为 2260 元，[③] 远低于 2005 年其他家庭户的收入状况（2005 年全国城镇家庭户人均收入为 10493 元，农村为 3254.9 元）。[④] 据此，残障人士的病前预防、愈后康复以及日常照料等方面的费用支出不仅影响其自身的税负能力，同样将削弱家庭成员特别是照料残障人士者的税负能力，《个人所得税法》不应对此视而不见。《加拿大所得税法》即规定，若需要赡养在精神或身体上受损的 18 岁以上的家属，纳税人每年可享受相应的扣除额。[⑤]《日本所得税法》也规定，若纳税人的同居配偶或受抚养的亲属属于特

[①]　根据英国税务局官网整理，https：//www.gov.uk/apply-marriage-allowance，最后访问时间：2020 年 8 月 17 日。

[②]　参见宋佳宁：《京津冀比较视野下天津市残疾人医疗保障政策研究》，载《残疾人研究》2019 年第 1 期，第 71~72 页。

[③]　第二次全国残疾人抽样调查领导小组、中华人民共和国国家统计局：《2006 年第二次全国残疾人抽样调查主要数据公报（第二号）》，载中华人民共和国国家统计局网站，http：//www.gov.cn/fuwu/cjr/2009-05/08/content_2630949.htm，最后访问时间：2020 年 8 月 17 日。

[④]　参见中华人民共和国统计局编：《中国统计年鉴 2006》，中国统计出版社 2006 年版，第十章。

[⑤]　扣除额＝A＊(B+C)，A 为当年设置的百分比，B 为 6000 加元，C 根据残障家属的年龄等因素对应不同额度。R.S.C. 1985. c. 1 (5th Supp.). Sec. 118. 3(2020).

殊残障人士，则纳税人可享受每位残障人士 750000 日元的扣除额。① 类似规定亦可见于美国等国家的税法。② 因此无论从哪方面看，我国个人所得税法都有参酌借鉴的必要。

第二，专项附加扣除可依据家庭类型的不同作出差异化安排。就子女教育扣除言之，新《个人所得税法》未考量子女年龄、家庭结构、家庭收入等差异对扣除力度的影响。可资参照的是，法国采取比例扣除法，规定教育费用及未成年子女抚养费用总计最高扣除额度低于税前家庭月收入的50%。《德国所得税法》上也有规定，相较于双亲家庭，单亲家庭抚养一个以上子女可额外扣除 1308 欧元。我国台湾地区分别规定了教育学费扣除和幼儿学前教育费用特别扣除，前者每年可扣除 2.5 万元"新台币"，后者每年可扣除 12 万元"新台币"。③ 从制度完善的角度看，我国可采纳比例扣除法，针对不同年龄段子女设置不同的扣除额度，并区分单亲与双亲家庭进而设定额外扣除额度。

就赡养老人扣除言之，根据新个人所得税法，如欲享受该项扣除须赡养亲属达 60 岁以上，且纳税人是否为独生子女对能够享受的扣除额度有较大影响。在此基础上，父母年龄、居住情况及纳税人的婚姻状况亦可被纳入扣除额度设定时的考量范畴。比如，《日本所得税法》规定赡养 70 岁以上老人的纳税人可享受额外的扣除，美国也有类似规定。又如，在很多国家，是否与老人同住会影响纳税人能够享受的扣除额度，日本便据此设置了不同的扣除额度。④

第三，大胆设想，除却专项附加扣除，一般扣除额亦可依据家庭情况规定不同额度。我国现今统一规定了居民个人 6 万元/年的综合所得一般扣除额，实际上，纳税人的婚姻状况、抚养人数、配偶收入等家庭因素均应在设定一般扣除额时有所考量。我国台湾地区对单身人士设置 12 万元"新台币"/年的扣除额度，已婚纳税人则享有 24 万元"新台币"/年的扣除额。⑤ 美国对纳税人单身申报、已婚联合申报、已婚单独申报、户主申报及丧偶申报五类

---

① 《日本所得税法》（昭和二十二年法律第二十七号）第七十九条。

② Internal Revenue Service, *Tax Guide* 2019 *for Individuals*, Washington D. C.：Internal Revenue Service. 2019, p. 204.

③ 参见我国台湾地区"所得税法"第 17 条。

④ 参见伍红、郑家兴：《不同国家（地区）个人所得税专项扣除特点及启示》，载《税务研究》2019 年第 3 期，第 30 页。

⑤ 参见我国台湾地区"所得税法"第 17 条。

申报状态设置了不同的标准扣除额度。此外，在 2018 年"特朗普税改"以前，美国仍适用个人宽免制度，此间纳税人可扣除的一般性扣除额依据申报状况及抚养人数亦有所差别。①

上述三方面的设想若能得以践行，无疑将在很大程度上弥补个人课税制在调节分配方面的弱势，但其也给征管能力提出更高要求。同时，前文第二部分也已述及，个人课税制本应具有的组织收入之长处未能充分发挥，有所欠缺的征管能力是重要的制约因素。故此，无论从组织收入抑或调节分配的角度看，强化征管能力特别是其中信息管税的能力都很有必要。

目前，出于部门利益的考量，税务机关与各部门共享信息的程度有限。②自 2006 年国家税务总局出台《个人所得税自行纳税申报办法（试行）》以来，个税的申报率一直较低。③虽基于减轻税负的目标，纳税人有动力积极申报扣除项目，但个人收入的精准跟踪及核实申报信息仍仰赖健全的数据系统支撑。2018 年个税修法建立了纳税人识别号制度并扩张了纳税申报的适用情形，但税务机关仍然需要加强与银行、市场监督管理、海关等部门的信息共享，实现对纳税人涉税信息的精准把握。此外，现行《个人所得税法》及相关法规对自行申报的法律责任着墨甚少，缺乏权义规则的申报条款实效堪忧。可资参考的是，美国在《国内收入法典》中用两章的篇幅规定纳税人自主评定税收的权利及义务，未能合法遵从申报规则的纳税人将面临高昂的违法成本。我国《个人所得税自行纳税申报办法（试行）》制定年限较为久远，自行申报在彼时并不普遍，这同当下自行申报的大量性、普遍性状况相去甚远，故而很有必要及时修改相关规则以适应新的形势。本书建议，修改《个人所得税自行纳税申报办法（试行）》时要明确纳税人的权利、义务、责任，提高纳税人的遵从度，同时配合《税收征收管理法》修改时对部门间涉税信息共享的规则更新，双管齐下以强化税收征管能力，保障个人所得税法组织收入和调节分配二元目标的高效达致。

---

① 参见梁季：《美国联邦个人所得税：分析、借鉴与思考》，载《河北大学学报（哲学社会科学版）》2019 年第 1 期，第 42 页。

② 个人所得税改革方案及征管条件研究课题组：《个人所得税征管方案及征管条件研究》，载《税务研究》2017 年第 2 期，第 40 页。

③ 李林木等：《高等收入个人税收遵从与管理研究》，中国财政经济出版社 2013 年版，第 20 页。

第八章　个人所得税法的空筐结构与规范续造①

本书的前七章主要围绕狭义的也即全国人民代表大会常务委员会制定的《个人所得税法》展开，仅在第四章第一节有观照载有个税优惠的规范性文件。事实上，即便将视野局限在个税领域，一部《个人所得税法》也不足以包打天下。对传统部门法来讲，蔚为大观的法典常常是既可欲、也可能的，譬如2020年新近出台的《民法典》，以及虽无法典之名却有其实的《刑法》，俱是如此。相较之下，税收立法的外观状似"空筐"，这意味着下位制度往往要承载较重的充实和发展上位法的任务。包括《个人所得税法》在内的税收法律为何会表现为空筐结构，该种状况是否合意，下位制度开展的规范续造工作如何被导入合法化轨道？求解这些问题，都吁求一种动态的视角、发展的观点。

第一节　个案解剖："单层多元"的个税规范体系

就感知税收立法的空筐结构而言，《个人所得税法》规范体系是很好的观察样本。一方面，《个人所得税法》是我国税制体系中为数不多的、在本轮大规模立法前即由人大建制的税种法，但"空筐结构"在该税种场域表现得亦为突出，《个人所得税法实施条例》及其他规范性文件实际扮演重要角色；另一方面，我国2018年修改《个人所得税法》，与过往单重工薪所得扣除标准不同，本次修法改分类征收为综合与分类相结合的征收模式，并在定额扣除基础上增设专项扣除，这一体系性革新究系如何实现，特别是其如何依托下位阐释性和创制性规范得以展开，又怎样影响在先之规范性文件的效力，皆值得审视。在此基础上，不难提炼出下位制度开展规范续造工作的基本路径。

---

① 本章部分内容曾发表于《法学家》2020年第3期，收入本书时做了相应修改。

一、基于税收要素的静态检视

《个人所得税法》在 2018 年以前有 15 个条文，修改时增加至 22 条，横向对比可知其条文数量仍然过少①，很多时候都要结合下位制度规范方才能够明确具体的纳税义务。《个人所得税法实施条例》(原第 48 条，现第 36 条)承载规范充实、细化的主要任务，财税主管部门颁发的规范性文件也有角色担当(详见表 8-1)。

表 8-1 个人所得税税收要素的规则脉络

	《个人所得税法》	旧《个人所得税法实施条例》	新《个人所得税法实施条例》	规范性文件
纳税人	第 1 条 区分居民个人和非居民个人	第 2 条 居民个人的住所条件 第 3 条 临时离境	第 2 条 居民个人的住所条件	
	第 9 条 规定扣缴义务人及纳税人向其提供纳税人识别号的义务			税务总局公告 2018 年第 59 号 不同情形下有效身份证件类型；纳税人识别号的用途
税目	第 2 条 列举九项	第 8 条 界定范围	第 6 条 同前，有变化	
税基	第 6 条 一般扣除、其他扣除、专项附加扣除	第 10 条 特殊形式所得的确定	第 8 条 同前	
		第 17 条 其他扣除的细化	第 13 条 同前，有变化	国发〔2018〕41 号、税务总局公告 2018 年第 60 号 专项附加扣除的内容及程序
税率	第 3 条 七级超额累进(综合所得)、五级超额累进(经营所得)、比例税率(其他各项)			财税〔2019〕8 号 创投企业个人合伙人有适用 20% 税率(股权转让、股息红利所得)或累进税率(经营所得)的筹划空间
				财税〔2018〕98 号 2018 年第四季度费用扣除和税率适用新法

---

① 美国的所得税未作区分，但其《国内收入法典》就对个人课税规定完备，如仅就扣除而言，便有免税额扣除、分项扣除、个人扣除的额外项目、不允许扣除的项目四部分、一百余节。参见国家税务总局组译：《外国税收征管法律译本》，中国税务出版社 2012 年版，第 194~284、290~318 页。

	《个人所得税法》	旧《个人所得税法实施条例》	新《个人所得税法实施条例》	规范性文件
税收优惠	第4条 九类法定免征情形另授权国务院补充	第12~15条 限定法定免征的范围	第9~12条 基本同前	财税〔2001〕157号、财税〔2005〕35号、财税〔2007〕13号、国税发〔2007〕118号、财税〔2013〕103号、税务总局公告2011年第6号、公告2012年第45号、财税〔2018〕137号、财税〔2018〕154号、财税〔2018〕164号等
	第5条 两类法定减征情形另授权国务院补充	第16条 减征幅度和期限授权省级政府决定		

表 8-1 以实体税收要素为准，梳理个税规则体系自《个人所得税法》起、渐次展开的脉络。整体把握可形成三点认知：其一，若就确定纳税义务而言，《个人所得税法》无遗漏地涵盖全部税收要素，理论上得据此确定个税的纳税义务；其二，但《个人所得税法》概括、原则的规定，指引征纳实践时会遇到操作性难题，如第 2 条界定税目、第 6 条提及其他扣除和专项附加扣除，但都不足以直接进入实操层面，须靠实施条例及规范性文件充实；其三，从税收作为法定之债的角度理解纳税义务，其在满足一般构成要件（也即税收要素）后自动成立，但由"成立"向"确定"转化尚须经过申报、代扣代缴、核定等程序，其间税收特别措施（税收优惠、税收重课）可能调整已成立之税收债务，《个人所得税法》第 4、5 条授权国务院酌定优惠措施，但实施条例谨守分际、仅对法定优惠项目作细化，财税主管部门制定的规范性文件则载有大量优惠措施，多以"经国务院批准"或类似表述阐明正当性基础。

上述分析主要在横向维度展开。视角转换至纵向维度，经济法上有调制行为—对策行为的二元界定，对策行为又包含纵横两向度。[①] 延至财税法领域，对策行为未必仅由市场主体实施，作出决策行为之政府的下级政府也可成为财税权利主体、进而从事对策行为，制定规则正是对策行为的一种表现。[②] 鉴于《个人所得税法》未向地方人大授权，故能在规则层面有所作为的多是地方政府及其部门。实践中，其能够采取的对策行为十分有

---

① 张守文：《经济法总论》，中国人民大学出版社 2009 年版，第 146 页。

② 刘剑文、侯卓等：《财税法总论》，北京大学出版社 2016 年版，第 259 页。

限，主要表现为就个人出租房屋采用综合征收方式、对住房交易及经营所得等事项核定征收等情形。① 另在税收优惠事项上，地方在制度内博弈空间狭窄的约束下、转而诉诸制度外博弈的情形并不鲜见，后文也会对此有所阐发。

综上可形成基本判断，个税规则的制定权限主要集中在中央层级，其内部多元主体事实上分享行使这一权力；地方政府仅在极其有限的事项上有一定制度内权限，地方人大则在个税题域的税权分配谱系中基本缺位。

二、税制变迁时与规范性文件互动的动态考察

诚如前述，《个人所得税法》对相关事项的规定比较原则，下位制度规范承载了充实、细化的任务。正因为如此，动态地看，2018 年修法后，有许多看似与修改的内容不直接相关的下位规定，也不得不相应作出调整（详见表 8-2）。

《个人所得税法》修改首先冲击实施条例的内容，除诸如取消临时离境规则、调整税目范围外，引人关注的还有删除针对外籍个人等的附加减除费用——这是考虑到修法时已上调一般扣除额并增设专项附加扣除，此时删去外籍个人仅因身份而获得优惠待遇这一不公平的规则比较容易被接受。更值得注意的是，因为修法改采取综合与分类相结合的征税模式，且综合所得的纳税周期由月度或次改为年度，大量"一次性收入"如何征税的问题再次凸显。过去根据专门文件各别处理，多给予优惠待遇，主要是考虑到在彼时工资薪金按月计征个税的模式下，某月取得"一次性收入"易冲高当月的应纳税额，但该笔收入对应的事实关系不仅发生在当月，从事理属性的角度看，该笔收入也非仅奖励纳税人当月的努力。修法后改按年计征，前述规则保留与否便须在制度的层面加以明确。径行废止，将使许多纳税人基于旧法已形成的合理预期落空，使得其税负不合理上升。继续保留该规则，又可能引致不合于比例原则的优待情形，如年终奖课税规则"肢解"综合所得年度纳税的制度安排，其长期存在显然将诱发大范围的税收筹划甚至避税行为。有鉴于此，财税〔2018〕164 号文明确了多种情形的具体处置办法。

---

① 参见湘财税〔2015〕12 号、国家税务总局福州市税务局公告 2019 年第 3 号、国家税务总局吉林省税务局公告 2019 年第 1 号等。

表 8-2 　　　　　个税修法后"一次性收入"相关规范性文件的相应调适

（原）文件	所涉事项	计税规则的调整
国税发〔2005〕9 号	全年一次性奖金	2021 年 12 月 31 日前，可选择按原办法执行（用收入除以 12 从而确定适用税率，继而用全部收入乘以该税率并减去速算扣除数）或并入综合所得；2021 年 12 月 31 日之后并入当年综合所得计税
国税发〔2007〕118 号	央企负责人年度绩效薪金延期兑现收入和任期奖励	2021 年 12 月 31 日前同上；之后另订
财税〔2005〕35 号、财税〔2009〕5 号、财税〔2015〕116 号、财税〔2016〕101 号	上市公司股权激励收入	2021 年 12 月 31 日前，不并入当年综合所得，全额单独适用综合所得税率表；之后另订
国税发〔1998〕13 号	保险营销员、证券经纪人的佣金收入	以劳务报酬计入综合所得征税
财税〔2013〕103 号	个人领取企业年金、职业年金	达到退休年龄领取，全额单独计税；因出境定居或继承领取，适用综合所得税率表计征
国税发〔1999〕178 号	解除劳动合同的经济补偿金	在当地上年职工平均工资 3 倍数额以内的部分，免税；超过部分，单独适用综合所得税率表
国家税务总局公告 2011 年第 6 号	办理提前退休手续而取得一次性补贴收入	按照办理提前退休手续至法定退休年龄之间年度数平均分摊，确定适用税率和速算扣除数，单独适用综合所得税率表
国税发〔1999〕58 号	办理内退手续而取得一次性补贴收入	规则不变
财税〔2007〕13 号	单位低价向职工售房	以差价收入除以 12 个月所得数额，按月度税率表确定适用税率和速算扣除数，单独计税

三、规范续造方式的类型提炼

综合前述不难发现，无论静态还是动态地看，较低位阶的制度规范在《个人所得税法》制度体系中都扮演了重要角色。其至少通过四种方式对上位法进行规范续造。

第一种方式是经由出台解释性、执行性规则，来细化个人所得税法中相对原则的规定。从法理上讲，法律解释并非规范续造，但现实中，无论主观解释还是客观解释都"与法律续造难以区分"。① 因此，此处将之也作为规范续造的一种方式。应当说，该方式是《个人所得税法》规范续造的主要形式，比如《个人所得税法实施条例》第 6 条是《个人所得税法》第 2 条税目规定的解释性规则，《个人所得税法实施条例》第 26 条则是《个人所得税法》第 10 条全员全额扣缴申报规定的执行性规则，在此基础上，《个人所得税全员全额扣缴申报管理暂行办法》(国税发〔2005〕205 号)对如何操作的问题又作了明确。法律解释有时难免会出现扩张或限缩上位法的情形，其不同于法律漏洞填补的地方在于未超过文义范围。由此观之，《个人所得税法实施条例》第 2 条将"住所"解释为因户籍、家庭、经济利益关系而习惯性居住，虽然对《个人所得税法》的规定有所限缩，但因其仍在后者文义范围内，故还是属于出台解释性、执行性规则的范畴。

第二种方式是基于法律授权而出台相关规则，该处的授权主体可能是《个人所得税法》，也可能是全国人民代表大会及其常务委员会的决定。前者如《个人所得税法》第 4、5 条授权国务院出台个税减免优惠，后者主要指税收领域影响甚广的"84 授权""85 授权"，但由于《个人所得税法》很早便已出台，故而该授权其实不适用于个人所得税法的场域。该处有一问题须予廓清。《税收规范性文件制定管理办法》(国家税务总局令第 41 号)第 5 条在列举税收规范性文件不得设定事项之后，留下一个口子，也即"经国务院批准的设定减税、免税等事项除外"。于是，财税主管部门以"经国务院批准"为起始语，出台了不少载有减免税事项的规范性文件。对此需要明确，《立法法》第 12 条禁

---

① ［德］伯恩·魏德士：《法理学》，丁晓春、吴越译，法律出版社 2013 年版，第 332 页。主观解释赋予立法者的意志以决定性作用，客观解释强调"法律在立法者颁布之后就脱离出来并从此独立"，但这也非"客观"，因为条文本无自身意志，所谓客观解释仍是糅合适用者判断的结果。

止转授权,故而财税主管部门径以部门规章为依据拓展自身的税收事项决定权,有合法性风险;经细致梳理可知,相当一部分规范性文件的内容并不局限在减税、免税事项,或是虽然从形式上看聚焦减税、免税,但其实并非税收优惠意义上的减税、免税,而是对一般课税要素的整体调整①,在这些情形中,即便认可《税收规范性文件制定管理办法》所为授权的效力,相关规范续造工作也超出了"授权"的范围。②

第三种方式是填补税法漏洞。前文已述及,法律漏洞填补意味着超出法律可能文义的范围,③ 如果说法律解释旨在"找法",法律漏洞填补则有鲜明的"造法"痕迹,这也使其合法性长期受到质疑。从法律解释和法律漏洞填补的区别出发,在《个人所得税法》领域,某些下位制度规范存在借法律解释之名、行法律漏洞填补之实的情形。这类情形如《个人所得税法实施条例》第3条将部分支付地点非在中国境内的收入界定为"来源于中国境内的所得",第14条就劳务报酬、稿酬、特许权使用费、财产租赁所得作"属于一次性收入的,以取得该项收入为一次"和"以一个月内取得的收入为一次"的规定,分别超出"境内""一次"的可能文义,从而都属于法律漏洞填补。与刑法等部门法不同,税法并不绝对禁止法律漏洞填补,因为这在很多时候是达致税收公平所不得不为的。④ 然而,从权力制衡和税收法定的角度出发,税法漏洞填补的工作更多应在执行维度开展,在规则制定环节的漏洞填补则要更加慎重,一方面要力求避免以该方式随意扩张税权,另一方面也要对此类规范续造的过程施以足够力度的管控。

第四种方式是在法律留白处或已有规定处创制规范。有学者将原始立法权无暇顾及的法律留白之处所衍生之规则创制权称为"剩余立法权"。⑤ 如财

---

① 如消费税的税目、税率调整长期"法外运行",参见财税〔2006〕33 号、财税〔2014〕93 号、财税〔2014〕94 号、财税〔2014〕106 号、财税〔2015〕11 号、财税〔2015〕16 号等文件。

② 针对相关议题的详细讨论,参见侯卓:《"经国务院批准"的税法意涵》,载《法学评论》2020 年第 5 期,第 66~76 页。

③ 孙健波:《税法解释研究:以利益平衡为中心》,法律出版社 2007 年版,第 181 页。

④ 柯格钟:《税捐规避及其相关联概念之辨正》,载《月旦财经法杂志》2009 年第 2 期,第 77~79 页。

⑤ 叶姗:《税收利益的分配法则》,法律出版社 2018 年版,第 50 页。

税〔2019〕8号文赋予创投企业个人合伙人以税收筹划空间，得选择按单一投资基金核算、从而将从该基金应分得的股权转让所得和股息红利所得按20%计税，也可按年度所得整体核算、进而适用"经营所得"项目的累进税率。此外，《个人所得税法实施条例》（修订草案征求意见稿）曾试图在第16条纳入个税视同转让规则①，也属于在法律留白处创设规则。此外，个税规则体系中还有另一类情形，即在《个人所得税法》已有观照却未作特别规定（这实际上也表达了立法者的某种立场）之处添附某些规则。如《个人所得税法》第6条1款6项载有资本利得课税规则，《个人所得税法实施条例》第7条单就股票转让所得，（自我）授权"由国务院另行规定"办法，实践中遂产生一系列立场并不一致的关于限售股转让课税与否的下位制度规范。② 为感知立法者的立场，不妨将《个人所得税法》第18条拿来对比，该条授权国务院制定储蓄存款利息所得的征税办法，相较之下，《个人所得税法》既然对股票转让所得未置一词，应当理解为立法者认为其作为资本利得之一类并无特殊之处，那么下位制度规范便不应另作安排。除此之外，《个人所得税法实施条例》第5条之"90天"规则③，也可归入此种情形，这里不再赘述。

第二节　成因探寻：塑造空筐结构的三重动力

承前，《个人所得税法》之所以一定程度上呈现空筐外观，并非没有来由。意欲准确理解其成因，须从《个人所得税法》的内容、功能和运行环境等维度切入分析。

一、税收事项技术性对税收法定的排斥

税收法定原则的内容虽言人人殊，但对于"要素法定"基础上还须讲求"要

---

① 该条拟规定，个人发生非货币性资产交换，以及将财产用于捐赠、偿债、赞助、投资等用途的，应当视同转让财产并缴纳个人所得税，但国务院财政、税务主管部门另有规定的除外。

② 参见财税字〔1994〕40号、财税字〔1996〕12号、财税字〔1998〕61号、财税〔2009〕167号等文件。

③ 根据该条，在中国境内无住所的个人，一个纳税年度内在境内居住累计不超过90天，来源于境内的所得，由境外雇主支付且不由该雇主在中国境内的机构、场所负担的部分免税。

素明确"，则具高度共识。① 这并非税法的独特要求，"法律的明确正是人民权利的一大保障"，各部门法都立意避免"法律的文章用语，其意义不甚明了"的情形。② 然而，法律概念是异于生活用语的专业术语，内涵界定仰赖封闭体系内不同专业术语的交互引注，故由体系外目之便是其具一定不确定性，这是客观意义上的不确定性。与此同时，基于对立法者有限理性的认知、对未来不确定性的承认，法律中也存在有意留白的情形，经济法层面体现得尤为明显③，这属于主观的法律概念不确定性。严格恪守"税收要素明确"，便要尽量杜绝主观的法律概念不确定情形。诚如前述，法律有意留白的逻辑前提是立法者的有限理性和未来的不确定性，于是问题转化为：税收事项是否超出立法者理性的辐射范围，以及，税收领域是否存在系统不确定性并需要弹性化应对空间？回答第一问的关键乃是：较之民事、刑事立法，税收立法有无特质使其与众不同，进而必须部分牺牲蕴藏于立法过程中的民主统制成分。思索第二问的要害则在于，税法运行究系一成不变抑或周期变易。此处先讨论前一问题，后者待下文阐发。

通常认为，税收事项具有高度的技术性特质，这使得狭义税法不宜规定得过于细致，而应当留给行政机关较大的规则制定或调整权限。但是，该认知并不确切，因为任何法律都在不同程度上具有技术性，民法、刑法对于不具有法律背景的立法机关成员来讲，初识也不啻于"天书"。细审之，不同部门法的技术性有不同的面向，民法、刑法这些传统部门法在立法和裁判过程中主要对法律技术有较高要求，正因如此，所谓"像法律人一样思考"更多是向传统部门法的研习者和从业者所提出的要求。与之相比，经济法、社会法、环境法等新兴部门法既然是为了解决各类复杂的经济、社会、环境问题而勃兴，其不可避免地要借鉴乃至吸纳相关学科的专业知识，因之在整体上呈现"双重技术性"。④ 作为经济法的重要组成部分，税法同样在知识谱系和技术

① 张守文：《财税法疏议》，北京大学出版社 2005 年版，第 52~53 页。

② ［日］穗积陈重：《法典论》，李求轶译，商务印书馆 2014 年版，第 6 页。

③ 如法律的不完备性为金融监管留下主动式执法的空间，这是有效的。许成钢：《法律、执法与金融监管——介绍"法律的不完备性"理论》，载《经济社会体制比较》2001 年第 5 期，第 1~12 页。

④ 侯卓：《领域法思维与国家治理的路径拓补》，载《法学论坛》2018 年第 4 期，第 103~104 页。

特质方面具有双重性。但若非泛泛而谈便可发现，在税收司法和税收立法这两个不同侧面，税收事项技术性的影响程度不尽一致，其对前者的影响远远大过对后者的影响。

一方面，税收事项的技术性对税收司法的专门化程度提出较高要求。事实上，我国现阶段的税法审判模式已日益显露出其不敷需要之处。一者，法院在裁判时最为习惯于从狭义法律中寻找依据，在狭义法律未作规定或意涵不明时则倾向于寻求司法解释的帮助。但在税收领域，立法本身较为原则、概括，涉税司法解释也基本上付之阙如，征纳实践中更常发挥作用的是浩如烟海的税收规范性文件，而法院恰恰对此并不熟悉。就对规范性文件的掌握来讲，税务机关无论较之纳税人还是较之法院，都处于显而易见的优势地位。二者，司法活动的性质决定了其应当具有独立性、封闭性①，但实践中，当前的税法裁判多在行政审判庭展开，其法官的知识积累更多偏重行政法方向，对税收议题很是陌生，所以常常出现的状况是，当个人所得税法案件进入法院，会让法院和办案法官都感觉"头大"。由此出发，法官审理案件时，要么容易停留在"舒适区域"也即主要依据一般行政法进行裁判，而忽略了税法的特殊性，比如司法实践中有法官仅从《行政强制法》第45条出发理解税收滞纳金，而未能观照《税收征收管理法》第32条专门规定的情形，便是典型表现；要么就会通过多种方式向税务机关"求教"相关专业知识，以搞懂案件中的税收问题，这又有悖于司法过程本应具备的中立性、封闭性要求。

另一方面，税收事项的技术性不足以使税收立法区隔于其他立法过程。首先，立法机关制定或改变相关税收规则时，技术因素在其诸多考量因素中的权重并不突出。比如，2018年修法以前，《个人所得税法》对工资薪金所得实行累进征收，修法后，《个人所得税法》对综合所得实行累进征收，累进税制本身寄寓立法者的价值取向，也即借此强化调节收入分配的力度，这主要是一个价值取舍的问题。但具体要设置几档税率级次，每档级距该有多宽，看似是技术性议题，税收经济学也确实从税收效应和福利损失等正反两方面

---

① 司法专业化与社会化之争曾一度热烈，但总体上讲，司法裁判的专业性还是更受认可。司法克制主义就主张，法官裁判应严格遵照法律，不应过多考量裁判的社会及政治后果。Aileen Kavanagh, Judicial Restraint in the Pursuit of Justice, 60 U. *Toronto Law J.* 23-32 (2010).

建构了分析框架,① 可是从立法过程看，没有证据表明立法者真的有运用前述颇为专业的分析框架。而且恕我直白，有些时候立法者对税率表的调整真的就是凭借"朴素的正义直觉"。这也并无不妥，就算是技术问题，技术本身也未必能提供确切的答案，"支持累进的所有理由均可用来为任何程度的累进辩护"，换言之，纵使认可累进需要止于至善，到底如何设计相对税负，"累进(也)不告诉我们任何原则"。② 其次，有鉴于特定时空条件下一国的财政需求相对稳定，不同纳税人之间某种意义上存在"零和博弈"的关系，对 A 减税可能引致对 B 增税或是对 C 减支，故而税收规则的立改废常常伴随多元主体的利益博弈和取舍，最终制定出来的规则要想获致合法性，不同纳税人尤其是利益受损者的内心接受至关重要，就此而言，立法过程因其民主性供给更为充分，使得立法结果的可接受性—合法性更强，进而相较于制定规范性文件等其他方式，是制定税收规则更加合适的场域。自由主义学者期许的理想法律是仅有工具性的形式规则，是"大体上最有可能使一切受其影响的人们都能得到好处的形式"，故此类法律未事先"在某些特定目的和某些特定的人们之间进行选择"。③ 税法恰非如此，其持续进行的正是"选择"问题——在公共利益与私人利益之间作取舍、在不同状况的纳税人之间作权衡，2018 年个税修法讨论颇热的综合所得之 45% 这最高一档边际税率调低与否，即便有技术因素的影响(调低后对总收入影响有多大、是否会削弱调节分配的力度)，但这也是服务于先定之价值判断(要保证一定规模的个税收入、个税应发挥调节分配的作用)；进言之，若循"预定税收占国内生产毛额之比例——确定各税种的贡献度——规划各税种内不同税目的贡献度"之税制规划路径④，当对个税组织收入总额有所预期时，降低综合所得的最高边际税率意味着一般性扣除额不能提高过甚，对资本利得、财产转让所得、财产租赁所得等资本所得宽缓以待则高额勤劳所得重课在所难免。再次，立法过程的开放性迥异于司法

---

① 参见[法]伯纳德·萨拉尼：《税收经济学》，陈新平等译，中国人民大学出版社 2005 年版，第 45~66 页。

② [英]弗里德里希·奥古斯特·哈耶克：《自由宪章》，杨玉生等译，中国社会科学出版社 2012 年版，第 482~483 页。

③ [英]弗里德里希·奥古斯特·哈耶克：《通往奴役之路》，王明毅等译，中国社会科学出版社 2018 年版，第 96~97 页。

④ 黄茂荣：《法学方法与现代税法》，北京大学出版社 2011 年版，第 113 页。

过程的封闭性，可透过构造多元主体理性商讨的平台，超越利益纠葛寻求一种因可接受而获致正当性的结局，并引入专家理性攻克技术难关，委托起草、论证会、定向（就某一议题）征求意见、立法评估俱为可考虑的选项。最后，过于重视税收事项技术性，认识论根源是相信存在唯一正解或真理的迷思，进而认为立法者的任务就是发现并依循"正确"路径达致理想目标。这被波普尔称作"乌托邦方法"（选定目标、"有意识且一以贯之地追求其目的，并且根据其目的决定所采取的手段"）而大加挞伐。① 诚如前述，税收立法实为利益博弈和取舍的过程，本无对错高下之别，事先确定单一目标，无论国库中心主义、抑或纳税人保护优位，"一以贯之"几乎必然导向系统性偏差。

综合前文可知，税收事项确实具有较强的技术性，但其并不当然吁求税收立法呈现空筐外观。事实上，包括个人所得税法在内的各税种法，之所以总体上都保留了一定的开放性，更主要是由下述两方面因素所引致。

二、财政目的与调控功能的抵牾

财税法从其产生之日起，便将组织财政收入作为最核心的目标，后在人类社会进入近现代以后，为应对分配不公、经济不振等各类市场失灵现象，宏观调控也成为财税法的功能之一②，广义的调控包含调节分配和调控经济等不同向度的内容。严格来讲，调控功能的植入，使得现代意义上的财税法在制度逻辑等许多方面都显著异于历史上的财税法。比如，仅仅旨在组织财政收入的财税法，是外在于社会经济活动的，这才有所谓"最轻的税就是最好的税"的说法；可一旦将调控功能纳入进来，今世任何国家皆不再固守最轻税负的教条，税法制度设计似乎也有了更大的能动空间。有鉴于此，在部门法的维度，国内法学界通常将财税法理解为经济法的亚部门法，在此基础上，有学者进而从财税法直接、全面、充满刚性和力度地调节经济出发，视其为经

---

① ［英］卡尔·波普尔：《开放社会及其敌人》（第一卷），陆衡等译，中国社会科学出版社1999年版，第302页。与之相对，波普尔推崇零星工程方法：找寻社会上最重大最紧迫的恶性并与之斗争，而非追求终极的善并为之奋斗。这一方法论对于认识税收立法的任务甚有裨益。

② 陈少英：《财税法的法律属性——以财税法调控功能的演进为视角》，载《法学》2016年第7期，第71页。

济法的"龙头法"。① 当然也有观点认为，调控功能固然十分重要，但也非财税法功能体系的全部，后者是一个横跨政治、经济、社会等不同维度的复杂体系，无论调节分配还是调控经济都只是其局部，而就重要性而言，组织财政收入的位阶也更突出。②

其实，上述两类主张并不矛盾，内在逻辑是相通的。组织财政收入和调节分配、调控经济并非水火不容，二者间存在着一般和特殊、基础和高级的关系。相对而言，组织财政收入是一般性、基础性的功能，调节分配、调控经济则是特殊性、高级性的功能，比如本书在第一章便曾阐明，个人所得税法调节分配功能的发挥需要一定的收入数额为基础和前提。进言之，两类功能的发挥在时间和空间上不是相互疏离、而一般是同时进行的。"在加强经济对财政的依存性的情况下，财政政策同时却又具有强烈的经济政策的性质。"③易言之，当财政收入的数额达到一定规模，其便不可避免地带有了调节分配、调控经济的功能。但以上分析更多是学理层面的，其实在现实中，一项规则是立足于组织收入还是立足于调节分配、调控经济，在制度设计的思路和方向上有着较为明显的差异，以下略作阐述。

为组织财政收入，税法主要是基于量能课税原则在公共财政和私人财产之间设定"两权"界限。本书第一章已经揭示出，量能课税有纵横二元向度，前者强调只能对具有税负能力的财富征税，后者要求纳税人之间的税负分配应当公平。④ 人们多在后一层面、也即税收公平的意义上理解量能课税，实则纵向维度更加根本——在个别情景下皆合理界定税负能力并妥善设置税负水平，水平向度的税收公平可谓水到渠成。故此，实体税法的展开毋宁说正是

---

① 史际春、宋槿篱：《论财政法是经济法的"龙头法"》，载《中国法学》2010年第3期，第172页。但这是从管控危机、熨平经济周期这一功能性视角观察所得出的结论。若就事务本质属性言之，经济法并非要颠覆市场配置资源的决定性地位，而立足于消释引致市场失灵的肇因，故将竞争法作为主干更为妥适。

② 参见刘剑文：《财税法功能的定位及其当代变迁》，载《中国法学》2015年第4期，第162~180页。

③ ［日］金泽良雄：《经济法概论》，满达人译，甘肃人民出版社1985年版，第26~27页。

④ 这两个方向的量能原则也分别被称为垂直量能原则和水平量能原则。葛克昌：《税捐行政法——纳税人基本权视野下之税捐稽征法》，厦门大学出版社2016年版，第15页。

由不同角度①切入、量能以课税。具体到《个人所得税法》，其区分九类应税所得项目是为尽量周延地覆盖能充盈税负能力的财富增量，将工资薪金、劳务报酬等四项合并为综合所得一体征税，是为实现收入相同(故税负能力相当)但结构有异的纳税人之税负大致均衡，提高费用扣除标准并增设专项扣除，是从消极面向剔除不得不用作维持基本生活条件的支出，故并未增进税负能力的部分财富增量。从该逻辑出发，设计精巧的税法，能周延、准确、公平、允当地把握税负能力，故一旦臻于"理想"状态，便应如民法、刑法等传统部门法一般，具有相对明确性与稳定性。

相较之下，意欲发挥调控功能，则对制度逻辑提出不同的要求。就经济面向来看，宏观调控的手段可区分为自动稳定与相机抉择。《个人所得税法》就综合所得设置的累进税率具有自动稳定的功能，当经济过热时，大部分纳税人的收入水平上升，其所适用的最高边际税率相应提高，如此一来，纳税人的税后到手收入虽较过去仍有提高，但上升幅度较之税前有所收窄，将不同纳税人的情形加总，易知全社会的总需求也因个税调节而收窄了上升幅度，这就避免了经济过热的进一步加剧。反过来，当经济过冷时也有相似但方向相反的逻辑，兹不赘述。除自动稳定外，包含个人所得税在内的各税种还须因应经济波动而实施反周期调控，从社会总供给—总需求均衡的角度出发，当经济过热时适当增税、当经济过冷时相应减税是最基本的思路。需要指出的是，该处的"增税"未必指向提高税率，还可以是清理税收优惠、强化征管力度等其他方式。形式层面，自动稳定效用的发挥可以在法律框架内进行，相机抉择的灵活性却同法律的稳定性扞格不入。当前实施宏观调控时存在"重政策轻法律"现象，固然须透过优化规范结构和立法结构来加以缓释。② 但也

---

① 所得税和财产税分别把握纳税人财富的增量与存量，殆无疑义。惟针对就消费行为课征的流转税，长期被认为具有累退性、违背量能课税，并非好的选项。William M. Gentry & R. Glenn Hubbard, "Distributional Implications of Introducing a Broad-Based Consumption Tax", *Tax Policy and the Economy*, Vol. 11：1, p. 1(1997). 但也有学者认为，对消费行为征税是比例性的，本书第一章已在相关注释中提及该点。另外，还有学者从消费的平滑性——消费行为间接体现"一生收入"的角度，论证其较之所得税、财产税，甚至更能贯彻量能课税的精神。郭庆旺、吕冰洋、岳希明：《税收对国民收入分配调控作用研究》，经济科学出版社 2014 年版，第 216 页。

② 张守文：《当代中国经济法理论的新视域》，中国人民大学出版社 2018 年版，第 89 页。

要认识到，政策性本来就是经济法异于传统部门法的一项特质，其作为回应型法，应适度接纳"对社会实在更具时效性及亲和力的政策性规范"，为其"释放一定的入口"，而非一概诉求"去政策化"。① 故而不难理解，现实中的税制变迁常由政策主导，其表现为由政策推动税制的局部修正、由政策推动税制整体更易、整个税制变迁均在政策轨道推进三种模式。② 从实质层面，为达致调控目标而设定的规则遵循需求原则、功绩原则③，几乎不考虑量能课税，甚至常要反其道而行之，以一种背离量能课税从而偏离税收中性的做法，诱导纳税人为或不为特定行为。

调节分配的制度目标同样要求税法保有一定的开放性。毋庸讳言，调节分配是问题导向的，只有明确客观实践中的分配格局有何不甚合理之处，方能辨证施治。基于客观实践的易变性，分配领域存在的问题因时因地而异，这决定了，以一套静态稳定的规则加之其上，容易产生落后于形势发展的弊端。在《个人所得税法》场域，体现该点最明显的即为税率规则。我国直接将各税目适用的税率规定在《个人所得税法》中，这注定了每隔数年便要修法的命运。在《个人所得税法》建制之初的二十世纪八九十年代，工薪收入能够超出一般性扣除额的纳税人为数不多，而且达到该标准的在当时基本属于较高收入群体，大体上都可被纳入要被"调节过高收入"者的范畴。于是，《个人所得税法》上工薪所得的税率表便呈现税率上升快的外观，适用低档税率的收入范围很窄。但随着经济发展和人民群众收入水平的提高，很多中等收入者甚至低收入者的工薪收入也不得不累进适用到较高档次的边际税率，这妨害了个人所得税法调节分配目标的达致。2018 年之前的数次个税修法也曾对上述问题作出制度回应，但囿于该税率结构以法律的形式加以确定从而天然具有较高的稳定性，所以直到 2018 年修法才对该格局有较大幅度的改善。④ 其实，横向对比便不难发现，域外国家也常常因调节分配需求的变易性，而持续调

① 史际春、胡丽文：《政策作为法的渊源及其法治价值》，载《兰州大学学报（社会科学版）》2018 年第 4 期，第 154 页。甚至日本等国有些法律径以"政策法"命名，如产业政策法。漆多俊：《经济法基础理论》（第五版），法律出版社 2017 年版，第 321 页。

② 侯卓：《税制变迁的政策主导与法律规制——税收法定二元路径的建构》，载《财经理论与实践》2017 年第 5 期，第 138~140 页。

③ 黄俊杰：《税捐正义》，北京大学出版社 2004 年版，第 3~4 页。

④ 历次修法对税率结构的调整，可以参见本书第一章的相关内容。

整个税税率。比如，就美国个人所得税的最高边际税率而言，里根在 1981 年、1986 年将之调低到 35%，克林顿于 1993 年提高到 39.6%，小布什在 2003 年恢复 35%的最高边际税率，奥巴马又在 2012 年重新提高到 39.6%，直到特朗普于 2017 年再次将其降低。[①] 由此可见，调节分配目标的植入，使《个人所得税法》的若干规则有着持续调试自身的需求，这让《个人所得税法》规定得过于明确、细致，有时未必合意。

三、地方治理需求对税权集中的消解

如同法律有广义和狭义的区别一样，对于税法的范围也可从不同角度去把握。全国人民代表大会及其常务委员会制定的属于狭义税法，其内容的翔实程度侧面反映出我国税权(主要是税收立法权)纵向集中的程度。最严格的税收法定要求税收基本制度全部规定在狭义税法之中，这吁求税权在横向上高度集中于权力机关、在纵向上高度集中于中央层级。此处仅讨论后者，不得不说，税法所承载的组织收入和实施调控方面的任务，并不乐见纵向高度集中的税权配置格局。

从组织收入的角度出发，税法在国家与纳税人间划定"两权"界限时应遵循纵向量能原则，在《个人所得税法》上即要求净额所得课税——所得是纳税人单位时间的财富增量，用取得之收入减去为获得收入所支出成本求取。大体上，"应纳税所得额"即净额所得之法律呈现，《个人所得税法》就各税目分别设置了计算方法，基本模式是收入额扣除费用(资本利得和偶然所得无扣除)。净额所得课税是指引费用扣除规则设计的基本遵循。修法后，经营所得和财产转让所得实行据实扣除；综合所得和财产租赁所得采定额的概算扣除方法，不许纳税人举证实报实销，这属于实质的类型化方法[②]，其出发点是以简驭繁、将征纳双方从围绕成本费用核算的往复博弈中解脱出来。但必须体察该定额扣除的性质是纳税人为取得收入的成本，譬如为取得工资薪金，纳税人须发生交通、食宿、设备或资料购置乃至自我教育培训等一系列费用支出，且不少费用究系为生活或职业所支出殊难辨明，故个人所得税法取其大

---

① 贾康、梁季、刘薇、孙维：《大国税改：中国如何应对美国减税》，中信出版社 2018 年版，第 33~34、46、108~110 页。"特朗普税改"对个税税率结构的调整及其对不同纳税人税负的影响，可以参见本书第二章的相关内容。

② 陈清秀：《现代财税法原理》，台湾元照出版有限公司 2015 年版，第 129 页。

端、定额扣除；若未覆盖纳税人支出之大部，个税便不再仅对净额所得征收，而是侵及税本。我国幅员辽阔，不同区域经济发展水平差异明显，姑且不论同类工作的收入参差不齐，纵然取得一笔相同数额的收入，须投入之成本也因餐饮、通勤(越是大城市，住地距工作地通常越远)、房租等因素而有不小差异。这使全国统一的定额概算费用设置，易让部分经济发达地区的纳税人超出自身税负能力承担个税。① 此外，净额所得课税中的"净额所得"有主客观之分，其中的主观净额所得课税要求纳税人"为自己的生存或其家庭的生存或其他理由，必须支出的金额"不可税。② 大病医疗、子女教育等专项附加扣除便是为把握主观净额所得而增设，各地的教育、医疗等资源分布不均，一方面，相关支出金额存在区际差异；另一方面，教育、医疗资源贫乏地区的纳税人跨区域享受相关资源所耗费用显然多于"土著"居民。凡此种种，皆导向一种适度分权的纵向格局。

从实施调控的角度出发，狭义的也即在经济层面推行的宏观调控是中央层级的公共产品。但必须谨记中国是一个大国，注定了很多在"小国"不甚突出的问题，中国的治理实践却要持续加以回应。国内不同区域甚至不同城市，在经济层面要着力化解的突出矛盾常不一致甚至刚好相反，致使自上而下的统一调控时有水土不服之虞。譬如"去库存"是供给侧结构性改革之一环，《关于调整房地产交易环节契税、营业税优惠政策的通知》(财税〔2016〕23号)统一端出减税大餐，却成为诱致一线城市和热点二线城市房价大涨的推手之一。故此，虽然并非严格意义上的"宏观调控"，各地却实实在在地有以税收为经济诱因调节市场的需求，且相互间方向不尽一致。也许不合教义，但"重要的并非应当遵循的'真理'，而是你不能不服的'谬误'"③。还是以房地产交易为例，二手房转让须缴纳个税，很多地方实际按交易总额或评估价1%的标准核定征收。鉴于多地房价在过去若干年间大幅提升，若严格遵守《个人所得税

---

① 民国时期便有学者指出该点，其认为在所得税法上测定生活最低限度进而将相关收入从应纳税所得额中扣除，会遇到的第一个难题即相同数额金钱的购买力，实因地而异，"大城市中……与在偏僻山村之同数额免税，意义迥然不同"。朱偰：《所得税发达史》，商务印书馆2020年版，第176页。

② 陈清秀：《税法各论·上》，台湾元照出版有限公司2014年版，第177页。

③ 尼采语。转引自苏力：《大国宪制——历史中国的制度构成》，北京大学出版社2018年版，第21页。

法》的规定、以转让收入扣减原值及其他成本后适用20%税率，将引致颇为沉重的税收负担，故核定征收寄寓"搞活市场"或曰"放水养鱼"的考量。申言之，各地房价有如天渊之别，在二手房转让个税一项，无论采何方法，不能也不应期待各地实践不谋而合甚至整齐划一，而要保留弹性空间，强求一致可能带来意想不到的负面效果。

第三节　调谐之道：循名责实但富弹性的"法定"

空筐结构在相当程度上是立法者的有意安排，其既能保证所涉内容之细化规定不致溢出法律预设范围，也为解释者提供弹性空间。[①] 由前文分析可知，税收法律并非越翔实越好，而应兼顾需要与可能，呈现空筐外观有必然性的关键还是要厘清其应然边界。概言之，既不能使税收法定纯粹沦为形式上的一税一法，也须因应现实需求、建构富有弹性的法定化机制。"弹性"之要义有三：一是就异质多元的个税事项，施以之法定控制程度不一；二是针对纵横向度的税权分享，整体上应适度鼓励前者而严格规训后者；三是无论何种方式的规范续造、亦无论其必要性几许，皆应在实体标准和程序规则两个维度加以管控，并透过事后审查机制确保管控的刚性。

一、规范内容的异质性与法定要求的差序格局

税法是复杂的法体系，内部规范异质多元，意欲达致的目标也不尽一致。为融通技术特质与民主统制、财政目标与调控需求，须就税法规范作类型化梳理，辨证施治。学理上有财政目的规范—管制诱导性规范之二分：前者为满足公共支出的财力需求而在纳税人之间分配税负；后者以税收作经济诱因，引导纳税人为或不为特定行为、进而优化资源配置，其追求异于获取财政收入的政策性目标，也被称为社会目的规范。[②]

如上述一般作类型化区分，能够使许多问题的解决成为可能。其一，财政目的规范关涉国家与国民之间的财富分割，兹事体大，必须取得纳税人同

---

① 侯卓、陈立诚：《谦抑之智：论环境道德不宜纳入公序良俗原则》，载《中南大学学报（社会科学版）》2014年第1期，第82页。

② 陈清秀：《税法总论》，台湾元照出版有限公司2012年版，第20~22页。另有"简化的规范"一项，因与本章主旨关联不大，此处存而不论。

意始能设定，这在现代社会即意味着仅承载纳税人意志的立法机关才有权出台相关规则；而且如何根据能力原则配置税负主要是价值判断，而非技术选择的议题，并无显著必要委由行政机关设计规则。纳税人、征税范围、税目、税基、税率等皆属此类事项，须受严格的法律保留涵摄。由此观之，在《个人所得税法实施条例（修订草案征求意见稿）》中增设视同转让规则的尝试，即因其越俎代庖介入上位法的职能范围（确定税基）、违背法定要求，而最终作罢。管制诱导性规范同所追求的政策目标直接挂钩，技术性偏强，对行政机关尤其是财税主管部门技术优势的青睐，胜过对立法机关民主性成分的倚重，故法定要求的程度可稍予宽松。税收优惠是典型的管制诱导性规范，"改革决定"针对其泛滥之现状，提出"清理规范税收优惠政策"，国务院据此于 2014 年 11 月部署全面清理各类优惠政策、并要求次年 3 月前完成，后在 2015 年 5 月暂停并另行部署。① 实际上，清理税收优惠每隔数年便开展一次，② 然成效甚微，甚至予公众以"法不责众"的观感。就此而言，与其苛责各级政府违法减免税举措失当，不若正视税收优惠这类管制诱导性规范的功能特质，以动态法定、调控法定涵摄之。易言之，在税法中明定得设置优惠之主体和事项范围、设定程序、存续期间及其他限制，有权主体据此行为，兼顾调控需求与法定控制；税法之外的其他法律原则上不得设定，③ 税收法定的"法"，是也仅是税法；同时，适度容纳政策的作用空间，若将经济政策区分为基本政策和局部性、临时性政策，税收优惠关涉的主要是后者，此间相关政策"可作为有关法律实施的指导性或参考性意见"。④ 其二，法定要求的差异化设定，也与两类规范对稳定性的不同诉求相契合。财政目的规范本就要求稳定，否则纳税人对"两权"边界难有准确预期；有时看似"变易"、实为"不变"，如工薪所得扣除标准历多次变化，但究其实质是为因应通货膨胀、确保以购买力

---

① 参见国发〔2014〕62 号、国发〔2015〕25 号文。

② 参见国发〔1993〕51 号、国发〔1998〕4 号、国发〔2000〕2 号、财税〔2009〕1 号文。也有专项清理个税优惠的，参见国税发〔2001〕59 号文。

③ "改革决定"中有"税收优惠政策统一由专门税收法律法规规定"之语。"专门"修饰"税收法律法规"，即其他法律门类不再直接规定税收优惠，杜绝"其他法律请客、税法买单"现象。当前有大量法律，如《农业法》《农业机械化促进法》《乡镇企业法》《防震减灾法》等，规定了税收优惠事项。详细列举参见叶姗：《税收利益的分配法则》，法律出版社 2018 年版，第 57～59 页。

④ 漆多俊：《经济法基础理论》（第五版），法律出版社 2017 年版，第 321 页。

平价衡量的"真实"一般性扣除额不变。① 对此类规范施以严格的法定控制恰如其分。管制诱导性规范的主要作用方式之一是相机抉择，对其法定要求相对宽松、在法律框架下预留政策的作用空间可谓求仁得仁。

粗略观之，财政目的规范与管制诱导性规范，分别对应税收要素中的一般税收要素和特别税收要素，故该种类型化方法能较便利地指引制度实践。当然，界分方法并不唯一，亦可根据税种属性的不同，作中央税规范、共享税规范和地方税规范的划分。这主要导向税收规范制定权限的纵向配置，于下一部分细述之。

二、纵横向度的税权分享

我国税权分配在纵向上属于集权模式，横向上属于分享模式。② 从本章第一部分的梳理不难发现，个税规则制定权限基本集中在中央层级、地方几无制度内置喙余地，同时较之《个人所得税法》的抽象、概括，国务院及财税主管部门掌握较大的解释乃至创制规则的权力。但基于第二部分的阐述，该格局在纵横两向度俱待商榷。

纵向上，集权模式尤其表现为税收立法权高度集中，地方层级仅就少数地方税享有受限之税收要素决定权，③ 对中央税或共享税则无从着力。有学者建议，应将中央税和共享税的规则制定权集中在中央，地方税可考虑授予省级单位一定权限。④ 然而财政权限划分当遵循权能统一和权责同构的原则，⑤ 地方政府既然在共享税（个税属于共享税）上能分得税利，便应享有一定的规则制定或调整权力；若非如此，由于其同样符合"理性经济人"假设，为求本地利益最大化而实施制度外博弈在所难免。譬如，我国 2005 年修改《个人所得税法》之前，长期执行 800 元的工薪所得扣除标准，该标准定于 1980 年且

---

① 侯卓：《论税法分配功能的二元结构》，载《法学》2018 年第 1 期，第 27 页。我国台湾地区则根据物价指数每年调整扣除额。陈清秀：《税法各论·上》，台湾元照出版有限公司 2014 年版，第 189~192 页。

② 张守文：《财税法疏议》，北京大学出版社 2005 年版，第 76 页。

③ 如《环境保护税法》《契税暂行条例》授权省级单位在法律法规设置的幅度内具体确定税额、税率。

④ 叶姗：《税收利益的分配法则》，法律出版社 2018 年版，第 336 页。

⑤ 刘剑文、侯卓：《事权划分法治化的中国路径》，载《中国社会科学》2017 年第 2 期，第 106~107 页。

针对的是少数高收入外籍个人，到 2005 年仍在执行显不合理；纵无调整权限，各地仍以不同方式实质性采行地方标准。① 又如，部分地方将本地分享部分以财政奖励形式返还纳税人，实为变相的税收优惠；国务院虽三令五申不得越权减免税或先征后退，但诸如江西鹰潭针对个人转让限售股返还地方分享个税收入 80% 的情形②，仍不鲜见。对此类现象，运动式治理无从治本，还是要在税权分配维度建构一种各级政府激励相容的模式。

《个人所得税法》的实质是在自然人（也包括个人独资企业、合伙企业）与国家之间分配单位时间的财富增量。既为"增量"，自应以收入扣减成本。一方面，若由"购买力平价"观之，相同数额的收入实质上能增进的纳税人福利因地而异；另一方面，鉴于税收的"大量行政"属性，具体分析每一笔收入的成本窒碍难行、而只得作概算费用扣除，这同样有区域差异的问题。故此，不妨考虑上位法把握"定性"议题、"定量"事项则赋予地方一定能动空间的模式。有观点指出个税的扣除标准全国统一，是为阻遏转换收入来源地以避税的通道。③ 事实上，综合所得关涉税目，或为勤劳所得而不易转移（工薪、劳务报酬），或因源泉扣缴而不便转移（工薪、稿酬、劳务报酬）④，采差异化扣除标准并无太大税款流失风险。本次修法将一般扣除标准由 3500 元调至 5000 元，针对各界"幅度太小"的质疑，官方解释称该标准日后还会相机调整、且纳入专项附加扣除后已有较强的减税力度。⑤ 法理上，一般扣除标准和专项附加扣除分别追求客观与主观净额所得征税，各擅胜场，从域外立法例看亦无联动之理，故将二者拉扯一起并不合宜。倒是从这里讨论的纵向税权分享来看，此次一般扣除标准增幅有限，却也留下地方实践的能动空间，何妨微幅

---

① 如深圳在修法前便已执行 1600 元的扣除标准，经济并不十分发达的辽宁也以"附加扣除四项补贴"方式实际执行 900 元的扣除标准。

② 参见《鹰潭市发展总部经济、楼宇经济和鼓励个人转让上市公司限售股实施方案》。鹰潭的做法是为吸引资金，故该方案一并提出，纳税人若以"奖励资金"在当地投资置业，可再奖励地方分享税额的 10%。

③ 北京大学财经法研究中心：《追寻财税法的真谛：刘剑文教授访谈录》，法律出版社 2009 年版，第 125 页。

④ 稿酬也属勤劳所得（脑力劳动）。正文未将之作为前一分句的例证，仅就其不好转移的原因而言。

⑤ 朱宁宁：《个税起征点定为 5000 元今后将动态调整》，载《法制日报》2018 年 9 月 1 日，第 2 版。

修法或以全国人民代表大会决定的方式赋予地方一定决策空间，得根据各地情形适当上浮，这实际上也更有利于分配格局的优化。

更值得观照的是专项附加扣除。2019 年开始实行的该制度有顾及地区间差异，即住房租金设置 1500 元、1100 元、800 元三档扣除额。但这显然不够：一是住房贷款利息、赡养老人支出的地域差异十分明显，子女教育和大病医疗支出也可能存在区域差异，但房贷利息、赡养老人和子女教育皆为统一标准定额扣除，大病医疗支出也统一设定 15000~80000 元的据实扣除区间；二是房租扣除的三档设计不尽合理，有些地级市经济发达，租金高过部分省会城市，若不能被纳入"国务院确定的其他城市"，① 则扣除标准只得按 1100 元计，另外，以市辖区户籍人口 100 万作为扣除标准 1100 元和 800 元的分界点，忽略了经济活跃度、建成区面积、户籍人口中城市户籍人口数等重要变量。其实，可取做法还是赋予省级单位一定决策权限，得根据本地实际决定各专项扣除额度；退而求其次，也应由行政法规设置多档标准，由省级单位在幅度内具体确定本地适用标准；行政法规甚至还可大致勾勒出标准确定办法，约束地方自行其是的空间。但无论如何，纵向赋权诚不可免。申言之，前述关于一般性扣除额差异化设计可能诱致的避税风险，在专项附加扣除场域也不存在：首先，迁居不易，毋庸赘言；其次，因某地提供较高的专项附加扣除额度而迁入，从成本收益角度分析常不合算——较之迁居成本，增加扣除额度带来的税收利益很有限；再次，纳税人当真迁居，通常也是出于"对美好生活的向往"，符合立法者目的，是节税而非避税行为；最后，各地在该议题上的税收竞争能提高辖区居民的生活水平，对财政收入的减损却有限，故而能通过比例原则测试，是可欲的税收竞争。

横向上，税权分配应妥处立法与行政的关系，兼顾需要与可能，可透过如下两组"二元结构"加以把握。以分享税权的方式为准，得区分为解释与执行税法、"剩余立法"二维，在光谱两端之间另分布有法律授权、漏洞填补，这正是前文概括的规范续造之四条进路。以规范类型为准，有财政目的规范与管制诱导性规范之别，其间有兼具二元属性者，如累进税制。② 从法律的不

---

① 根据《个人所得税专项附加扣除暂行办法》第 17 条的规定，直辖市、省会(首府)城市、计划单列市及国务院确定的其他城市，扣除标准为每月 1500 元。

② 参见侯卓：《税法的分配功能研究》，法律出版社 2018 年版，第 88~96 页。

完备性出发，两类规范俱可在上位法范围内，透过下位规则作解释性、执行性安排。与此同时：财政目的规范原则上实行法律保留，例外地可以法律授权方式实施规范续造；管制诱导性规范应以法律保留或法律授权为主，漏洞填补、"剩余立法"作为例外存在，但要借对规范性文件的有权机关监督或司法审查等方式实施控制。实际上，无论纵横向度，也无论应然抑或实然，虽续造本身即对僵化之法定要求的扬弃，但规范续造之动态、弹性法定仍为必需。下文即在前述分析基础上，稍作提炼。

三、规范续造的优选路径及其"动态法定"控制

基于前文所述，规范续造当于法定要求与技术特质、财政目的与调控需求、税权集中与地方诉求等多重张力间寻求平衡。解释与执行税法对于法律实施的准确性、规范性与统一性俱有裨益，应予鼓励；法律授权方式虽能加强规则的技术性与灵活性，但大量使用易使税收立法渐由空筐结构堕入空虚状态，故应慎重；漏洞填补虽非绝对禁止，但适用范围应限于管制诱导性规范场域，填补方式亦当以就征纳实践呈现之问题作个别界定为主；"剩余立法"应受更严格的控制，即便囿于实践需求难以一概否定，也要从实体和程序角度做多维底线控制。

申言之，"之所以诉诸授权，是因为有待处理的事情不能由一般规则来规定，而只能就特定情况相机酌定"，自由主义学者因而认定授权便是赋予被授权者"实质上是专断"的权力。[①] 伴随行政国家的兴起，特别是国家承载的社会、经济任务日益繁重，向行政机关授权已不可避免，各异之地方治理需求也使纵向授权有其必要。但前述教诲仍启示我们，必须对规范续造有所管控、切勿"一授了之"。这指向一种脱胎于却又超越传统之收入导向税收法定的动态法定模型，核心要义是对税收授权、税收调控（国务院或财税主管部门得为调控实质上也是源于授权）的弹性化规制。无论采取何种规范续造方式，皆应受其节制。

在实体标准的层面，所续造者如果是财政目的规范，就要将量能课税原则作为基本遵循。诚如本书前文多次提及，量能课税在纵向上要求净额所得

----

① ［英］弗里德里希·奥古斯特·哈耶克：《通往奴役之路》，王明毅等译，中国社会科学出版社 2018 年版，第 89 页。

方可被课税，在横向上则诉求纳税人间税负配置的均衡公平。由前者出发，续造的个税规范必须在费用扣除部分力求"应扣尽扣"，下位制度规范不能在该议题上打折扣，比如，《个人所得税法》第 6 条已明示，计算财产转让所得的应纳税所得额时要扣除财产原值和合理费用，下位制度规范若是以概括方式限定扣除范围，或是以正面列举可扣除事项的方法隐蔽地将其他事项排除在外，皆不可取。由后者出发，续造的个税规范既不能不当限缩、也不可不当扩张上位法的适用范围，从而让本不应被征税者被课征个税，本该被征税者却未被课征，扰乱分配秩序。

　　所续造的规范如果是管制诱导性规范，则须遵循不同的制度逻辑。但是现实中，税收规范性文件载有税收优惠事项的情形颇为常见，本书第四章已揭示该点。税收优惠、税收重课等管制诱导性规范正是以偏离量能课税的方式来引导纳税人为或不为一定行为，所以在开展此类规范续造工作时不必完全恪守量能课税的建制原则。然而，量能课税之所以在整个税法领域都有其不可替代的价值，很重要的一点就表现在，即便偏离该原则，也须有充分的理由。这便要求管制诱导性规范在有可堪追寻之正当目标的基础上，还要能够满足比例原则，其又可细分为适应性、必要性、狭义比例性等三项具体要求。[1] 以此来衡量，《个人所得税法》关于综合所得（通常即勤劳所得）和资本所得的征税规则，本就备受指摘：前者最高边际税率达到 45%，后者则实行20% 的单一比例税率，这意味着施予勤劳所得的税负常要重于资本所得。在此前提下，下位制度规范若进一步设定针对资本所得尤其是资本利得的税收优惠，即有违反比例原则的嫌疑——此举所增进的法益主要是促进资本市场发展，牺牲的法益主要是平等，二者未必成比例。

　　在程序机制的层面，续造过程应遵循规范化的程式安排而不得恣意，就此不妨以"法律授权"这种续造方式为例加以说明。其一，授权对象，原则上应向省级人大机关（而非省级政府）作纵向授权，归根结底，地方人大制定地方性法规，也契合"纳税人同意"的税收法定之要义；横向授权对象则应止于国务院而不及于财税主管部门，这符合《立法法》规定，当然客观地讲，这限

---

　　① 黄学贤：《行政法中的比例原则研究》，载《法律科学》2001 年第 1 期，第 73 页。适应性即手段的有效性，必要性即无其他损害更小的手段可选择，狭义比例性即增进的法益超过贬损的法益。

制了授权效用，论对税收议题的熟稔程度，国务院并未高出全国人民代表大会多少。其二，不得转授权，纵横向度概莫能外。其三，不得空白授权，更不得因法律在不该留白处模糊处理而为事实授权，授权应明确期限，相应的规范续造也要设置落日条款。其四，与期限设置相呼应，应建立对续造之规范的效果评价机制，这尤其表现在授权试点的场域①，期限届至便应评价效果，进而作推广成为正式制度或结束试点的二分处理。

实体标准和程序机制得以确立后，有效的事后审查便很关键，其可细分为权力机关审查、行政机关内部审查和司法审查等类别。全国人民代表大会常务委员会依《宪法》第 67 条审查行政法规及地方性法规，此即权力机关审查；② 国务院依《宪法》第 89 条审查规章、财税主管部门或地方人民政府制定的税收规范性文件，此即行政机关内部审查；③ 根据《行政诉讼法》第 53 条的规定，行政相对人在对具体税收征管行为提起诉讼的同时，可一并请求审查行为所依据的规范性文件，此即司法审查。

审查有形式合法性和实质正当性两个维度。首先，权力机关审查，主要看行政法规、地方性法规有无抵触上位法，但基于税法"空筐结构"之特质，实际上较难发生明显的抵触情形。其次，国务院主导的行政审查，得更为关注下位规范性文件有无违反量能原则等实体标准。对行政规范性文件的合法性审查是近年来的一项重点工作，国务院办公厅连发多文、明确审查主体等事项，④ 税收领域应乘此东风，适时清理规范性文件。再次，行政诉讼中附带进行之司法审查，依行政诉讼的一般法理是作合法性审查。与人们所担忧的、审查仅限于判断文件制定是否逾越权限不同，现实中法院引入分层审查，多

---

① 试点先行是我国税收立法的一大特征，虑及区域间差异及制度实施效果的不确定性，试点有其必要。但漫无期限的试点既合法性有亏，也有违税收公平。如沪渝两地自 2011 年 1 月起对个人自住房征房产税，迄今已逾 8 年。客观言之，从"探索房产税能否成为地方主体税种"的角度，试点成效不彰；况 2013 年"改革决定"提出"加快房地产税立法，并适时推进改革"后，改革思路已由过去房地分离模式改为房地合一。形象地说，若言试点是摸着石头过河，则大部队已寻别处过河，沪渝两点还在摸石头。

② 该条所规定的全国人民代表大会常务委员会职权的第 7 项是撤销国务院制定的同宪法、法律相抵触的行政法规、决定和命令，第 8 项是撤销省级人民代表大会制定的同宪法、法律和行政法规相抵触的地方性法规和决议。

③ 该条所规定的国务院职权的第 13 项是改变或撤销各部委发布的不适当的命令、指示和规章，第 14 项是改变或撤销地方各级政府的不适当的决定和命令。

④ 参见国办发〔2018〕37 号、国办发〔2018〕115 号等文件。

从制定权限、制定程序和规范内容三方面加以把握①，其中"规范内容"一项不仅审视有无规则抵触情形，甚至在"刘某与长沙市望城区国土资源局不履行法定职责案"②"杨某英等与北京市通州区台湖镇人民法院行政给付案"③的判决中，法院还援引性别平等、人权保障等原则认定涉案规范性文件不合法。由于法院审查认为不合法，也只是"不作为认定行政行为合法的依据""在裁判理由中予以阐明""向制定机关提出处理建议""可以抄送制定机关的同级人民政府或者上一级行政机关"④，并不正面与行政机关发生冲突，故能力许可范围内其并非纯然消极被动。除不同法院的积极程度存在差异外，一项原则是否成为公认法律原则，也会影响相关领域司法审查的广度和深度。就此言之，量能原则的重要性虽在域外广受认可，唯于国内仍存争议，距成为公认原则乃至作为法院审查文件之准绳，仍任重道远。最高人民法院于 2018 年总结审判经验后出台最新的行政诉讼法司法解释，⑤ 依其第 148 条，合法性审查不能与形式审查画等号而涵盖较广，对于有无权限、是否抵触上位法、程序合法与否的审查已属常规操作。是否存在无上位法依据违法增加相对人义务或减损其权利一项，在审查税收规范性文件时容有适用空间。比如个税重课即不当增加纳税义务、贬损纳税人财产权，又如限缩税收优惠适用情形也侵害了纳税人的税负从轻权，存在这些情形的规范性文件，皆有合法性风险。最后，各类审查方式间应形成合力，尤其要衔接好司法审查和行政审查。⑥

第四节　认真对待个人所得税法

2018 年的个税修法诚可谓"来势汹汹"，其发端于是年 3 月全国人民代表

---

① 李成：《行政规范性文件附带审查进路的司法建构》，载《法学家》2018 年第 2 期，第 68~71 页。

② 参见湖南省长沙市望城区人民法院〔2015〕望行初字第 00060 号行政判决书。

③ 参见北京市通州区人民法院〔2015〕通行初字第 106 号行政判决书。

④ 参见《行政诉讼法》第 64 条、最高人民法院关于适用《中华人民共和国行政诉讼法》若干问题的解释（法释〔2015〕9 号）第 21 条。

⑤ 《最高人民法院关于适用〈中华人民共和国行政诉讼法〉的解释》（法释〔2018〕1 号）。

⑥ 《国务院办公厅关于加强行政规范性文件制定和监督管理工作的通知》（国办发〔2018〕37 号）便强调建立与人民法院、人民检察院的工作衔接机制，推动行政监督与司法监督形成合力，及时发现并纠正违法文件。

大会审议的《政府工作报告》——当中提出要"改革个人所得税",随后,修法进程不断提速,在6月便拿出征求意见稿并面向全社会征求意见,8月即正式完成修法程序。考虑到该次修法的幅度不小,其进展堪称神速。但不得不指出的是,修改法律只是"改革个人所得税"的里程碑而非终章,在《个人所得税法》的框架内,下位制度规范扮演的角色无论在应然还是实然的层面都不容小觑。这便引发"该如何理解个人所得税法在个税规则体系中地位"的问题。对此,本书较为倾向于采取一种辩证的立场:既非停留在"有法可依"的阶段,也即仅仅要求最核心的个税事项《个人所得税法》上有所体现即可,哪怕只是简单提及都无不可,而是强调要对个税核心事项作出实质性制度安排,相应地,下位制度规范所为创制行为亦须基于个人所得税法展开;也不对单一个人所得税法寄寓不切实际的过高期待,尤其是不奢望更不追求将全部个税事项均规定在《个人所得税法》之中。以上这两个方面正是节标题中"认真对待"的双层意涵。

就合理分配《个人所得税法》和下位制度规范的创制任务而言,本书主张在调谐诸多二元张力的基础上辩证施治。规范类型方面,区分《个人所得税法》中财政目的规范与管制诱导性规范,对前者(如纳税人、税目、税率)施以更严格的法定控制,对后者(如税收优惠)则释出一定弹性空间,如此便既可保障财政收入不致流失,又能有的放矢地发挥个税规则调节分配乃至调控经济的功能;续造路径方面,扭转当前"税权横向分散、纵向集中"的格局,适当赋予地方人民代表大会一定决策权限(尤其是费用扣除等"定量"议题),同时严格规训国务院特别是财税主管部门制度内或制度外的规范续造行为。而无论法律授权抑或径自实施的规范续造,纵然不宜以严格的税收法定束缚之,惟基于实体标准、程序机制的动态、弹性法定却不可免,配合得宜且日臻完善的审查机制,则为实体标准与程序机制得以遵行提供反向约束机制。

上述思路可能要面对的质疑是:该方案一旦得以践行,会否增加纳税人了解《个人所得税法》进而形成稳定税负预期的困难?易言之,从纳税人权利保护的角度出发,尽可能在上位法中无遗漏地释明是否更优方案?本书认为,造成纳税人认知障碍的是规则本身的繁复、而非规则载体的层级多元,设想将前文表8-1、表8-2所涉事项,乃至各类税收优惠尽皆纳入一部个人所得税法中,必会因其臃肿而模糊法条间的内在逻辑,仍非普通纳税人所能轻易把握,譬如美国《国内收入法典》的卷帙浩繁即催生税法律师的广袤市场。况在不具法律专业智识的纳税人看来，法律、法规、规范性文件其实并无实质差异，只要有关部门定期做好各类文件的整理、汇编工作，并便利纳税人及时获取，即无不利于纳税人之虞。

在传统部门法学的场域，理论研究和制度实践常常呈现"立法论研究—立法或者修法—解释论研究"的互动关系。在立法或修法之前，学界多会针对制度设计提供对策建议，在立法或修法完成后，研究重心则会相应转移到如何准确理解和适用法律规则。在 2020 年 5 月正式出台《民法典》前后，民法学界的研究主题变迁便呈现这种面貌，但这一范式不能简单移用到税法场域。已如前述，受多方因素影响，包括《个人所得税法》在内的各税种法通常具有原则性、概括性、抽象性的特质，这决定了即便是在个税修法已告一段落的当下，兼顾立法论和解释论研究仍然十分必要。一方面，无论《个人所得税法》的规定如何粗线条，其毕竟为个税纳税义务的确定提供了最基本的框架，而且客观地讲，《个人所得税法》规则较之过去的变化幅度颇大，故而解释论研究必不可少。另一方面，学界和实务部门也要考虑如何更好地发展和完善个税规则，就此而言，除"进一步修法"这条各部门法共享的进路外，鉴于个税规则常须由下位规范发展的实际，妥善设计载于税收规范性文件中的具体规则，切实并更好地发挥其制度塑造功用，也是一条现实可行的路径。在修法启动不易的条件下，通过合法有序的方式、借税收规范性文件妥善设计相关规则，其重要性更为突出，这也正是本书强调要有"发展观"的缘由所在。

结　　论

现行《个人所得税法》修改于 2018 年，较之既往的历次修法，2018 年修法的幅度更大，彰显"整章建制"的特质，对于强化《个人所得税法》组织收入和调节分配的功能，助益甚大。职是之故，在法律修改过程中，各界对其颇为关注，并从不同角度提出诸多意见和建议，其中有不少为立法者所采纳。实际上，以完善税收制度、建立现代财政制度的标准衡量，2018 年的个税修法仅为序曲而非终章，很有必要分别从整体观、解释论、立法论和发展观的角度继续并强化对新个人所得税法的审视。由此出发，本书通过研究，形成若干基本结论。

一、应将 2018 年个税修法置于时空语境下加以审视

从"时间"的角度看，《个人所得税法》兼具组织收入和调节分配的二元目标，历次修法皆围绕此二者展开。2018 年个税修法的举措中，改革征收模式及纳税周期，调整一般性扣除额和税率级距，增设专项附加扣除与反避税规则，主要着眼于优化分配格局，但组织收入的基础性目标仍会制约调节分配的向度和力度，二元目标间的内在张力使勤劳所得—非勤劳所得的相对税率、综合所得征税的累进程度等成为须进一步攻克的待解难题。故为因应客观情势，现阶段应将《个人所得税法》的重心置于强化分配调节。在方法论的层面，由于组织收入和调节分配两大目标俱可经由量能课税达致，二者分别指向纵向和横向维度的量能课税。因此，应将纵横统一的量能课税作为个人所得税法建制和调整的基准。

从"空间"的角度看，21 世纪以来，世界上许多国家都有推行个人所得税的制度改革，虽然在具体内容方面并不一致，但总体上均指向优化税率结构、调整费用扣除制度和加强个税涉税信息管理三个方向。究其原因是合理设定税制的累进程度能够现实地而非仅仅在纸面上加强调节分配的力度，妥善设

计费用扣除规则是更好贯彻量能课税原则的必经之路，强化个税涉税信息获取能力则可稳定组织财政收入且能有效调节过高收入。将2018年个税修法置于该语境下观察，不难发现，我国大体也遵循相似的进路，但自身特色犹存。首先，扩大了中低档税率的级距，但未降低最高边际税率、也未减少税率档次，如此处置的主要考量是，如果征管力量跟得上，更高程度的累进税制在调节分配方面的作用将更突出，这更契合我国当前和今后一个时期对《个人所得税法》的核心期许。其次，完善了费用扣除的类型，但较多运用定额扣除的方法，这主要是出于稽征便利的考量，同时也有保障财政收入稳定的目标。最后，优化了个税信息管理规则，但《个人所得税法》层面仅对此作原则性界定，税收征管法的制度供给仍亟待细化和优化。

二、应加强对新《个人所得税法》的解释论研究

2018年个税修法较之既往历次修法，形式维度的一大特征是，在一定程度上对既有规则作体系性改造的同时，仍然保持了法律文本较高程度的抽象、概括，这增加了法律适用的难度。特别要注意的是，"体系性改造"就意味着，即便看似未作调整的规则，也多多少少会受到影响。概言之，新《个人所得税法》在规则适用时要注意的问题包括但不限于：第一，判断某自然人是否属于居民个人时，要辨明税法和民法对"住所"的不同界定；第二，在"其他所得"被从税目中剔除后，要避免将"偶然所得"理解成兜底性税目；第三，将工资薪金、劳务报酬等四项所得合并成"综合所得"后，仍然要准确区分四者，定性不准将引致应纳税额的计算错误；第四，针对"财产转让所得""财产租赁所得"等税目中"财产"的范围，宜采广义见解，重在租赁或转让后有所得，而不必纠结于民法上的"财产"概念；第五，子女教育支出扣除中的"子女"可以包括非婚生子女，也应当包括已与继父母产生亲子关系的继子女，但实践中，后者尚不能享受该项扣除；第六，根据现行规定，能够享受赡养老人专项附加扣除的范围应从严掌握，仅限于赡养直系尊亲属，即便是照顾配偶父母也不能享受该项扣除；第七，可以扣除的住房贷款利息支出仅限于首套住房贷款利息支出，该处"首套住房"采取"认贷"的标准。此外，税收优惠、反避税、汇算清缴等规则在适用时难点颇多，唯有结合税法学理和制度实践方能准确把握。

就税收优惠而言，根据优惠幅度有减税和免税之分，根据决定主体则有

法定和酌定之别。《个人所得税法》明确罗列了得以享受法定减免税的事项，其中法定免征规则指向明确，法定减征规则却有一定弹性空间。从法律文本出发，法定减征从文本走向实践需要经过省级政府规定、报同级人大常委会备案的程序，实践中，因为在税收方面的专业知识相对不足，省级政府启动个税减征的动力较低。更重要的是，由于因自然灾害造成重大损失等情形下纳税人的收入本来就会下降，以个税手段进行扶持的实效并不突出，而且存在逆向调节之隐忧，即高收入人群能够享受的益处要大于中低收入人群。要想改变这种状况，需要考虑对"年度纳税"等做法进行适当调整。在酌定减免税的部分，重点要关注其实践中如何落地，这便涉及对于大量载有个税优惠的规范性文件的考察。形式维度上，2018 年以前，法律授权财税主管部门酌定个税减免项目，据此制定的相关文件无合法性风险；2018 年修法以后，有权酌定个税减免项目的主体被限定为国务院，但基于法不溯及既往的原理，如未明文废止，则先期制定之载有个税优惠的规范性文件仍然有效。实质维度上，现实中有区域性、产业性、补助性等多种类型的酌定个税减免，目前的发展趋势是区域性个税优惠的使用频次逐渐降低、产业性个税优惠成为主流且还在不断补强、补助性个税优惠同调节分配的目标直接勾连在一起。

就反避税而言，个税规避行为种类多元，难以作类型化处理，且其通常与企业避税绞合在一起，又与节税、逃税界限模糊，故长时间内未受立法规制，而由税务机关运用经济观察法、类型化观察法进行调整，这存在正当性瑕疵。新《个人所得税法》引入两项特别反避税规则和一项一般反避税规则，但基本照搬《企业所得税法》规定，针对性有限。在理解与把握个税反避税规则时，要准确认知其与下位规范的分工、与《企业所得税法》及《税收征收管理法》的制度协同。税务机关在适用反避税规则时应谦抑自制，坚持主客观统一并适当放宽主观排除标准，明确特别反避税规则和一般反避税规则可以重合辐射，进而在避税行为的认定标准、认定程序、举证责任与证明标准三个层面，准确理解和适用法律，弥合制度与实践之间的罅隙。

三、应基于税法的基本原理进一步优化若干核心规则

征税模式、纳税单位这两方面的规则在《个人所得税法》中处在枢纽地位，其规则设计的精良程度某种意义上决定了组织收入和调节分配这两项目标能否达致。2018 年个税修法对前者有较大幅度的优化，对纳税单位则未作调整。

无论是已有改良还是未加修改，针对此二者，都有考察其如何进一步完善的必要。

我国在2018年修改《个人所得税法》时的一项重大举措是将征税模式由分类征收改为综合与分类相结合的混合模式。理解征税模式变革的动力、制度设计的缘由和评判变革后征税模式较之先前的进步与仍存之不足，都要依托组织收入和调节分配这二元目标。无论是修法前还是修法后，组织财政收入都是择取征税模式时"不变"的逻辑基点。有所"变化"的是，征税模式的革新被寄寓强化分配调节的功能预期，"综合所得"的确立也确有助于税收公平目标的达致。但是，"综合"与"分类"边界划定和计税规则设计的不尽合理，妨害整体税制公平性的进一步提升，应从税收公平在纵横两个方向的要求出发，明确下阶段制度优化的思路。此外，对特定人群缺乏足够观照以致其合理利益在征税模式变革后不当贬损的情状，也亟待有针对性地加以缓释。

在世界范围内，个人所得税制中的纳税单位有个人课税制、家庭课税制与个人课税制并行两种模式。我国在2018年个税修法前后，都选择采取个人课税制，这主要是出于技术层面的考量。从理论上讲，个人课税制在调节分配方面的功用弱于家庭课税制，在组织收入方面则相对更具优势，但其能否兑现还取决于课税要素设计和征管能力等多方因素。我国个人所得税制在组织收入和调节分配这两方面都有进步空间，这有个人课税制的影响，但不宜贸然改采家庭课税制，而应在坚持个人课税制的前提下，审慎但积极地考量更多的家庭因素。概言之，一者，可适当增加体现家庭因素的专项附加扣除项目，如对配偶收入状况、家属中有残障人士等情况须有相应的税法处理；二者，可依据家庭类型的不同对专项附加扣除作出差异化安排；三者，甚至可考虑依据家庭情况对一般扣除额也作不同设定。征管能力的强化是实现上述改良的前提，唯其如此，方才有望同时提升《个人所得税法》组织收入和调节分配的效能。

四、应在合法前提下为《个人所得税法》的规范续造预留空间

从个税治理的角度看，一部《个人所得税法》不能覆盖个税领域的全部角落，很多具体事项尚须其他规范协力。较真的话，《个人所得税法》也不应巨细靡遗地对全部个税议题作出安排，这不可能，更非合意。所以，要更好地实现个税治理，必须抱持开放的态度，保留规范续造的空间并设法将之导入

正轨。

　　在实然层面，《个人所得税法》呈现"空筐"外观，实施条例及财税规范性文件依循解释执行上位法、依授权制定规则、补充漏洞、创制规则四条进路实施规范续造。相较之下，地方人民代表大会、政府的制度内规则创设权则极其有限。在应然层面，税收事项技术性常被作为证成剩余立法权的理由，但这并非充要条件。在组织财政收入的传统目标外，调节分配、调控经济等现代性功能的植入吁求个税规则一定的灵活性。地区间差异使"净额所得"导向的个税规则应有区别，因地制宜的治理实践同样消解了税权集中的合理性。据此，我国应区分《个人所得税法》中的财政目的规范与管制诱导性规范，施以不同程度的法定要求；在纵向适当授权的同时，在横向维度，于四条规范续造路径中分别甄选适于两类规范者。当然，对于各类规范续造，都要强化实体和程序控制，并建构相应的审查机制。

主要参考文献

一、著作类

（一）中文著作

1. 陈敏：《税法总论》，台湾新学林出版有限公司 2019 年版。

2. 陈清秀：《税法各论·上》，台湾元照出版公司 2014 年版。

3. 陈清秀：《现代财税法原理》，厦门大学出版社 2017 年版。

4. 葛克昌：《税法基本问题（财政宪法篇）》，北京大学出版社 2004 年版。

5. 葛克昌：《所得税与宪法》，北京大学出版社 2004 年版。

6. 郭庆旺、吕冰洋、岳希明：《税收对国民收入分配调控作用研究》，经济科学出版社 2014 年版。

7. 何建华：《分配正义论》，人民出版社 2007 年版。

8. 侯卓：《税法的分配功能研究》，法律出版社 2018 年版。

9. 贾康、梁季、程瑜：《大国减负：中国税制改革的攻坚克难》，浙江大学出版社 2019 年版。

10. 贾可卿：《分配正义论纲》，人民出版社 2010 年版。

11. 刘剑文、熊伟：《税法基础理论》，北京大学出版社 2004 年版。

12. 施正文：《税收程序法论——监控征税权运行的法理与立法研究》，北京大学出版社 2003 年版。

13. 施正文：《税收债法论》，中国政法大学出版社 2008 年版。

14. 汤贡亮：《中国财税改革与法治研究》（第二版），中国税务出版社 2014 年版。

15. 汤洁茵：《一般反避税制度法律问题研究》，法律出版社 2020 年版。

16. 王霞：《税收优惠法律制度研究：以法律的规范性及正当性为视角》，法律出版社 2012 年版。

17. 王宗涛：《一般反避税条款研究》，法律出版社 2016 年版。

18. 翁武耀：《欧盟增值税反避税法律问题研究》，中国政法大学出版社 2015 年版。

19. 熊伟：《美国联邦税收程序》，北京大学出版社 2006 年版。

20. 熊伟：《财政法基本问题》，北京大学出版社 2012 年版。

21. 杨灿明等：《规范收入分配秩序研究》，经济科学出版社 2014 年版。

22. 张守文：《财税法疏议》，北京大学出版社 2005 年版。

23. 张守文等：《公平分配的财税法促进与保障》，北京大学出版社 2017 年版。

24. 张怡等：《衡平税法研究》，中国人民大学出版社 2012 年版。

25. 周其仁：《改革的逻辑》，中信出版社 2013 年版。

26. 朱偰：《所得税发达史》，商务印书馆 2020 年版。

27.《外国税收征管法律译本》组译：《外国税收征管法律译本》，中国税务出版社 2012 年版。

（二）外文译著

1.［美］B. 盖伊·彼得斯：《税收政治学：一种比较的视角》，郭为桂、黄宁莺译，凤凰出版传媒集团、江苏人民出版社 2008 年版。

2.［美］劳伦斯·弗里德曼：《二十世纪美国法律史》，周大伟等译，北京大学出版社 2007 年版。

3.［美］理查德·B. 斯图尔特：《美国行政法的重构》，沈岿译，商务印书馆 2011 年版。

4.［美］维克多·瑟仁伊：《比较税法》，丁一译，北京大学出版社 2006 年版。

5.［美］休·奥尔特、［加］布赖恩·阿诺德等：《比较所得税法——结构性分析》(第三版)，丁一、崔威译，北京大学出版社 2013 年版。

6.［美］约瑟夫·A. 佩契曼：《美国税收政策》，李冀凯、蒋黔贵译，北京出版社 1994 年版。

7.［美］詹姆斯·布坎南：《民主财政论》，穆怀朋译，商务印书馆 2002 年版。

8.［美］詹姆斯·布坎南、理查德·马斯格雷夫：《公共财政与公共选择：两种截然对立的国家观》，类承曜译，中国财政经济出版社 2000 年版。

9. [德]柯武刚、史漫飞：《制度经济学：社会秩序与公共政策》，韩朝华译，商务印书馆 2000 年版。

10. [日]北野弘久：《日本税法学原论》（第五版），郭美松、陈刚译，中国检察出版社 2008 年版。

11. [日]金泽良雄：《经济法概论》，满达人译，甘肃人民出版社 1985 年版。

12. [日]金子宏：《日本税法》，战宪斌、郑林根译，法律出版社 2004 年版。

13. [日]中里实等：《日本税法概论》，西村朝日律师事务所西村高等法务研究所监译，法律出版社 2014 年版。

（三）外文原著

1. David N Hyman, *Public Finance: A Contemporary Application of Theory of Policy*, South-Western Colledr Publishing, 1999.

2. Guido Calabresi, *Ideals, Beliefs, Attitudes, and the Law: Private Law Perspective on a Public Law Problem*, Syracuse University Press, 1985.

3. Goldberg, Daniel S., *The Death of the Income Tax: A Progressive Consumption Tax and the Path to Fiscal Reform*, Oxford University Press, 2103.

4. Louis Kaplow, *The Theory of Taxation and Public Economics*, Princeton University Press, 2008.

5. Reuven S. Avi-Yonah et al, *Global Perspectives on Income Taxation Law*, Oxford University Press, 2011.

6. Simons, Henry C, *Personal Income Taxation: The Definition of Income as a Problem of Fiscal Policy*, University of Chicago Press, 1962.

7. Stanleys Surrey, *Pathways to Tax Reform: The Concept of Tax Expanditures*, Harvard University Press, 1973.

8. Sven Steinmo, *Taxation and Democracy: Swedish, British, and American Approaches to Financing the Modern State*, Yale University Press, 1993.

二、论文类

（一）中文论文

1. 陈业宏、曹胜亮：《个人所得税法实质正义的缺失考量——以纳税人家庭经济负担为视角》，载《法学杂志》2010年第5期。

2. 陈业宏、黄媛媛：《我国个税项目扣除问题研究》，载《法律科学》2010年第6期。

3. 丛中笑：《我国个人所得税法工薪累进税率的优化——扩大级距、减并级次和降低税率》，载《当代法学》2010年第2期。

4. 高培勇：《个人所得税改革的内容、进程与前瞻》，载《理论前沿》2009年第6期。

5. 高培勇：《论完善税收制度的新阶段》，载《经济研究》2015年第2期。

6. 何锦前：《个人所得税法分配功能的二元结构》，载《华东政法大学学报》2019年第1期。

7. 侯卓：《论税法分配功能的二元结构》，载《法学》2018年第1期。

8. 蒋遐雏：《个人所得税税前扣除的概念厘清与制度完善——以混合所得税制改革为背景》，载《法商研究》2020年第2期。

9. 李昌麒、范水兰：《正确处理收入分配改革中的十大关系》，载《现代法学》2011年第1期。

10. 李胜利：《分配法与再分配法》，载《法学评论》2008年第2期。

11. 刘剑文：《收入分配改革与财税法制创新》，载《中国法学》2011年第5期。

12. 刘剑文：《个税改革的法治成果与优化路径》，载《现代法学》2019年第2期。

13. 欧阳天健：《个人所得税一般反避税规则研究》，载《法律科学》2020年第5期。

14. 施正文：《分配正义与个人所得税法改革》，载《中国法学》2011年第5期。

15. 施正文：《论我国个人所得税法改革的功能定位与模式选择》，载《政法论丛》2012年第2期。

16. 邢会强：《个人所得的分类规制与综合规制》，载《华东政法大学学报》2019年第1期。

17. 熊伟：《法治视野下清理规范税收优惠政策研究》，载《中国法学》2014年第6期。

18. 许多奇：《论税法量能平等负担原则》，载《中国法学》2013年第5期。

19. 徐建炜等：《个人所得税改善中国收入分配了吗——基于对 1997—2011 年微观数据的动态评估》，载《中国社会科学》2013 年第 6 期。

20. 叶姗：《个人所得税纳税义务的法律建构》，载《中国法学》2020 年第 1 期。

21. 张守文：《分配结构的财税法调整》，载《中国法学》2011 年第 5 期。

22. 张守文：《政府与市场关系的法律调整》，载《中国法学》2014 年第 5 期。

23. 张守文：《税制变迁与税收法治现代化》，载《中国社会科学》2015 年第 2 期。

24. 朱大旗、范瑶：《新〈个人所得税法〉反避税条款研究》，载《学习与实践》2020 年第 1 期。

（二）外文论文

1. Annette Alstadsæter & Martin Jacob, *Who Participates in Tax Avoidance? Evidence from Swedish Microdata*, Applied Economics, Vol. 49：2779(2017).

2. Aileen Kavanagh, *Judicial Restraint in the Pursuit of Justice*, The University of Toronto Law Journal, Vol. 60：23(2010).

3. Bryan T. Camp, *Theory and Practice in Tax Administration*, Virginia Tax Review, Vol. 29：227(2009).

4. Byung-In Lim & Jin Kwon Hyun, "What Makes the Income Tax System So Progressive? — The Case of Korea", *Applied Economics Letters*, Vol. 16：683 (2009).

5. David Elkinst, "Horizontal Equity as a Principle of Tax Theory", *Yale Law & Policy Review*, Vol. 24：42(2006).

6. Govind S. Iyer, AndrewSchmidt & AnanthSeetharamanc, "The Effects of Standardized Tax Rates, Average Tax Rates, and the Distribution of PIncome on Tax Pogressivity", *Journal of Accounting and Public Policy*, Vol. 27：88(2008).

7. Gian Paolo Barbetta, Simone Pellegrino & Gilberto Turati, "What Explains the Redistribution Achieved by the Italian Personal Income Tax? Evidence from Administrative Data", *Public Finance Review*, Vol. 46：1(2016).

8. Haniya H. Mir, "'Windsor' and Its Discontents：State Income Tax

Implications for Same-sex Couples", *Duke Law Journal*, Vol. 64: 53(2014).

9. I. G. Wallschutzky, "Reforming the Australian Income Tax System to Prevent Avoidance and Evasion", *Economic Analysis and Policy*, Vol. 15: 164 (1985).

10. Joseph E. Stiglitz, "The General Theory of Tax Avoidance", *National Tax Journal*, Vol. 38: 325(1985).

11. John H. Beck, "The Treatment of Marital Status under State Income Taxes", *State & Local Government Review*, Vol. 21: 66(1989).

12. John K. McNulty, "Flat Tax, Consumption Tax, Consumption-Type Income Tax Proposals in the United States: A Tax Policy Discussion of Fundamental Tax Reform", *California Law Review*, Vol. 88: 2095(2000).

13. Michael J. Graetz, "To Praise the Estate Tax, Not to Bury It", *Yale Law Journal*, Vol. 93: 259(1983).

14. Michael Wolfson et al, "Piercing the Veil — Private Corporations and the Income of the Affluent", *Canadian Tax Journal*, Vol. 64: 1(2016).

15. Nanak Kakwani & Peter J. Lambert, "On Measuring Inequity in Taxation: A New Approach", *European Journal of Political Economy*, Vol. 14: 369(1998).

16. Pio Baake, Rainald Borck & Andreas Loffler, "Complexity and Progressivity in Income Tax Design: Deductions for Work-related Expenses", *International Tax and Public Finance*, Vol. 11: 299(2004).

17. Richard M. Bird & Eric M. Zolt, "The Limited Role of the Personal Income Tax in Developing Countries", *Journal of Asian Economics*, Vol. 16: 928 (2005).

18. Rosen, Harvey, "Is It Time to Abandon Joint Filing?", *National Tax Journal*, Vol. 4: 423(1997).

19. Véronique Delarue, "Le Working Families Tax Credit, un nouveau crédit d'impôt pour les familles de travailleurs à bas revenus au Royaume-Uni", *Economie et statistique*, n°335, 2000.

20. William M. Gentry & R. Glenn Hubbard, "Distributional Implications of Introducing a Broad-Based Consumption Tax", *Tax Policy and the Economy*,

Vol. 11: 1(1997).

21. Xavier Ramos & Peter J. Lambert, "Horizontal Equity and Differences in Income Tax Treatment: A Reconciliation", *Fiscal Policy*, Inequality and Welfare Research on Economic Inequality, Vol. 10: 45(2003).